SILVER RAVENWOLF
NASTOLETNIA
CZAROWNICA
Wicca dla nowego pokolenia

Silver RavenWolf

Nastoletnia czarownica

TŁUMACZENIE: Ewa i Bartłomiej Kotarscy

illuminatio

Wicca dla nowego pokolenia

TYTUŁ ORYGINAŁU
Teen Witch: Wicca for a new generation

Redakcja i korekta: Beata Jarmuszewska
Projekt okładki: Krzysztof Kibart, www.designpartners.pl
Skład: skladigrafika@gmail.com

Translated from
TEEN WITCH

Published by Llewellyn Publications,
Woodbury, MN 55125 USA
www.llewellyn.com

Wydanie I
Białystok 2012
ISBN: 978-83-62476-84-8

illuminatio
www.illuminatio.pl

Wydawnictwo ILLUMINATIO Łukasz Kierus
E-mail: wydawnictwo@illuminatio.pl
Dział handlowy: zamowienia@illuminatio.pl

Spis treści

* * *

Książkę tę dedykuję

Lady Breid FoxSong

Wstęp: Tylko dla rodziców

W porządku – trzymacie w ręku tę książkę i obawiacie się, że zaraz dostaniecie zawału. Jak to możliwe? Wasze dziecko czyta książkę o czarach! Wzdrygacie się na samą myśl o takiej ewentualności. Nie biegnijcie jednak do pokoju dziecka, by jak najszybciej wysłać je na obóz kościelny lub do klasztoru, nie skrapiajcie go święconą wodą w towarzystwie waszego ulubionego księdza, nie przenoście wszystkich jego książek i czasopism na strych, by z drżeniem serca wertować je w ciszy, i nie padajcie swojemu dziecku do stóp ze łzami w oczach. Zamiast tego uspokójcie się i spędźcie trochę czasu ze mną – matką czwórki zdrowych i wesołych dzieci, z osobą, która trwa w związku małżeńskim od dziewiętnastu lat i jest jedną z najbardziej znanych współcześnie czarownic w USA.

Wasze dzieci mogą spokojnie sięgnąć po niniejszą książkę. Nie znajdą tu niczego złego, a może pomoże ona im zrozumieć, dlaczego czarostwo stało się jedną z najszybciej rozwijających się religii w Ameryce. Możecie przestać obawiać się, że dziecko, którego tak zażarcie broniliście przed złym wpływem środowiska i które z takim trudem wychowywaliście, nagle zaatakuje was w ciemności, trzymając w ręku nóż rzeźnicki, lub będzie chciało złożyć waszego psa w ofierze. Nic takiego nie będzie miało miejsca.

Dzięki analizie statystycznej odkryliśmy, iż co piąty mieszkaniec USA miał styczność ze „światem nieznanym" i nie jest istotne to, czy mamy tu na myśli postrzeganie pozazmysłowe, karty Tarota, anioły, twórczą wizualizację, pogaństwo, metafizykę, czarnoksięstwo, wierzenia nurtu New Age czy jeszcze coś innego. Spójrzmy prawdzie w oczy. Ja także jestem rodzicem i obawiam się tych samych zagrożeń, co wy. Włożyłam wiele wysiłku w wychowanie dzieci i nie chcę, by w ostatniej chwili na scenę wkroczył jakiś wariat i utopił cały mój trud w morzu narkotyków, alkoholu, dziecięcej prostytucji i wszystkich innych zagrożeń czyhających na nastolatków. Świat jest dla nich niebezpiecznym miejscem i mam nadzieję, że niniejsza książka pozwoli im uniknąć wielu nieprzyjemnych sytuacji. Tak. Napisałam: „uniknąć".

Jeżeli wasze dziecko dało wam tę książkę, poświęćcie trochę czasu na jej przeczytanie i nie irytujcie się, nie krzyczcie na dziecko i nie zabierajcie mu jej. Jeżeli waszą pociechę dręczy ciekawość, pozwólcie jej opowiedzieć o swoich uczuciach i o tym, w jaki sposób chce postrzegać kwestię religii. Na miłość boską, nie wmawiajcie dzieciom, co jest religią, a co nią nie jest. Pozwólcie im samodzielnie odkryć sferę duchowości. Jeżeli wasze dziecko weszło w posiadanie niniejszej książki, oznacza to, że przeczesuje ono wszechświat w poszukiwaniu odpowiedzi, których nie uzyskało z tradycyjnych źródeł. Bynajmniej nie oznacza to, że zawiedliście jako rodzice. Wszystkie dzieci szukają nowych doświadczeń, nawet tych związanych z religią. Pozwólcie im na swobodne poszukiwania. Możecie pomóc w nawigacji, ale nie będziecie w stanie zawsze sami sterować tym okrętem. Któregoś dnia zrobią to same, z waszą pomocą lub bez niej. To pierwsze wyjście jest o wiele lepsze.

Wychowuję czwórkę dzieci. Wszystkie zajmują się czarami, tak samo jak ja. Czarostwo to religia skupiona wokół ziemi i na wykształcaniu indywidualnej duchowości. Czarostwo nie jest ani nigdy nie było punktem wyjściowym do czczenia szatana. Jeżeli tak sądzicie, wpadliście w pułapkę dezinformacji, z której musicie się jak najszybciej uwolnić, by móc zgłębić zainteresowania waszego dziecka. Sugeruję, byście przeczytali niniejszą książkę w całości i jeśli nie zgodzicie się z zawartymi tu informacjami, to przynajmniej podejmiecie świadomą decyzję. Jeżeli pozwolicie dziecku przeczytać książkę, bądźcie dla niego źródłem rzetelnych informacji. Mówcie: „Ja i ojciec wierzymy w to, ponieważ..." i udzielajcie dobrych i przemyślanych odpowiedzi. Dzięki temu dziecko będzie szanowało to, w co wy wierzycie. Nie jesteście w stanie zmusić nikogo do wiary w Boga; każdy musi dojść do tego samodzielnie.

Dorastanie nie jest łatwe. Jako matka czterech nastolatków (moje najmłodsze dziecko jest w gimnazjum), rozumiem wszystkie wasze obawy i podzielam marzenia dotyczące dzieci. Martwicie się, że zaczną one brać narkotyki, że rówieśnicy będą podsuwać im różne dziwne pomysły (zapewne chcielibyście, by Bóg zesłał takich „kolegów" i „koleżanki" na Syberię lub nawet na inną planetę), że ulegną pokusom natury seksualnej (uważam, że Bogini powinna zająć się tą sprawą i zainstalować jakiś wyłącznik seksualności, który działałby do ukończenia przez naszą pociechę dwudziestego piątego roku życia), zaczną się interesować szybkimi samochodami, do gry wkroczą szalejące hormony, a na waszym koncie bankowym zacznie ubywać pieniędzy. Czytając niniejszą książkę, zrozumiesz, że czarostwa nie musisz się obawiać. Ciesz się tym, że twoje dziecko szuka inspiracji. Jeżeli po lekturze nadal będziesz zdania, iż czarostwo pozostaje w sprzeczności z twoimi przekonaniami, nie wpadaj w panikę. Napisałam niniejszą książkę po to, by twoje dziecko (lub ty) mogło wykorzystać opisane tu techniki i zastosować je w wybranym przez ciebie środowisku religijnym.

A może i wy zainteresujecie się tematyką czarostwa?

Nigdy nic nie wiadomo.

Wszystko jest możliwe.

Wstęp: Tylko dla nastolatków

Wśród książek o magii i czarostwie, które napisałam, nie było do tej pory takiej, która byłaby przeznaczona dla młodych czytelników. Jednak od pewnego czasu pomysł stworzenia właśnie takiej publikacji uparcie krążył mi po głowie, łaskotał moje palce i robił wszystko, co tylko się da, bym usiadła przed komputerem i zaczęła zapełniać strony tekstem. Zainspirowały mnie do tego liczne listy, nadsyłane przez młodych ludzi w wieku od jedenastu do osiemnastu lat, w których powtarzały się pytania dotyczące czarostwa, a także problemy zgłaszane przez nastolatków obecnych na wielu prowadzonych przeze mnie seminariach (presja ze strony rówieśników, zrzędliwi nauczyciele, kłopoty z szafkami szkolnymi, pracą domową i tym podobne). Młodzi ludzie chcą także wiedzieć, o co tak naprawdę chodzi w czarostwie i w jaki sposób religia ta może pomóc im spełnić marzenia. Po długich przemyśleniach i w wyniku napływających z zewnątrz bodźców, zdecydowałam się napisać niniejszą książkę tylko dla ciebie – nastoletniej czarownicy.

Środowisko związane z magią nazywa mnie Silver RavenWolf. Niektórzy mówią do mnie Mama Silver (nie, nie jestem jeszcze ani gruba, ani stara, ani posiwiała). Nazywają mnie mamą ze względu na mój styl pisania. Obchodzi mnie los moich czytelników i piszę do nich w taki sposób, w jaki wiele osób prowadzi rozmowę. Jestem czarownicą z rodowodem, co oznacza, iż mam za sobą lata prywatnych nauk, popełniłam wiele błędów, przetrwałam trudy, jakie niosło za sobą życie, i doczekałam ceremonii mianowania na nestorkę mojej grupy. Obecnie sprawuję opiekę nad jedenastoma sabatami w ośmiu stanach. Napisałam wiele książek o czarostwie dla dorosłych (osób, które mimo swego wieku, nie zawsze są szczególnie inteligentne). Mam czwórkę własnych dzieci w wieku od dwunastu do dziewiętnastu lat, więc całkiem dobrze zdaję sobie sprawę z tego, co dzieje się podczas tej ekscytującej podróży przez wiek nastoletni. Z radością muszę powiedzieć ci, iż – pomimo trudów macierzyństwa – wciąż żyję. Udało mi się przetrwać ten newralgiczny okres, a moje dzieci wiodą zwyczajne życie, pomijając fakt, iż wszyscy, podobnie jak ich mama, zajmują się magią. Nie uważam, że to coś nienormalnego, ale są ludzie (nieoświeceni i tkwiący w mrokach ignorancji), którzy tak właśnie sądzą. Ich strata.

Masz w rękach moją książkę, ponieważ ciekawi cię czarostwo (lub Wicca). To oczywiste, gdyż o tym właśnie tu piszę. Chcesz wiedzieć, co jest prawdą, a co nie. Znasz o czarostwie zarówno dobre, jak i złe historie. Być może oglądasz filmy, w których czarostwo przedstawiane jest jako złowieszcza praktyka, pełna krwi, flaków, różnych strasznych rzeczy, i może martwisz się, że ty lub ktoś ci bliski popadliście w tarapaty, wplątując się w rytuały czarostwa. W porządku. Świat potrzebuje więcej współczucia i troski. Jeżeli coś cię przeraża, musisz zbadać wszystkie fakty, by móc sformułować racjonalną opinię. Na kolejnych kartach tej książki oddzielę prawdę od fikcji.

Nastoletnia czarownica to książka o początkach, to inne spojrzenie na wszechświat. Potraktuj ją jako twój pierwszy krok w stronę „tego, co może się wydarzyć". Czarostwo jest uzależnione od twojego pozytywnego samorozwoju. Religia ta pomoże ci stać się lepszą osobą, byś mogła nieść pomoc innym. W księgarniach znajdziesz wiele książek na temat czarostwa. W niektórych z nich zawarto pożyteczne informacje, ale inne nie są warte papieru, na którym je wydrukowano. Zarówno w poszczególnych rozdziałach, jak i na końcu książki znajdziesz wiele propozycji lektur z adnotacją dotyczącą wieku i krótkim opisem treści, dzięki którym łatwiej ci będzie znaleźć pozycje, które poszerzą twoją wiedzę o czarostwie.

Wielu nastolatków nie dysponuje zbyt pokaźnymi funduszami, więc zdaję sobie sprawę z tego, iż chcesz mądrze wydać pieniądze otrzymane od babci lub zarobione na koszeniu trawnika. Nawet jeśli pracujesz, nie zarabiasz pewnie zbyt wiele, więc starałam się uwzględnić twoje potrzeby finansowe. Jeżeli spodoba ci się niniejsza książka, warto przeczytać kolejne, ponieważ nikt (nawet ja) nie wie wszystkiego o czarostwie i o Bogu. Nigdy nie przestajemy się uczyć. Niniejsza książka dotyczy jedynie podstaw świata czarów i jego związków z młodymi ludźmi.

W JAKI SPOSÓB TU TRAFIŁAM

Gdy wkroczyłam w fantastyczny świat Wicca, miałam trzynaście lat. Mój ojciec był luteraninem, a matka (świeć Panie nad jej duszą) należała do odłamu baptystów – Pierwszego Chrześcijańskiego Kościoła Apostołów Chrystusa. Od wczesnego dzieciństwa do siedemnastego roku życia regularnie zabierano mnie do małego kościoła z czerwonej cegły, położonego w centrum miasteczka. Moi rodzice nie byli fanatykami, ale każde z nich na swój sposób czciło swą wiarę. Gdy miałam trzynaście lat, moja kuzynka Tess dała mi talię kart Tarota. Karty te nie mają nic wspólnego z kultem Wicca. Stanowią one narzędzie wróżbiarskie, które może pomóc w podjęciu odpowiednich wyborów życiowych, ale nie są one przypisane do żadnego konkretnego dogmatu religijnego i nie powinno się uzależniać od nich całego swojego życia. W momencie gdy otrzymałam karty, niczym Głupiec (pierwsza karta w talii Tarota) rozpoczęłam swoją podróż ku religii, nauce i magii.

Zawsze bardzo kochałam Tess, ale już się nie widujemy, ponieważ czasem w rodzinach wybuchają bardzo nieprzyjemne konflikty (pojawia się zamęt i jakimś cudem nikt nigdy nie potrafi do końca oczyścić niezdrowej atmosfery). Tess była moim idolem. Siedem lat starsza ode mnie, miała blond włosy, niebieskie oczy i smukłą sylwetkę. Była wyjątkowo inteligentna, a w jej żyłach płynęła krew artysty. Chciałam być taka, jak Tess.

Odwiedziła mnie pewnego letniego popołudnia. Udałyśmy się w stronę pól rozciągających się za moim domem, cieszyłyśmy się ciepłem słońca i rozmawiałyśmy. Dziś, po trzydziestu latach, nie pamiętam dokładnie przebiegu tej rozmowy, ale to, co jestem sobie w stanie przypomnieć, zmieniło moje życie na zawsze.

– To, co mówią w kościele, nie jest całą prawdą – powiedziała Tess.

Przez chwilę patrzyłam na nią niepewnie. Nie była typem osoby, która poruszałaby kwestie religii.

– Co masz na myśli?

– Jest coś jeszcze.

– Jak to? Co takiego?

Zatrzymałyśmy się na środku pola. Tess spojrzała w stronę domu, a lekki, ciepły wietrzyk rozwiał złote pasma jej włosów. Mój niechlujny kucyk tkwił w miejscu, jak gdyby był przytwierdzony do głowy. Tess spojrzała na mnie i powiedziała – Po śmierci nie idzie się do piekła. Piekło jest tutaj.

Nic, co przeżyłam w swoim trzynastoletnim życiu, nie przygotowało mnie na taką wiadomość. Byłam wychowanym w duchu baptyzmu dzieckiem dwojga zwyczajnych amerykańskich rodziców. Mieliśmy dom, samochód, jedzenie w lodówce, ubrania w szafie i kota imieniem Tigi. Byliśmy przykładem amerykańskiej klasy średniej – szarlotki domowej roboty i samochodów marki Ford. Mój ojciec pracował dla rządu federalnego, codziennie, punktualnie o 15.30, wychodził do pracy, by równie punktualnie wrócić 30 minut po północy. Mama zajmowała się domem i przyjaźniła z sąsiadami. Moja babcia, zanim umarła, traktowała mnie tak, jak wszystkie babcie traktują swoje wnuczki. Byłam przekonana, że wszystkie babcie są kochające, troskliwe, grube i przyjechały z Zachodniej Wirginii.

Na podwórzu za domem mieliśmy niewielki ogród i każdego lata ojciec toczył batalie z ludźmi grającymi w baseball i posyłającymi piłki w nasze pomidory, łamiąc ich łodygi. Pewnego razu do miasteczka przyjechał cyrk, który rozstawiono na polu nieopodal naszego domu. Matka obudziła się pewnego ranka, wyjrzała przez okno i zobaczyła cztery zady słoni, wystające z ogrodu ojca. Jej wrzask wciąż odbija się echem w mojej głowie. Ojciec był jednak miłym człowiekiem. Tego roku była susza, więc zaoferował właścicielowi cyrku wodę do pojenia wszystkich zwierząt. Całe życie uczyłam się w tej samej szkole. Nie należałam do „najlepszej" grupy uczniów, ponieważ moi rodzice nie byli wystarczająco zamożni, ale byłam w tej „drugiej najlepszej" grupce. Moi rodzice nie brali narkotyków, a alkohol pili jedynie towarzysko w sobotnie wieczory, gdy wraz z przyjaciółmi odwiedzali „najlepsze" restauracje w mieście. Mama i tata nie kłócili się zbyt często, a gdy do tego dochodziło, mnie nie było w pobliżu. Żadnych romansów, żadnych rozbitych małżeństw, żadnych zaburzeń seksualnych. O czym mogła mówić Tess? Według mojego wyobrażenia chrześcijańskiego piekła, życie, jakie znałam, było bardzo oddalone od tej ognistej wizji. Bardzo chciałam jakoś się do tego odnieść (w jakiś sposób czułam, że muszę to zrobić), więc zamiast kwestionować jej zdanie, poprosiłam, by kuzynka wyjaśniła, co ma na myśli. Najwidoczniej jej życie stało się koszmarem na jawie, podczas gdy ja wiodłam beztroski żywot. Moim największym problemem było to, iż byłam chuda jak patyk i miałam twarz bladą jak stare foremki do babeczek, należące do mojej mamy. Najpoważniejsza kłótnia z rodzicami dotyczyła zakupu prawdziwego odtwarzacza stereo. Ówczesne telefony były wielkimi, czarnymi skrzyniami z obrotowymi tarczami, a w czarno-białym telewizorze dało się obejrzeć jedynie trzy kanały.

Marzyły mi się telefony, w których widać byłoby osobę, do której się mówi, i kolorowy telewizor odbierający sto kanałów (myślałam, że jeżeli tego nie mam, moi rodzice mogliby chociaż kupić mi odtwarzacz stereo). Co takiego przytrafiło się pięknej, niebieskookiej Tess, czego mnie udało się uniknąć?

– Dawno temu – powiedziała, wpatrując się w białą, kłębiastą chmurę, sunącą po niebie – religia wyglądała inaczej. Wiesz, że kiedyś wszyscy na ziemi myśleli, że Bóg to kobieta?

Wybałuszyłam oczy. Kobieta? Nikt w Kościele baptystów nigdy nie wspominał o tym, że Bóg może być kobietą. To było dla mnie coś zupełnie nowego.

Skinęła głową, widząc moje zdziwienie.

– A czy wiesz, że w średniowieczu mężczyźni tak bardzo bali się kobiet, że zabili dwa miliony ludzi, głównie kobiet i dzieci? Historycy nazywają ten okres Czasami Ognia. Chrześcijańscy mężczyźni byli zdania, że kobiety te były czarownicami.

Byłam wstrząśnięta, ale milczałam. Zabito dwa miliony ludzi? Nigdy o tym nie słyszałam. Wiedziałam, że Rzymianie zabijali chrześcijan na arenach, wypuszczając na nich lwy, ale to coś zupełnie odwrotnego. O czym ona mówiła? Czarownice? Myślałam, że czarownice były złe i czciły diabła. Coś było nie tak. Czułam, że moja kuzynka była przygnębiona, ale to, co mówiła, nie miało dla mnie sensu. Była wzorową uczennicą, jedynaczką – osobą niemal świętą! Pozwoliłam jej mówić dalej. Gdy byłyśmy młodsze, przesiadywałyśmy na tylnym siedzeniu samochodu, a ona opowiadała mi wyśmienite historie o duchach, podczas gdy dorośli wciąż gadali o nudnych sprawach na zjazdach rodzinnych. Myślałam, że to coś podobnego.

– To prawda – ciągnęła dalej. – Zamordowali dwa miliony kobiet i dzieci. To byli mężczyźni, chrześcijanie. Co o tym myślisz?

Nic nie powiedziałam, bo nawet gdybym otworzyła usta i tak nie wydusiłabym z siebie ani słowa.

– Nie wierzysz mi?

Rzeczywiście, tak mnie zaskoczyła, że nie wiedziałam, w co wierzyć.

– Mów dalej – powiedziałam cicho.

Westchnęła głęboko i czuć było, że jej słowa przepełnia cierpienie.

– Dużo się ostatnio dowiedziałam – powiedziała, unikając mojego wzroku i oddalając się ode mnie. Szłam za nią, patrząc jak słońce połyskuje w jej złocistych włosach. Zawsze bardzo jej zazdrościłam, ale teraz nie byłam już tego taka pewna. Coś było nie tak. Czułam to.

– Możesz to sprawdzić w książkach historycznych – mówiła dalej – mam na myśli te prawdziwe. Nie te śmieci, którymi karmią was w szkole. Idź do biblioteki, a sama się przekonasz.

– Tak zrobię – wyszeptałam i wiedziałam, że mówię poważnie. Tess była mądra, zawsze dostawała piątki. Jej umysł potrafił zgłębić wiedzę, której ja nie umiałam ogarnąć. Byłam w końcu tylko przeciętnym, chuderlawym dzieciakiem. W niczym nie przypominałam Tess, którą wujek i ciocia nieustannie chwalili. Kochana Tess. Zgrabna Tess. Piękna, inteligentna Tess.

– Ale dlaczego uważasz, że to miejsce to chrześcijańskie piekło? – zapytałam.

– Może nie dosłownie piekło. Nie ma czegoś takiego jak piekło.

Moje oczy ponownie próbowały wyjść z orbit. Wszyscy wiedzieli, że piekło istnieje. To złe miejsce, do którego idzie się po śmierci. Księża zawsze mówili o piekle, chociaż żaden z nich nie widział go na własne oczy, ale...

Wzruszyła ramionami.

– Istnieje pogląd, który wyznaje połowa mieszkańców naszej planety. POŁOWA MIESZKAŃCÓW – powtórzyła, wpatrując się swymi niebieskimi oczami w moje czekoladowobrązowe. – Nazywają to reinkarnacją. Rodzisz się raz za razem. Dawniej chrześcijanie także wierzyli w reinkarnację, ale ktoś wymazał tę wiarę z ich ksiąg. Wydaje mi się, że reinkarnacja jest logiczna. Zgodnie z tą ideą wszyscy są równi. Życie na ziemi jest jak szkolna sala. Wciąż wracamy, by nauczyć się nowych rzeczy. Ponosimy odpowiedzialność za wszystko, co robimy. Nie możemy po prostu czynić zła, a potem prosić o przebaczenie, musimy zaakceptować konsekwencje własnych poczynań. Każdy skutek ma swoją przyczynę. Jeżeli zrobimy coś złego, nie możemy winić za to nikogo innego, jak tylko siebie. Nikt nie zmusza nas do robienia złych rzeczy. Musimy za nie odpokutować tutaj, na ziemi, a nie w jakimś mitycznym miejscu pełnym potworów.

– A czarownice... – westchnęłam.

– Po pierwsze, one nie wierzą w diabła. Diabeł to wymysł religii chrześcijańskiej, a nie starych nauk. Czarownice wierzą, że jeśli jakiemuś złu nada się imię, otrzyma ono także moc, więc trzymają się z daleka od złych rzeczy, w tym także od chrześcijańskiego diabła.

Przyspieszyłam kroku, by ją dogonić, gdyż szła coraz szybciej.

– To znaczy, że czarownice nie są złe?

– Nie. Niektórzy ludzie chcą, żebyś myślała, że czarownice są złe, ale to nieprawda. Prawdziwe czarownice nie krzywdzą ludzi. Tak naprawdę przysięgły chronić nas najlepiej, jak tylko potrafią.

Byłam oszołomiona. Dlaczego moi rodzice nie powiedzieli mi prawdy o czarownicach? Powinnam z nimi potem o tym porozmawiać. Uświadomiłam sobie, iż Tess nie odpowiedziała na moje pytanie. Co takiego działo się w jej życiu, że zaczęła uważać nasz świat za chrześcijańskie piekło? W mojej głowie roiło się od pytań.

– Ale co z tymi wszystkimi filmami, w których czarownice ukazane są jako złe i obłąkane istoty? O co tu chodzi? – zapytałam.

Tess się zaśmiała.

– To tylko filmy, głuptasie. Historie, które potrzebują fabuły. Ludzie, którzy to wszystko pisali, nigdy nie zgłębiali tego tematu. Chodzi im tylko o pieniądze i wywołanie emocji. Prawda ich nie interesuje.

– Prawda? – powtórzyłam za nią.

– Prawda – odparła stanowczo – Masz... – powiedziała, przeszukując torebkę. – Coś ci przyniosłam – zatrzymała się i sięgnęła na samo dno skórzanej torebki. Lubiłam tę torbę. Jej skórzane frędzle tańczyły i wirowały, gdy Tess przeczesywała zawartość. Zaciekawiona podeszłam bliżej, starając się dojrzeć coś przez jej szperającą rękę. Zamaszyście wyciągnęła małą książkę, po czym mi ją wręczyła.

– *Diary of A Witch** – przeczytałam na głos – autorstwa Sybil Leek. – Kto to taki?

– Przeczytaj, to się dowiesz – powiedziała Tess, obdarzając mnie pełnym tajemniczości spojrzeniem. Spojrzała przez ramię za siebie, jakby bała się, że usłyszy ją ktoś z domowników, mimo że budynek został daleko za nami. – Nie pytaj mnie, skąd to wiem, ale miałam dać ci tę książkę. Dlatego tu przyszłam. U mnie w domu źle się dzieje. Chyba przez jakiś czas nie będziemy się widywać.

– Źle? Bardzo źle?

Uśmiechnęła się gorzko – Jesteś za młoda, by ci to wyjaśniać. Poza tym powiedziałabyś o wszystkim wujkowi Berniemu, a on nic na to nie poradzi.

Wujkiem Bernie był mój tato i mimo iż nie widywałyśmy się z Tess często, zapewne podświadomie wiedziała, że mówiłam o wielu rzeczach ojcu, który chętnie słuchał tego, co mam do powiedzenia. Zawsze byłam typem człowieka, który wycofywał się, gdy ktoś nie chciał mi o czymś powiedzieć, nawet jeśli wcześniej sam o tym wspomniał. Milczałam.

Tess stuknęła palcami w książkę i powiedziała – Musisz przeczytać tę książkę. Ona ma zmienić twoje życie.

– Kto tak twierdzi? – podwinęłam dolną wargę pod górną.

– Po prostu mi zaufaj, dobrze?

---

* *Pamiętnik Czarownicy* – tłumaczenie własne (przyp. tłum.).

Skinęłam głową z powagą. Tess była w końcu siedem lat ode mnie starsza. To duża różnica wieku dla trzynastolatki. Gdybym wtedy wiedziała to, co wiem teraz, mogłabym jej powiedzieć, że w procesie naprawiania swojego życia trzeba aktywnie uczestniczyć. Przyszłość nie jest z góry ustalona.

Moja matka przerwała naszą rozmowę, wołając nas z powrotem do domu. Z powodu kłopotów rodzinnych, błędów w komunikowaniu się i ogólnego natłoku obowiązków, straciłam kontakt z Tess. Widywałam się z nią przez krótki czas, gdy przechodziłam w życiu trudny okres, ale gdy wszystko zaczęło się układać i nauczyłam się podejmować mądre decyzje, znów się rozstałyśmy. Wtedy nie rozmawiałyśmy o książce, którą mi wręczyła, ani o moich poglądach na sprawy religii.

W wieku czterdziestu lat dowiedziałam się, dlaczego wtedy, tak dawno temu, Tess uznała, że jej życie to piekło na ziemi. Żałowałam, że nie powiedziała mi o tym w tamtym czasie, ale dziś już tego nie naprawię. Gdyby porozmawiała z odpowiedzialną, dorosłą osobą, na przykład z moim ojcem, o tym, przez co przechodziła, mogłaby oszczędzić sobie i innym wiele cierpienia. Gdy masz kłopoty lub jesteś świadkiem zła, musisz powiedzieć o tym zaufanej osobie dorosłej, ponieważ często możesz uzyskać od niej pomoc, nawet jeżeli wydaje ci się to niemożliwe. Dopiero się poznaliśmy i wiem, że proszę o wiele, ale zaufaj mi.

W ciągu kolejnych lat badałam zagadnienia, o których opowiedziała mi Tess. Odbyłam wiele ciekawych rozmów z moim ojcem na takie tematy, jak: reinkarnacja, Bóg, magia, kobieca boskość i wiele innych. Na końcu, przez przypadek lub w wyniku jakiegoś planu, stałam się jedną z najbardziej znanych współcześnie autorek książek o religii Wicca. To dopiero coś, nieprawdaż? Wszystko przez jeden podarunek w postaci książki wartej trzy dolary.

* * *

Za każdą napisaną książką kryje się jakiś powód, dlaczego autor sięgnął po długopis i zaczął spisywać pomysły. Czasami czytelnik nie wie, dlaczego autor napisał akurat taką książkę, zwłaszcza gdy jest dobra, a jej odbiorca uczy się z tekstu wielu nowych rzeczy. Innym razem czytelnicy czują się dobrze i nie obchodzi ich, dlaczego ani w jaki sposób tekst przebył drogę z umysłu autora wprost do ich rąk. Czasami, gdy autor umiera, ludzie zaczynają debatować nad tym, dlaczego napisał on taką czy inną książkę, i przychodzą im do głowy naprawdę niepoważne wytłumaczenia. Z twoją pomocą zaoszczędzę im czasu. Napisałam tę książkę dla ciebie i dla Tess, którą kiedyś znałam.

Rozdział 1

Czarostwo:
czym ono jest, a czym nie jest

Przez dziesięć tysięcy lat krzesaliśmy ogień
wśród muzyki wszelkiego stworzenia.
Od zarania dziejów
połączeni magią wychwalaliśmy gwiazdy.
Nasz duch wiruje w nieskończonym tańcu
Tarota, Run
i nocy zespolonych mocą
Rytuału Sprowadzania Księżyca.
– David O. Norris, 1994*

Czas pomiędzy początkiem okresu dojrzewania a dorosłością może być ekscytujący, ale też trudny. Pamiętam, że gdy byłam nastolatką, moje życie było burzliwe: jednego dnia byłam szczęśliwa, następnego smutna, potem znów szczęśliwa. Teraz obserwuję, jak czworo moich dzieci przechodzi przez te same huśtawki emocjonalne i nabywa doświadczeń. To niełatwe. Nie daj sobie wmówić, że jest inaczej.

Czasami czujesz, że możesz liczyć tylko na swoich przyjaciół. Jeśli twoi rodzice ich nie akceptują, cały twój świat wydaje się podobny do roztapiającego

* Tłumaczenie własne (przyp. tłum.).

się ciastka z kawałkami czekolady, które zostawia brązowe, papkowate plamy na podłodze twego życia. Jest jeszcze gorzej, jeśli twoi znajomi źle cię traktują, ale mimo to trzymasz z nimi, bo wydaje ci się, że masz tylko ich. Kogo obchodzi, że Emily ma w nosie kolczyk wielkości naleśnika? Przecież ona tylko wyraża w ten sposób siebie! Nieraz patrzysz na ludzi, dużych i małych, i nagle zdajesz sobie sprawę, że nie są oni tymi, za których ich uważasz. Ten moment może niekiedy być traumatyczny. Przechodzisz właśnie przez okres, w którym masz całkowitą pewność – bez najmniejszego cienia wątpliwości – że zawsze masz rację, zaś wszyscy inni się mylą. Przekonujesz siebie, że twoi rodzice musieli przybyć z jakiejś innej planety, i to niemożliwe, że kiedyś byli młodzi – tak naprawdę wyskoczyli z grządki kapusty na Marsie już jako dorośli ludzie, po czym znaleźli się w twoim domu, po drodze zawierając związek małżeński (albo i nie). Zaczynasz się zastanawiać, jak to się w ogóle stało, że jesteś w tej rodzinie. Myślisz, że może podmieniono cię w szpitalu albo że twoi rodzice znaleźli cię np. w pralni samoobsługowej i zabrali ukradkiem do domu. Usiłujesz zgadnąć, gdzie mogą być twoi *prawdziwi* rodzice – może mieszkają w wielkiej rezydencji z basenem, mają służących i wszystkie hamburgery z McDonald's na świecie? Naturalnie, ci mityczni rodzice rozpaczają po stracie swego królewicza czy księżniczki – czyli ciebie, oczywiście.

Kiedy przynosisz do domu świadectwo szkolne i rodzice dają ci szlaban do końca przyszłego semestru, możesz myśleć, że życie nie ma sensu. Przychodzą ci do głowy fantazje, by spakować swoje rzeczy do torby podróżnej, zamieszkać w piwnicy przyjaciół, żywić się batonikami, pizzą i pić dietetyczną colę. W odwecie rozpuszczasz swoje długie włosy. Płaczesz godzinami, ponieważ wyglądasz, jakby twoja głowa wyszła spod miksera, a potem przez całą noc piszesz wiersze, zaczynające się słowami: „Siedzę i gapię się w te cztery ściany", które powtarzają się, niczym lament, co drugą linijkę.

Potem nadchodzi czas, gdy chowasz się w swoim pokoju, kiedy tylko możesz, torturując swoje komórki mózgowe jakąś najnowszą płytą, i myślisz, że może jeśli stracisz słuch, świat cię w końcu zrozumie. Ukrywasz się, bo dziewczyny, na które patrzysz, nie odwzajemniają spojrzenia, albo chłopcom, którzy ci się podobają, chodzi tylko o jedno, a gdyby to od ciebie dostali, twoi rodzice natychmiast umieściliby cię w klasztorze, wyposażonym w komnatę tortur z nagraniami *Czerwonego Kapturka* i *Trzech małych świnek*, by cię dodatkowo upokorzyć.

A jak się czujesz, gdy najlepsza przyjaciółka wymyka się (niejednokrotnie) z twoim chłopakiem, bo rodzice nie pozwalają ci chodzić do miejsc lubianych przez twoich rówieśników? Albo gdy siedzisz przy telefonie i płaczesz przez cztery dni, ponieważ twój chłopak nie zadzwonił, tak jak obiecał? Albo kiedy twoja sympatia zrywa z tobą na imprezie i oddala się z dziewczyną – córką bogatych rodziców, lub chłopakiem, który jeździ nowiusieńkim czerwonym autem? Albo gdy wszyscy znajomi upijają się na imprezie, a ty idziesz do domu piechotą, bo nie pochwalasz takiego zachowania, ale jednocześnie obawiasz się zadzwonić po rodziców i poprosić, żeby po ciebie przyjechali? Potem nadchodzi czas, gdy zaczynasz pierwszą dorywczą pracę i nagle wszyscy – poczynając od dorosłych, a na dzieciach kończąc – którzy znali to miejsce, zanim cię zatrudniono, zaczynają wydawać ci polecenia i żartować z ciebie. To naprawdę wkurzające!

Zasady w domu, zasady w szkole, zasady w pracy – ach tak, to są trudne dni. A teraz poszukujesz odpowiedzi na pytanie: dlaczego? Dlaczego to wszystko przytrafia się właśnie mnie? Dlaczego nie może być lepiej? Dlaczego nikt mnie nie rozumie? Dlaczego nikt mnie nie słucha? Czym sobie na to wszystko zasłużyłam? Przy jakiejś okazji wpada ci w ręce niniejsza książka i zastanawiasz się: czy czarostwo może mi pomóc?

Moja odpowiedź brzmi: tak, ale nie zapominaj, że każda pozytywna religia (chrześcijaństwo, judaizm, islam, hinduizm, buddyzm itd.) może zapewnić ci wsparcie, jakiego potrzebujesz w tym okresie życia. Nastolatki często zwracają się ku czarostwu, bo religia ta wydaje im się potężna, efektowna i egzotyczna, no i nie podoba się ich rodzicom. Ceremoniał czarostwa wydaje się odmienny od praktyk innych religii, co sprawia, że ten system wierzeń staje się bardziej atrakcyjny. Gromadząc wiedzę na temat czarostwa, odkryjesz, że religia Wicca nie różni się tak bardzo od struktur duchowych, jakie już znasz z własnych doświadczeń.

W tym pierwszym rozdziale zamierzam rozwiać wiele wątpliwości i rozproszyć mylne wyobrażenia, jakie nastolatki (oraz dorośli) mają na temat czarostwa. Kiedy będziemy to mieli już za sobą, zacznie się prawdziwa zabawa.

Jestem w Michigan, w centrum konferencyjnym w mieście Lansing, i idę powoli po długim, czerwonym dywanie, rozłożonym w korytarzu prowadzącym do pokoju gubernatora, gdzie za kilka minut będę prowadziła wykład zatytułowany *Prowadzenie magicznego stylu życia*. Zdaję sobie sprawę z tego, że jeszcze dwadzieścia lat temu byłoby niemożliwe, by kobieta weszła do dużego, nowoczesnego centrum konferencyjnego, które mieści się dosłownie vis à vis siedziby władz stanu Michigan, ażeby opowiadać dużej grupie słuchaczy o czarostwie. Wchodząc do pomieszczenia i uśmiechając się na widok także radosnych twarzy mojej widowni, rozumiem, że my – czarownice – mamy jeszcze długą drogę do przebycia. Możemy mówić o naszej religii w Lansing w stanie Michigan, ale jest jeszcze wiele miejsc na świecie, gdzie niewykształceni, nieoświeceni ludzie wciąż wierzą, że czarownice są złe, i dlatego te biedne, nieszczęśliwe dusze zrobią wszystko, co w ich mocy, by nas dyskryminować. Przez wieki ludzie, którzy nie mieli pojęcia o czarostwie, starali się zmienić czarownice w różnego rodzaju mityczne bestie, kłamiąc publicznie na potęgę. Cóż, jestem czarownicą i mam już tego dosyć. Zamierzam użyć mej magicznej mocy (daru słowa pisanego), by obalić wszystkie te mity i na powrót przedstawić prawdę.

Niniejsza książka, napisana z myślą o was, nastolatki, ma na celu walkę z dyskryminacją i przekazanie wam, że czarostwo może pomóc poprawić jakość życia i sprawić, że staniecie się lepsi, jeśli takie jest wasze życzenie. Pewnego dnia chciałabym móc śmiało przejść dowolnym korytarzem każdego budynku ze świadomością, że ludzie już przestali błędnie oceniać czarownice.

Podstawowa teologia Wicca

Gdy ktoś mnie pyta, czym jest Wicca, przychodzi mi do głowy tysiąc wspaniałych pomysłów, ale osoba zadająca to pytanie zwykle spodziewa się zwięzłej odpowiedzi. Chociaż mogłabym godzinami rozprawiać o tym, czym jest czarostwo, a czym ono nie jest, podstawowa odpowiedź brzmiałaby: *czarostwo to oparta na naturze i afirmacji życia religia, nakazująca przestrzeganie zasad moralnych i budowanie harmonii między ludźmi oraz inspirowanie siebie i innych*. Jeśli się nad tym zastanowić, w podobny sposób możemy zdefiniować każdą wartościową religię, nieprawdaż? Czarownice zazwyczaj podążają własną ścieżką, a nie w tym samym kierunku, w jakim idą tłumy tylko dlatego, że ktoś tak nakazuje. Czarownice praktykują indywidualizm, wolność myśli i pozostają w bliskim kontakcie z otaczającym ich światem, w tym z roślinami, ze zwierzętami oraz z ludźmi. Obcujemy z potokami, niebem, ogniem, drzewami, ze zwierzętami i skałami, podobnie jak rdzenni mieszkańcy Ameryki. Wszystko na naszej planecie postrzegamy jako manifestację boskości.

Zasady wiary wiccańskiej

Na Wiosennym Sabacie, który odbył się w 1974 roku w Minneapolis w stanie Minnesota, Amerykańska Rada Czarownic opracowała dokument pod nazwą *Zasady wiary wiccańskiej*. Miał on na celu podanie do wiadomości publicznej (zwłaszcza nowych adeptów czarostwa) centralny system wierzeń religii Wicca (czarostwa). Dokument ten stanowi przekrój praw czarostwa oraz jego teologii, ale nie opisuje licznych niuansów religijnych struktur, jakie większość czarownic mogłaby naśladować. Jak w przypadku każdej religii, która z biegiem czasu rozwijała się i zmieniała, żaden zestaw trzynastu podpunktów nie jest w stanie całościowo opisać tej wiary. Zasady wiary podają jedynie uproszczone wyjaśnienie systemu.

Niestety, Amerykańska Rada Czarownic rozwiązała się w tym samym roku, ale nie znaczy to, że starania jej członków okazały się bezcelowe. Wręcz przeciwnie! Dwadzieścia lat później, w roku 1994, gdy wyznawcy tego systemu wiary przyjęli zaproszenie na Konferencję Światowego Parlamentu Religii w Chicago, religia, znana jako czarostwo (Wicca), wkroczyła do historii. Wśród uczestników spotkania byli Selena Fox (z Circle Sanctuary*) oraz wyznawcy Przymierza Bogini (Covenant of the Goddess, COG). W wyniku ich starań Wicca, uważana przez wielu za przejściowy kaprys, znalazła się w gronie różnych religii świata.

A oto ustanowione przez Amerykańską Radę Czarownic zasady wiary:

1. Odprawiamy rytuały, by zestroić się z naturalnym rytmem sił życiowych, który wyraża się w fazach Księżyca oraz następowaniu wielkich i mniejszych sabatów.
WYJAŚNIENIE DLA NASTOLETNICH ADEPTÓW: czarownice oddają cześć Bogu poprzez obrzędy religijne, powszechnie zwane rytuałami. Ryt jest fragmentem takiego rytuału. Większość naszych obrzędów kościelnych nawiązuje do określonych dni w roku. Niektóre święta związane są z fazami Księżyca, inne zaś odpowiadają porom roku naszej planety. Zamiast marnować miejsce i budować obiekty, w których odprawialibyśmy nasze obrzędy i które przez większość dni w tygodniu stałyby puste, czarownice często spotykają się w swoich domach i tam przeprowadzają rytuały.

2. Rozumiemy, że nasza inteligencja wiąże się z odpowiedzialnością za środowisko. Pragniemy żyć w harmonii z naturą, w ekologicznej równowadze, oferującej spełnienie w naszym życiu oraz świadomości w ujęciu ewolucyjnym.
WYJAŚNIENIE DLA NASTOLETNICH ADEPTÓW: Bóg dał nam umiejętność odróżniania dobra od zła. Skoro stoimy na końcu łańcucha pokarmowego

* Sanktuarium Kręgu – tłumaczenie własne (przyp. tłum.).

(cóż, przynajmniej większość z nas), ciąży na nas odpowiedzialność zadbania o to, by nasza planeta nie została zniszczona tylko dlatego, że jesteśmy tak cholernie „mądrzy". Najlepszym sposobem ochrony naszej planety oraz wszystkich jej stworzeń jest życie w zgodzie z naszymi mniejszymi braćmi: ptakami, pszczołami i innymi zwierzętami. Mówiąc krótko, przez cały czas musimy być ekologicznie świadomi naszych czynów.

3. Uznajemy istnienie potęgi o wiele większej niż ta, która znana jest zwykłemu człowiekowi. Ponieważ siła ta jest o wiele potężniejsza, niż te spotykane na co dzień, niekiedy nazywamy ją „nadprzyrodzoną", ale postrzegamy tę moc jako drzemiącą w naturalnym potencjale każdego człowieka.
WYJAŚNIENIE DLA NASTOLETNICH ADEPTÓW: przez stulecia ludziom udawało się tłumić wiele z ich wrodzonych talentów. Potęga umysłu jest naprawdę niesamowita! Czy wiesz, że nie wykorzystujemy ogromnej mocy naszego umysłu, chociaż moglibyśmy? To właśnie z tych niewykorzystywanych zasobów umysłowych wyłaniają się cudowne umiejętności, takie jak: jasnowidzenie, telekineza, jasnosłyszenie, postrzeganie pozazmysłowe (ESP), zdalne postrzeganie – nazwij to, jak chcesz. Każdy z nas posiada te umiejętności, ale większość nie robi z nich użytku, niektórzy ludzie nawet się ich obawiają. Czarownice i inne oświecone dusze dążą do wzmocnienia tych naturalnych darów. W oczach czarownicy wszyscy są sobie równi.

4. Wierzymy, że Kreatywna Moc Wszechświata wyraża się w istnieniu przeciwieństw – jak np. kobiet i mężczyzn – oraz że ta Kreatywna Moc żyje we wszystkich ludziach i funkcjonuje poprzez interakcje między biegunami męskim a żeńskim. Nie cenimy żadnego z nich bardziej od drugiego, wiedząc, że wzajemnie się uzupełniają. Seksualność uważamy za przyjemność, za symbol i uosobienie życia.
WYJAŚNIENIE DLA NASTOLETNICH ADEPTÓW: tak jak wyznawcy innych religii, czarownice wierzą w Boga. Wierzymy, że Bóg ma dwie formy – męską i żeńską. Formy te łączą się ze sobą, tworząc pełną osobę Boga. Czarownice szanują zarówno mężczyzn, jak i kobiety oraz męskie i żeńskie właściwości wszechrzeczy. Zgadzamy się ze stwierdzeniem, że mężczyźni nie są lepsi od kobiet ani też kobiety od mężczyzn. Czarownice uważają, że uprawianie seksu z inną osobą nie jest „czymś niewłaściwym", chociaż jednocześnie zdają sobie sprawę z tego, że miłość fizyczna niesie za sobą wielką odpowiedzialność.

5. Uznajemy istnienie zarówno światów zewnętrznych, jak i wewnętrznych, czy też psychologicznych – czasem określanych mianem świata duchowego, nieświadomością zbiorową, wewnętrznymi płaszczyznami itd. – w działaniu tych dwóch wymiarów widzimy podstawę zjawisk paranormalnych i operacji magicznych. Nie lekceważymy żadnego z tych wymiarów na korzyść drugiego; postrzegamy oba jako niezbędne do naszego spełnienia.
WYJAŚNIENIE DLA NASTOLETNICH ADEPTÓW: wiemy, że w świecie widocznym oraz niewidocznym istnieją energie. Cenimy świat umysłu tak samo, jak ten, który nas otacza. Nieświadomość zbiorowa oznacza psychiczne połączenia między ludźmi, roślinami, zwierzętami, owadami oraz z Duchem. Zdolności umysłu nazywamy wewnętrznymi płaszczyznami. Czarownice zdają sobie sprawę z tego, że techniki, znane jako zjawiska paranormalne, i stosowanie magii, mają swój początek w umyśle i manifestują się we wszechświecie. Zwracamy uwagę na to, co myślimy i co robimy. Wierzymy, że pomyśleć oznacza stworzyć.

6. Nie dopuszczamy żadnej autorytarnej hierarchii, za to uznajemy tych, którzy nauczają, szanujemy tych, którzy dzielą się swą szerszą wiedzą i mądrością, oraz tych, którzy z odwagą poświęcili się przywództwu.
WYJAŚNIENIE DLA NASTOLETNICH ADEPTÓW: w przeciwieństwie do innych Kościołów, które uważają, że potrzebny jest jakiś centralny ośrodek władzy, dyktujący zasady i ceremoniał swoim wyznawcom, religia Wicca nie posiada centralnej instytucji rządzącej. Mamy nauczycieli i przywódców, których szanujemy za ich mądrość i czas, jaki poświęcają naszej religii. Każda organizacja wiccańska, każdy nasz Kościół, kowen, grupa czy otwarty krąg zarządzają się same.

7. Uważamy religię, magię i mądrość życia za zjednoczone w naszym sposobie postrzegania świata i form życia w nim występujących – jest to pogląd na świat i filozofia życia, jaką określamy mianem czarostwa lub religią Wicca.
WYJAŚNIENIE DLA NASTOLETNICH ADEPTÓW: wiccanie wierzą, że religia, potęga umysłu, praktyki magiczne, mądrość oraz wiara w Ducha nie mogą funkcjonować oddzielnie – zawsze są powiązane. Staramy się nie być ślepi na to, co się dzieje na świecie, i mieć otwarty umysł.

8. Określanie siebie mianem „czarownicy" nie sprawia, że człowiek się nią staje – nie decyduje też o tym dziedziczenie ani nadawanie sobie tytułów, stop-

ni czy poziomów wtajemniczenia. Czarownica stara się kontrolować swe moce, dzięki którym może żyć mądrze i dobrze, bez szkody dla innych oraz w zgodzie z naturą.

WYJAŚNIENIE DLA NASTOLETNICH ADEPTÓW: gdy odłożysz tę książkę, pójdziesz do szkoły i ogłosisz wszem i wobec, że jesteś czarownicą, nie staniesz się nią. Noszenie czarnych ubrań i dużej ilości krzykliwej biżuterii oraz grożenie ludziom bezsensownymi sloganami – że się ich przeklnie – jest dalekie od ścieżki prawdziwego wiccanina. Przyłączenie się do kowenu, przejście inicjacji i osiągnięcie określonego statusu w obrębie danej grupy także nie uczyni cię czarownicą. To, jak żyjesz, jak odnosisz się do innych, jak wprowadzasz prawa religii Wicca do swego życia – to wszystko decyduje o tym, czy jesteś czarownicą, czy też nie.

9. Uznajemy, że to afirmacja życia i jego spełnienie oraz kontynuacja ewolucji i rozwoju świadomości nadaje sens wszechświatowi, jaki znamy, i naszej osobistej roli, jaką mamy do odegrania w tymże wszechświecie.

WYJAŚNIENIE DLA NASTOLETNICH ADEPTÓW: czarownice szanują wszelkie formy życia, bez względu na to, czy należy ono do robaczka, chwastu, pięknego drzewa, tygrysa czy niekulturalnego człowieka, który mieszka niedaleko nas. Wszyscy musimy przetrwać, by móc ewoluować.

10. Naszym jedynym zastrzeżeniem wobec chrześcijaństwa lub jakiejkolwiek innej religii czy filozofii życia jest to, że systemy te uważają się za „jedyne prawdziwe i prawe", nie uznają prawa innych do wolności i starają się tłumić inne formy religijnych praktyk i wierzeń.

WYJAŚNIENIE DLA NASTOLETNICH ADEPTÓW: czarownice mają już dość przedstawicieli innych religii, którzy krytycznie oceniają nasz system wierzeń i przekazują kłamstwa na jego temat tylko dlatego, że albo nie czują się oni pewnie w swojej religii, albo też nie zdają sobie sprawy z tego, jak wiele w naszym wszechświecie istnieje ścieżek prowadzących do Boga. Ci nieoświeceni ludzie uważają, że lepiej nas krzywdzić, niż przyznać, że ludzie powinni swobodnie wybierać wiarę, jaką chcą wyznawać. Czarownice nie żywią nienawiści do chrześcijan, żydów czy wyznawców islamu, jednak kiedy ludzie z tych ustrukturyzowanych grup próbują zranić nas swoimi kłamstwami, plotkami lub przemocą fizyczną, mogą spodziewać się, że czarownicom to się nie spodoba i że będą walczyć w swojej obronie.

11. Jako amerykańscy wyznawcy czarostwa, nie czujemy się zagrożeni debatami na temat jego historii, pochodzenia różnych terminów, zasadności rozmaitych aspektów wielu tradycji. Skupiamy się na naszej teraźniejszości i przyszłości.

WYJAŚNIENIE DLA NASTOLETNICH ADEPTÓW: nie istnieje jeden właściwy sposób praktykowania czarostwa. Religia jest taka, jaką sami ją stworzymy.

12. Nie uznajemy idei „absolutnego zła" ani nie czcimy żadnego bytu zwanego „szatanem" czy „diabłem", według definicji tradycji chrześcijańskiej. Nie szukamy mocy czerpanej z cierpienia innych ani nie akceptujemy założenia, że osobiste korzyści mogą jedynie być osiągane poprzez odmówienie ich komuś innemu.

WYJAŚNIENIE DLA NASTOLETNICH ADEPTÓW: nie czcimy diabła ani chrześcijańskiego szatana. Wierzymy, że nadawanie złu nazw jest równoznaczne z nadawaniem mu mocy. Czarownice nie są zainteresowane działaniem poprzez zło ani też po stronie zła. Nie wierzymy, że można zdobyć moc poprzez krzywdzenie lub zabijanie innych czy też grożenie im – to byłoby złym uczynkiem.

13. Działamy w zgodzie z naturą, w zakresie zapewniającym nam zdrowie i dobre samopoczucie. Niezwiązani z żadnymi tradycjami z innych czasów czy kultur, nie jesteśmy zobowiązani do posłuszeństwa wobec żadnej osoby ani siły potężniejszej niż boskość manifestująca się poprzez naszą osobę. Jako amerykańskie czarownice, uznajemy i szanujemy wszelkie nauki i tradycje związane z pochwałą życia. Chcemy uczyć się od wszystkich oraz dzielić się zgromadzoną przez nas wiedzą. Nie chcemy otwierać się na działania destruktywne w stosunku do religii Wicca, ze strony osób wykorzystujących swą moc do własnych celów, ani na filozofie czy praktyki pozostające w sprzeczności z powyższymi zasadami. Pragnąc unikać ludzi, których działania są sprzeczne z naszymi, nie chcemy odmawiać przynależności do naszej religii jakiejkolwiek osobie, która obdarza szczerym zainteresowaniem naszą wiedzę i wiarę, bez względu na jej rasę, kolor skóry, płeć, wiek, pochodzenie w sensie narodowościowym lub kulturowym czy orientację seksualną.

WYJAŚNIENIE DLA NASTOLETNICH ADEPTÓW: wyznawcy religii Wicca postępują w zgodzie z naturą, nie zaś wbrew niej. Wierzymy, że Bóg jest najwyższą mocą i żaden człowiek, ani grupa ludzi, nie posiada większej mocy niż on sam. Czarownice szanują wszystkie religie na naszej planecie, a także prawo każdego człowieka do praktykowania pozytywnej wiary. Nie przekazujemy wiedzy o naszych tajemnicach głupcom i zamykamy drogę do naszej religii wszystkim ludziom, których uważamy za autodestruktywnych albo których podejrzewamy o potencjał do krzywdzenia innych lub doświadczenie w takim działaniu. Większość organizacji wiccańskich dokładnie sprawdza potencjalnych nowych członków.

* * *

Wyznawcy religii Wicca podczas praktykowania swej religii, zarówno indywidualnie, jak i grupowo, postępują według zawiłego systemu praw. Określamy je wspólną nazwą jako **Zarządzenia***, które dzielą się na trzy podstawowe kategorie: prawa duchowe, prawa praktyczne oraz prawa kowenu. Prawa duchowe reprezentują kod etyczny czy też moralność i udzielają wyznawcom wskazówek dotyczących życia duchowego, bez względu na to, czy zdecydujemy się praktykować indywidualnie (jako pojedyncza czarownica), czy w obrębie struktury grupowej. Prawa te obowiązują wszystkich ludzi związanych z magią, zaś osoby najbardziej zaangażowane w praktykowanie magii włączają je w swą działalność w obrębie grupy, a także indywidualnej praktyki.

Czarownice uważają prawa praktyczne za kwiaty doświadczenia, darowane im przez tych, którzy wyznawali religię Wicca przed nimi. W związku z tym nie wszystkie z tych praw będzie stosowała każda osoba. Potraktuj te prawa jako wskazówki.

Trzeci rodzaj praw czarostwa – prawa kowenu – stosowany jest w hierarchii grupowej; większość z tych praw nie ma zastosowania w przypadku czarownicy indywidualnie praktykującej religię Wicca. Nie oznacza to, że samotne czarownice powinny całkowicie zignorować te prawa, gdyż wiele osób z ich społeczności może tworzyć pewien rodzaj kowenu lub zorganizowanej grupy i praktykować czarostwo z zastosowaniem tychże praw. Prawa kowenu dzielą się na dwie kategorie: prawa stworzone przez generalny system wiccański oraz prawa ukonstytuowane przez daną organizację, grupę lub kowen. Prawa formułowane przez odrębne grupy nie mogą pozostawać w sprzeczności z ogólnymi prawami kowe-

---

* Zarządzenia – system praw duchowych, praktycznych oraz praw kowenu stosowanych przez wyznawców religii Wicca (przyp. aut.).

nu, powinny udoskonalać funkcjonowanie danej organizacji i wspierać ją w tworzeniu harmonijnej równowagi między jej członkami.

Poprzez Zasady Wiary i bardziej złożone Zarządzenia czarownice nowej generacji (czarownice z lat dziewięćdziesiątych) mogą wyznawać ustrukturyzowaną religię, która wcale nie wydaje się ustrukturyzowana. Na tym właśnie polega urok i tajemnica czarostwa.

Skąd czarownice czerpią swą moc

Kiedy patrzymy na kapelusz czarownicy z przodu, widzimy trzy boki, prawda? Rzeczywiście, taki kapelusz wygląda jak trójkąt i przedstawia to, co nazywamy **rożkiem mocy***. Czarostwo obejmuje trzy kąty czy też strony wiary. Są to: miłość, pozytywna kreatywność oraz Duch. Miłość wszystko zwycięża. Miłość otwiera drzwi, uspokaja duszę i jednoczy nas wszystkich. Ta miłość to dobre emocje, jakie czujemy wobec swoich rodziców, naszej planety, rodzeństwa, zwierząt, przyjaciół lub tej wyjątkowej osoby w naszym życiu. Czarownica stara się kochać wszystkie stworzenia, duże i małe. I to właśnie miłość jest podstawą czarostwa bądź też dolną krawędzią wspomnianego kapelusza.

Główny cel bycia człowiekiem wyraża się w sztuce tworzenia – gdy sami robimy biżuterię, poświęcamy czas na zgłębienie nauki liczb, piszemy wiersze, praktykujemy pozytywną magię czy udzielamy szczerej porady – nieważne, co robimy, ważne, że tworzymy coś w sposób pozytywny. Możemy stworzyć coś dobrego lub złego. Jest to dar naszej wolnej woli. Czarownica dąży właśnie do tworzenia w sposób pozytywny. Stąd drugą krawędź wspomnianego wcześniej kapelusza stanowi pozytywna kreatywność.

Duch (czy też Bóg i Bogini) jest trzecim bokiem tego kapelusza. Jest to wiara w boskość, świadomość, że Bóg (w jakiejkolwiek formie) istnieje, oraz zrozumienie tego, że jest on w nas i wokół nas, chętny do niesienia pomocy, jeśli tylko o nią poprosimy. Czarownice postrzegają Boga jako byt zarówno męski, jak i żeński, więc często stosują nazwę „Bóg i Bogini". Czasami mówimy o nim: Duch. Rozumiemy, że Allach, Jezus i Budda stanowią męskie wyobrażenie Boga, jednak równie ważne znaczenie przypisujemy jego żeńskiej stronie, którą nazywamy Boginią. W religii chrześcijańskiej żeńska natura Boga manifestuje się poprzez Marię, ale nie jest ona równie ważną postacią jak Bóg. Chrześcijanie za-

* Rożek mocy – energia. Połączenie miłości, kreatywności i Ducha, tworzące podstawę mocy czarownicy, wykorzystywanej do zrealizowania pragnienia (przyp. aut.).

zwyczaj dostrzegają tylko męską naturę Boga. My zaś czujemy, że natura Boga – zarówno męska, jak i żeńska – jest bardzo ważna. Żadna religia nie myli się w sposobie, w jaki postrzega Stwórcę. Różnice istnieją jedynie na płaszczyźnie ideologii i teologii. A więc Bóg i Bogini (lub Duch) to trzecia krawędź kapelusza czarownicy.

Jeśli połączymy te trzy czynniki – miłość, pozytywną kreatywność i Ducha – otrzymamy wiccański rożek mocy, z którego emanować będzie magia. Moc ta połączy naszą miłość, zdolności twórcze oraz siłę Boga w formie, w jakiej go lub ją postrzegamy. Czarownice potrafią sprawić, że zdarzy się cud (dla siebie oraz innych) – poprzez miłość, pozytywną kreatywność oraz Ducha – i czynnie korzystają ze swej mocy.

Teraz pewnie myślisz sobie: „Ale, ale, ... zupełnie co innego moi znajomi czy też moi rodzice, a może i mój pastor, mówią o czarownicach. Słyszę od nich całkiem inne historie. Jak to, co tu czytam, może być prawdą?". Najbardziej w ludziach złości mnie to, że są skłonni uwierzyć we wszystko, co złe, makabryczne czy obrzydliwe, bez kwestionowania tego. Spróbuj powiedzieć im coś innego i... bingo! Żądają „prawdy"! „Pokaż mi" – mówią ci nieoświeceni ludzie. „Udowodnij, że to, co słyszałem przez te wszystkie lata, jest nieprawdą. Uwierzę w złe rzeczy, bo sprawiają one, że życie jest ciekawsze. Jeśli mówisz mi o czymś dobrym, nudzi mnie to". Ludzie mnie zadziwiają. Większość z nich gotowa jest przyjąć pomówienia, a nie prawdę. Jeśli mi nie wierzysz, spójrz na wyniki sprzedaży prasy brukowej.

Prześladowanie czarownic

Nie zamierzałam pisać na temat prześladowania czarownic, ale potem pomyślałam, że przecież obiecałam przedstawić ci prawdę, czyż nie? Wierz mi lub nie, ale odkąd ludzie dołączyli do innych stworzeń na ziemi, zawsze istniała magia i osoby wybrane przez Ducha do zajmowania się nią. Naprawdę każdy może studiować i stosować praktyki magiczne, jeśli wystarczająco długo i intensywnie będzie nad nimi pracował. Nasz dar wolnej woli sprawia, że jesteśmy wyjątkowi, ale nadmiernie ufając swemu indywidualizmowi, ludzie mogą używać tej wolnej woli do złych celów. Weźmy jako przykład wojny, przestępczość, nienawiść – lista negatywnych uczynków, dokonanych przez ludzi z ich własnej woli, jest żenująco długa.

Chociaż lubimy składać winę na innych, zło nie pochodzi od jakiegoś istniejącego wokół nas dziwnego bytu, zacierającego swe szponiaste ręce z radości, śliniąc się na myśl o tym, do czego może nas zmusić. Jestem przekonana, że to my, ludzie, tworzymy zło na świecie i jesteśmy zbyt tchórzliwi, by ponosić odpowiedzialność za to, czego nasze umysły, serca i ręce dokonały w negatywnych okolicznościach. Ludzie odnajdują wielką przyjemność w obarczaniu odpowiedzialnością jakieś mityczne stwory, zamiast przyznać się do tego, co sami przez pomyłkę stworzyli.

W tzw. **wiekach ciemnych*** Kościół starał się pozbyć pogan i czarownic z terenów wiejskich, by instytucja ta mogła gromadzić zarówno władzę, jak i majątek. Krótko mówiąc, Kościół opracował plan marketingowy (na wzór dzisiejszych planów marketingu politycznego) polegający na sprzedawaniu chrześcijaństwa i stosował różne metody – takie jak: strach, tortury i podawanie mylnych informacji – by rozpowszechnić swój „produkt". W trakcie tego procesu Kościół zapożyczył wiele wierzeń zakorzenionych wśród wiejskiej gawiedzi (drzewo julowe**, choinkę, gargulce strzegące kościołów, zajączka wielkanocnego itd.), a następnie wcielił je do tradycji i polityki kościelnej, by zadowolić ludzi, którymi trzeba było manipulować. Kościół nawet przejął pogańskich bożków i boginie, zmieniając ich w swoich świętych – za przykład niech posłuży święta Brygida. Kiedy natomiast nie mógł przekonać ludzi do zaprzestania sprawowania pogańskiego obrządku, uciekał się do ostrzejszych metod. Historycy uważają, że w wiekach ciemnych ponad dwa miliony ludzi zostało zamordowanych przez łowców czarownic.

Sporządzony przez Kościół w VIII wieku dokument, zatytułowany *Canon Episcopi*, głosił, że czarownice były jedynie iluzją, ale jednocześnie Kościół stworzył straszną broń – inkwizycję. Przywódcy inkwizycji obalili ten dokument i w ten sposób rozpoczęły się nikczemne prześladowania niewinnych ludzi w całej Europie. Inkwizytorzy, mający na swych rękach krew, otrzymali od Kościoła pełne przyzwolenie na swą działalność. Większość prześladowań miała miejsce między XV a XVII wiekiem. Zanim ci kościelni fanatycy zakończyli swą działalność, populacja kobiet spadła do alarmującego poziomu. Nie zostawiono przy życiu prawie żadnej inteligentnej kobiety, akuszerki czy lokalnej uzdrowicielki. W tym okresie religijni przywódcy zmienili treść Biblii, zwłaszcza w jednym miejscu, w którym nawet dziś jest napisane: „Nie pozwolisz żyć czarownicy"***. W orygi-

---

* Wieki ciemne – okres mniej więcej od 476 do 1000 roku, charakteryzujący się represjami i ciemnotą (przyp. aut.).

** Duże polano spalane w kominku podczas świąt Bożego Narodzenia – tradycja obecna w niektórych państwach Europy (przyp. tłum.).

*** Biblia Tysiąclecia, wyd. Pallotinum, 2003 (przyp. tłum.).

nalnej wersji Biblii fragment ten brzmiał: „Nie pozwolisz żyć trucicielowi". Jak widzisz, ludzie inkwizycji rządzili żelazną ręką, nie cofając się nawet przed wprowadzaniem zmian w wielu wersetach Biblii po to, by móc realizować swe cele i uwolnić się od odpowiedzialności za wyrządzane przez siebie zło.

W XVIII wieku niegodziwość, jaka wysysała życie z europejskiej populacji, zaczęła słabnąć. Wielu historyków uważa ten okres za początek epoki oświecenia, co oznaczało, że właśnie wtedy ludzie rzeczywiście zaczynali myśleć o tym, co działo się wokół nich, nie chcąc już się dostosowywać tylko po to, by zachować spokój. W roku 1736 czarostwo przestało być taktowane – w Anglii i Szkocji – jako przestępstwo karane śmiercią. W roku 1722 miał miejsce ostatni udokumentowany przypadek palenia czarownic na Wyspach Brytyjskich. Odbyło się to w Szkocji, zaś kobieta poddana egzekucji nazywała się Janet Horne. Spoglądając w karty historii, odnajdujemy jeszcze kilka pojedynczych przypadków palenia i wieszania kobiet podejrzanych o czary, nawet do początku XX wieku.

W 1952 roku w Anglii rząd unieważnił ostatnie prawo związane z czarostwem, co oznaczało, że praktykowanie religii Wicca przestało być uznawane w tym kraju za przestępstwo. W Stanach Zjednoczonych ludzie mogą czuć się bezpieczni, ponieważ prawo chroni naszą wiarę… rzekomo.

Czy oznacza to, że prześladowanie czarownic odłożono już do ciemnych, zakurzonych zakamarków historii? Najwidoczniej nie. Nawet jeśli większość ludzi przy zdrowych zmysłach zdaje sobie sprawę z tego, że czarownice nikogo nie krzywdzą, wciąż krążą na ten temat pogłoski i błędne informacje. Niektórzy przedstawiciele Kościoła w dalszym ciągu nie mogą dopuścić do siebie myśli, że nie uczestniczymy w żadnych negatywnych praktykach, zaś wiele osób w mediach wciąż praktykuje tzw. żółte dziennikarstwo, by za pomocą tanich sensacji wykorzystać nas do zwiększenia oglądalności swoich programów.

Światło prawdy

Zapalmy lampkę prawdy, niech promienie zrozumienia oświetlą te złośliwe plotki na temat czarostwa, jakie z pewnością znasz. Kiedy zdementujemy błędne informacje, możemy zabrać się za wspieranie cię w stawaniu się lepszym człowiekiem. Mamy na tej planecie wiele religii, a każda z nich wychodzi naprzeciw potrzebom swych wyznawców. Ja postrzegam Boga jako wielki, piękny diament o wielu płaszczyznach. Każda z nich objawia się jako pozytywna wiara religijna. Czarownice uważają się za jedną z płaszczyzn tego diamentu. Chrześcijaństwo, judaizm, islam i setki innych pozytywnych religii również tworzą ten wielki diament. Wszyscy razem stanowimy jedność. Napisałam tę książkę, by łatwiej ci było zrozumieć, co czarownice myślą, w co wierzą i jak starają się zachowywać. Zacznijmy więc od zapoznania cię z poniższą listą, dzięki której ciśniesz wszystkie te głupie pomówienia na temat czarostwa do kosza na śmieci, gdzie od dawna jest ich miejsce.

PRAWDZIWE CZAROWNICE ...

... nie krzywdzą ludzi fizycznie, mentalnie, duchowo ani w sposób magiczny. Czarownice złożyły przysięgę, by pomagać ludziom, nie zaś ich ranić. Jeżeli krzywdzisz kogokolwiek, nie jesteś prawdziwą czarownicą.

... nie zażywają nielegalnych substancji. Prawo zakazuje zażywania narkotyków, a poza tym środki te niszczą nasz organizm. Po co więc nam one? Czarownice chodzą do lekarza w razie choroby i stosują się do jego zaleceń, by zadbać o swoje zdrowie. Czarownice wykorzystują magię, by nieść pomoc ludziom, którzy są chorzy, ale nigdy, przenigdy nie stosują magii zamiast dobrej opieki medycznej. Czarownice korzystają z magii *oraz* opieki medycznej.

... nie praktykują czarnej magii – to nie czarownice, to ci *inni* ludzie. Prawdziwe czarownice wiedzą, że cokolwiek robimy – w tym czy też w magicznym świecie – wraca do nas z potrójną siłą. Jeśli więc czynimy dobro, jesteśmy nagradzani. Jeśli popełniamy złe uczynki, płacimy odpowiednią cenę – muszę dodać, że jest ona bardzo wysoka. Wiccanie mają takie powiedzenie: „cokolwiek uczynisz, powróci do ciebie po trzykroć".

... nie latają po niebie na miotłach. Kupujemy samochody i korzystamy z jezdni jak wszyscy inni ludzie. Jeśli czujemy potrzebę wzbicia się w powietrze, wybieramy Delta, Northwestern, American Airlines albo inne linie lotnicze.

... nie jedzą niemowląt (bleee!). My *kochamy* niemowlęta. Chcemy, by rosły, stawały się duże i silne i robiły wiele dobrego dla innych ludzi, na przykład znalazły leki na AIDS, raka czy zwykłe przeziębienie.

... nie zabijają zwierząt (ani niczego/nikogo innego). Prawdziwe czarownice kochają i szanują zwierzęta, gdyż są one – tak samo jak ludzie – częścią Ducha. Czarownice są wielkimi miłośnikami zwierząt – trzymamy psy, koty, myszoskoczki, króliki itd. i wszystkie żyją u nas długo i szczęśliwie oraz regularnie odwiedzają weterynarza.

... nie opowiadają wierutnych kłamstw. Nie rzucamy słów na wiatr i wiemy, że czarownica warta jest tyle, co jej słowo.

... nie nazywamy siebie magikami. Słowo „magik" oznacza „naginacz prawdy". Bez względu na to, czy jesteś chłopakiem, czy dziewczyną, mężczyzną czy kobietą, obowiązuje ta sama nazwa: czarownica/czarodziej lub wiccanin.

... nie wikłają się w perwersyjne zabawy seksualne. Wystarczy już informacji na ten dziwaczny temat, nie chcę go więcej drążyć!

... nie piją ani nie wykorzystują w żaden inny sposób krwi zwierząt, własnej lub jakiejkolwiek innej osoby (żywej lub martwej)! To, jaki lubisz stek, nie ma nic wspólnego z czarostwem.

... nie zmieniają koloru włosów w mgnieniu oka. Chodzimy do supermarketu i kupujemy farbę do włosów, by pokryć siwiznę, tak jak twoja mama.

... nie kradną ani nie biorą udziału w żadnych działaniach przestępczych. Wierzymy, że kiedy odbieramy coś innej osobie, tak naprawdę odbieramy to sobie. A przecież ukraść coś samemu sobie to głupota!

... nie przekręcają symboli innych religii, takich jak krzyż czy gwiazda Dawida, ani nie bezczeszczą grobów bądź figurek świętych. Szanujemy zmarłych, tak samo jak żywych.

... nie wzywają demonów. Po prostu nie jesteśmy idiotami.

... nie oddają czci chrześcijańskiemu diabłu. Nie wierzymy w szatana. Nie nadajemy mocy żadnym negatywnym formom, takim jak szatan czy diabeł, gdyż uważamy, że nazywanie czegoś nikczemnego jest równoznaczne z nadawaniem temu mocy.

... nie wierzą w chrześcijańskie piekło. Prawdziwe czarownice uważają, że jesteśmy odpowiedzialni za nasze czyny oraz że zapłacimy za nasze złe uczynki w tym lub następnym życiu – więc naprawdę bardzo staramy się nie postępować źle. To nas prowadzi do powszechnego wierzenia wiccan – reinkarnacji.

... nie zmuszają ludzi do przyłączenia się do nich ani nie manipulują ludźmi. Czarostwo czy też Wicca nie jest kultem, lecz *legalnie uznaną* religią. Nasi duchowni mają prawo udzielać ślubów. Mamy też formę chrztu dla naszych dzieci (rytuał zwany z jęz. ang. „wiccaning" lub „saining"), tak jak inne religie. Jego elementem jest także polewanie wodą. W roku 1994, podczas obrad Światowego Parlamentu Religii w Chicago w stanie Illinois, uznano Wicca czy też czarostwo za legalną religię, obok innych religii świata, takich jak: katolicyzm, judaizm, buddyzm i wiele protestanckich odłamów chrześcijańskich. W Stanach Zjednoczonych czarownice mogą legalnie posiadać swoje kościoły.

... nie używają satanistycznych symboli. Nasz pentakl, czyli pięcioramienna gwiazda z piątym ramieniem skierowanym ku górze, wpisana w okrąg, symbolizuje cztery żywioły oraz człowieka, otoczonych przez Ducha. Pentakl nie ma nic wspólnego z satanizmem, zaś czarownice bardzo denerwują się na ludzi, którym tak się właśnie on kojarzy. Czarownice nie posługują się odwróconym krzyżem chrześcijańskim, więc nie chciałyby też, by ktoś odwracał do góry nogami ich symbol.

... nie muszą przechodzić ceremonii inicjacji, by praktykować religię czarostwa, jednak czarownice praktykujące w obrębie grupy, mającej własną formę kierownictwa dla swych członków, inicjacje takie przechodzą. Nie można samemu dokonać ceremonii wprowadzenia, ale można oddać się pod opiekę Boga i Bogini. Inicjacje symbolizują poziom szkolenia lub duchowego wtajemniczenia w obrębie danej *grupy*. Nestorzy w religii czarostwa przekazują **moc/rodowód*** podczas pewnych ceremonii inicjacji. Nie możesz przekazać mocy/rodowodu, jeśli wcześniej nie przekazano ich tobie – dlatego właśnie nestorzy pełnią tę funkcję. Inicjacje są ceremoniami ustanowionymi z myślą o uhonorowaniu duchowego rozwoju danej osoby. Podczas wiccańskiej inicjacji nie dzieje się nikomu żadna krzywda.

... nie zostają czarownicami z dnia na dzień. Dziś baptysta – jutro wiccanin? Nic z tego. To nie funkcjonuje w ten sposób. Czarostwo wymaga wielkiego oddania, nauki oraz wytrwałości. Religia ta staje się procesem samorozwoju i radości. Nie jest tak, że narysujesz niedbale pentakl, ubierzesz się w czarną sukienkę czy też spodnie i koszulę, pomalujesz paznokcie na jakiś odrażający kolor, zrobisz sobie krzykliwy makijaż i nazwiesz się czarownicą. Nic z tego – bycie czarownicą nie jest po prostu modnym zachowaniem lub sposobem postępowania. Nasza religia nie wymaga noszenia czarnych strojów. Jeśli zaczniesz się tak ubierać, prawdziwe czarownice będą się co najwyżej z ciebie śmiać. Ta religia nie wymaga nawet od ciebie noszenia pentaklu. Prawdziwe czarostwo wymaga znacznego wkładu pracy. Czarownicą stajemy się dzięki nauce i wierze, nie zaś poprzez noszenie jakichś określonych ubrań.

... nie atakują ludzi, ale z pewnością bronią się przed atakami innych.

... nie paplają na lewo i prawo, że są czarownicami. Stosujemy w praktyce **Piramidę Czarownic**** – wiedzieć, odważyć się, pragnąć i zachować milczenie. *Wiedzieć* oznacza, że wciąż poszukujemy prawdy i jesteśmy umocnieni w swej

---

* Moc/rodowód – energia i historia przekazywane przez jedną osobę drugiej (przyp. aut.).

** Piramida Czarownic – wiara i struktura nauk, jakich czarownica musi przestrzegać: wiedzieć, odważyć się, pragnąć, zachować milczenie (przyp. tłum.).

wierze. *Odważyć się* – że nie czujemy lęku przed nieznanym oraz że mamy odwagę być inni i uczyć się tyle, ile zdołamy. *Pragnąć* oznacza, że koncentrujemy się na byciu jak najlepszym człowiekiem. *Zachować milczenie* zaś – że zdajemy sobie sprawę z tego, iż czyste myśli mają wielką moc. Jeśli powiemy innym o swojej magii, zwłaszcza tym, którzy nie wierzą w nią tak jak my, znaczna część tej mocy może nam po prostu ulecieć. Dlatego też dzielimy się swą wiedzą tylko z osobami o podobnych poglądach, innych zaś pozostawiamy ich własnym przekonaniom.

... nie zawsze korzystają z magii. Większość czarownic stosuje sztuki magiczne, ale nie wszystkie zajmują się magią. Niektóre z najbardziej sympatycznych czarownic, jakie znam, nie praktykują magii, ale za to się modlą.

... nie plotkują, nie kłamią ani celowo nie ranią uczuć innych ludzi.

... nie praktykują magicznych aplikacji, których w pełni nie rozumieją.

... nie żądają opłat za przeprowadzanie magicznych obrzędów czy modlenie się w intencji innych osób, mogą jedynie poprosić o zwrot kosztów materiałów, jakich muszą użyć.

...nie korzystają z magii lub innych swych zdolności, by się popisać.

... nie rzucają miłosnych uroków, by zwrócić uwagę innej osoby, spowodować rozstanie jakiejś pary tylko po to, by czarownica mogła umówić się z jedną z tych osób, ani w żaden inny sposób nie starają się wpłynąć na wolną wolę innych ludzi. Owszem, pracujemy nad wnoszeniem stanu harmonii i miłości w nasze życie, ale nigdy, przenigdy nie mierzymy w konkretną osobę.

... nie znęcają się nad zwierzętami. Oczywiście, prawdziwe czarownice praktykują magię z wykorzystaniem zwierząt. Czarownice darzą zwierzęta wielkim szacunkiem, ale nie trzymamy ropuch, kotów czy pająków, pełzających między naszymi palcami w trakcie, gdy odprawiamy swój taniec hokus-pokus. Nie wrzucamy też części ciała żadnych zwierząt do bulgoczącego kotła, mrucząc pod nosem jakieś głupoty. Takie rzeczy, jak oko traszki czy język żmii, to tak naprawdę ludowe nazwy ziół, przekazywane z pokolenia na pokolenie.

Skoro czarownice nie czynią zła ani nie wierzą w nie, możesz zapytać: dlaczego w takim razie ludzie tak się ich boją? To bardzo dobre pytanie, które wymaga wyczerpującej odpowiedzi. Ludzie boją się tego, czego nie rozumieją – a niektórzy wyraźnie *nie* rozumieją czarownic. Czarownice pragną rozwijać się oraz ulepszać życie innych ludzi. Może to przerażać kogoś, kto nie chce żadnych zmian, dlatego też czarownice szanują to i starają się znaleźć zmiany, które wniosą harmonię do ich życia oraz egzystencji innych ludzi. Niekiedy ludzie *nie chcą* zrozumieć czarownic, gdyż albo trudno im przyznać, że przez cały czas nie mieli racji (bo wtedy wyjdą na osoby niepoważne czy nawet głupie), albo też boją się zmian. Niektórzy lubią robić wszystko tak jak zawsze, „po staremu", nawet jeśli jest to złe lub niewłaściwe.

Kolejnym powodem, dla którego ludzie obawiają się czarownic, jest fakt, iż większość z nas posiada aurę mocy. Oznacza to, że patrząc na nas, można zauważyć, że jesteśmy „inni". Nie rzucamy zaklęcia ani nie oddziałujemy na umysł innego człowieka - raczej uczymy się i staramy się dobrze żyć. To widać. Niedawno otrzymałam list od szesnastolatki imieniem Judy. Dziewczyna napisała w nim, że po kilku miesiącach znajomości jej najlepsza przyjaciółka oskarżyła ją o zażywanie narkotyków. „Dlaczego tak myślisz" - zapytała Judy. Jej przyjaciółka odparła: „Bo się zmieniłaś. Jesteś bardziej wyluzowana. Nie wkurzasz się tak, jak kiedyś. Każdy to zauważył". Judy roześmiała się i powiedziała: „To nie tak, głuptasie! Po prostu zaczęłam studiować religię Wicca". Judy dała koleżance moją książkę pt. *To Ride A Silver Broomstick: New Generation WitchCraft**. Teraz również i ona uczy się, jak być lepszą osobą.

Porozmawiajmy teraz o tym, w co prawdziwe czarownice *naprawdę wierzą.*

PRAWDZIWE CZAROWNICE...

... wierzą w Boga jako kosmiczną moc pozytywnej energii. Postrzegamy Boga i Boginię jako aspekty tej kosmicznej mocy. Może to być niezrozumiałe dla początkujących wiccan, więc pozwól, że wyjaśnię ideę boskości w następujący sposób. Użyję chrześcijaństwa jako przykładu, ale tylko dlatego że nawróciłam się właśnie z tej religii, więc dobrze znam jej system wierzeń. W obrębie chrześcijaństwa istnieje wiele odłamów, prawda? Tak więc mamy luteranów, metodystów, katolików, baptystów, River Brethren**, episkopalian*** itd. Niektórzy ludzie uważają, że istnieje określona doktryna chrześcijańska (tylko ta jedna i żadna inna), inni zaś wierzą w coś zupełnie innego. Tak czy inaczej wszyscy określają się mianem chrześcijan. Na przykład protestanci nie uznają świętych czy Aniołów Stróżów, w przeciwieństwie do katolików, którzy wierzą w oba te aspekty boskości i wciąż oddają im cześć. Żadna z powyższych grup chrześci-

* *Latać na srebrnej miotle: czarostwo nowego pokolenia* – tłumaczenie własne (przyp. tłum.).

** Nazwa pewnych grup chrześcijańskich, powstałych pod koniec XVIII w. w stanie Pensylwania wśród ludności pochodzenia niemieckiego oraz szwajcarskiego (przyp. tłum.).

*** Wyznawcy Kościoła Episkopalnego – anglikańskiego Kościoła w Stanach Zjednoczonych (przyp. tłum.).

jańskich nie jest zła (chociaż wśród wyznawców każdej z tych religii znajdą się tacy, którzy będą twierdzić inaczej – ale wiemy przecież, że wszelkie formy duchowości są święte, prawda?). W obrębie religii Wicca również istnieją podziały. Nie chcę wprowadzać zamieszania, bo dopiero uczysz się tego wszystkiego, więc w niniejszej książce nie będę zajmowała się tymi różnymi sektami wiccańskimi. Możesz znaleźć te informacje w mojej książce pt. *To Ride A Silver Broomstick* (to ta, o której wcześniej wspomniałam). Żadna sekta czarostwa nie jest lepsza od innych. W tej książce zatrzymamy się na kosmicznej mocy pozytywnej energii, gdyż te siły manifestują się w różnych aspektach Boga i Bogini.

... szanują ścieżki wszystkich pozytywnych religii. Rozumiemy, że Bóg jest niczym jeden wielki, idealny diament, o czym już wcześniej pisałam. Jego liczne ścianki reprezentują wszystkie religie świata. Czarownice nie wyśmiewają się z innych religii i uważają, że wyznawcy tychże religii nie powinni naśmiewać się z nich.

... wierzą, że wszystko tworzy jedną całość. Jesteśmy jednością z Duchem, innymi ludźmi, roślinami, ze zwierzętami, z żywiołami itd.

... wierzą w modlitwę. Modlimy się przez cały czas. Modlitwa pomaga ludziom. Wiemy, że modlitwa wypowiadana w odpowiednim skupieniu posiada wielką moc.

... przestrzegają pewnych praw. Niekiedy nazywamy te prawa Zarządzeniami. Czarownice przestrzegają trzech rodzajów praw: duchowych, praktycznych i praw kowenu.

... wierzą w karmę – czyli że po każdej akcji następuje odpowiednia reakcja. Pamiętasz to krótkie powiedzenie, o którym już wspomniałam? Dokładnie tak! „Cokolwiek uczynisz, powróci do ciebie po trzykroć".

... zdają sobie sprawę z tego, że aby nasza planeta była dobrym miejscem do mieszkania, musimy żyć w zgodzie z innymi, i aby nam się to udało, pracujemy nad pozytywną energią.

... wierzą, że każda osoba składa się z trzech aspektów: fizycznego, umysłowego i duchowego. Starają się ćwiczyć, jak najlepiej wykorzystywać wszystkie trzy części ich samych w harmonii.

... idą za głosem zdrowego rozsądku. Nie robimy głupich rzeczy, jak na przykład kierowanie pojazdem po wypiciu alkoholu.

... wiedzą, że myśli kształtują rzeczywistość. Zawsze ostrożnie dobieramy własne myśli, bez względu na to, czy dotyczą one nas samych, czy innych ludzi.

... wiedzą, że *moc jest proporcjonalna do mądrości*. Wiemy, że straszenie ludzi nie jest mądrym zachowaniem oraz że wiccanie raczej stracą moc, niż ją zyskają, jeśli kogoś przestraszą. Chwalenie się przed ludźmi, że możemy ich skrzywdzić za pomocą magii, jest jedną z najpodlejszych rzeczy, jakie można zrobić. Taki chwalipięta nie posiada żadnej realnej mocy. Wierzymy też, że wykorzystywanie religijnej doktryny do straszenia innych jest po prostu nie do przyjęcia.

... wiedzą, że sztuka magiczna jest najwspanialszym darem. Jeżeli będziemy praktykować złą magię, Duch może go nam odebrać. Jeśli zaś będziemy stosować pozytywną magię, ta dobra energia powróci do nas po trzykroć.

... działają indywidualnie lub z innymi, w obrębie magicznego kręgu. Reprezentuje on naszą świątynię czy też kościół. Nigdy nie wnosimy do kręgu zazdrości, nienawiści ani gniewu, gdyż byłoby to okazaniem braku szacunku wobec Ducha.

... wierzą w reinkarnację. Wiemy, że żyjemy wiele razy po to, by rozwijać się duchowo.

... wierzą, że nie istnieje *jeden jedyny właściwy sposób* oddawania czci boskości. Czujemy, że każdy człowiek musi pielęgnować swą wiarę w Boga, by móc pozostawać w zgodzie z Duchem. Nie mamy żadnego głównego zarządu, żadnych rzeczników ani głównej organizacji. Każda osoba jednakowo manifestuje potęgę naszej religii w dzisiejszym świecie. To, że piszę wiele książek na temat czarostwa i znam wielu ludzi, nie czyni mnie lepszą od innych czarownic na świecie. Moje zdolności nie są silniejsze czy lepsze od twoich, czy tych należących do innych wiccan. Każda czarownica uprawia czarostwo na swój własny sposób, więc znajdziesz różnice w naszych praktykach. Informacje, jakie ci tu przekazuję, odnoszą się do ogólnych zagadnień związanych z czarostwem tak, jak ja je rozumiem. Te uogólnienia oparte są na moich doświadczeniach, a także doświadczeniach moich nauczycieli oraz tysięcy innych wiccan, których spotkałam podczas moich podróży.

* * *

Wow! Niesamowite, prawda? W czarostwie nie ma nic strasznego. Wiem o tym, w końcu studiuję tę dziedzinę od ponad dwudziestu dziewięciu lat. Gdyby zakradły się tu jakieś złe rzeczy, już dawno siedziałabym w pociągu do innej religii. Nieważne, czy jesteś królową tegorocznej studniówki, nieśmiałą osobą specjalizującą się w rolnictwie, gotem jeżdżącym poobijaną ciężarówką lub nawet nieposiadającym własnego środka transportu; nieważne, czy mieszkasz na wsi, w mieście, przyczepie kempingowej czy apartamencie – religia Wicca może do ciebie przemówić... jeśli tylko na to pozwolisz.

Wicca podoba mi się z jednego powodu: *bez względu na to, co się dzieje, nigdy nie jestem na łasce nikogo ani niczego innego. Zawsze mogę zrobić coś, co pomoże mi poprawić moją sytuację*. Na tym właśnie polega piękno czarostwa.

Rozdział 2

Sekrety, które przestały być sekretami

Podstawy Czarostwa

Sekrety. Czyż to słowo nie przywodzi ci na myśl czegoś dyskretnego, osobistego, intymnego i wyjątkowego? Wszyscy kochamy sekrety, ale nie znosimy tajemnic – sytuacji, gdy ktoś mówi nam, że nie mamy dostępu do tychże sekretów. Liczne czarownice doświadczyły prześladowań, ponieważ Wicca kryje wiele sekretów. Dawniej czarownice niechętnie dzieliły się tymi sekretami z innymi, co doprowadziło do wielu fałszywych oskarżeń pod ich adresem. Przez tę dyskrecję wielokrotnie spotykał je bardzo przykry los. By ludzie przestali nas krzywdzić, postanowiliśmy ujawnić swoje sekrety.

Dziś, dzięki wielu ludziom związanym z magią – niektórym znanym, innym nie – czarostwo wyszło z mroków i ujawniło się ogółowi społeczeństwa. By to uczynić, czarownice zaczęły rozmawiać o sekretach. To zabawne – gdy ludzie je poznali, uznali, że wcale nie są to żadne wyjątkowe informacje, i nie uwierzyli, iż mogą odnosić się do prawdziwych tajemnic czarostwa. Cóż za niepoważni ludzie. Wszystko może stać się sekretem, jeżeli przestanie się o tym rozmawiać. Właśnie milczenie stanowi ten wyjątkowy element.

Jednym z największych sekretów czarostwa jest to, iż stanowimy jedność. Oto wielka tajemnica. Wszyscy jesteśmy ze sobą połączeni – ludzie, rośliny i zwierzęta. To wszystko, łącznie z planetą, na której wszyscy żyjemy, jest dla nas świętością. Czarownice wierzą, że gdy kogoś ranisz, w istocie ranisz siebie – dlatego staramy się nie krzywdzić nikogo i niczego. Wszystkie sekrety Wicca są takie jak ten i stanowią proste idee, na które ty też możesz wpaść lub które już znasz. Każdy sekret zawiera unikalną dawkę inspiracji. Na przykład: wiedząc, iż stanowimy jedność, staramy się czynić jak najwięcej dobra innym, a nie tylko sobie samym. Oto źródło prawdziwej mocy.

Czytając dalszą część niniejszej książki, możesz odnieść wrażenie, iż niektóre pojawiające się w niej terminy nie są dość dobrze wyjaśnione. Chcę upewnić się, że znasz te pojęcia, ale nie jest moim celem zaśmiecać twojego umysłu szczegółami, przewiduję bowiem, że większość nastolatków czytających tę książkę ma zamiar pracować w samotności. Pragnę zapewnić cię, że znajdziesz tu wszystko, co niezbędne do rozpoczęcia nauki o czarostwie.

Kim są czarownice?

Niedawno sporządzone statystyki pokazują, iż czarostwo to obecnie najszybciej rozwijająca się religia w USA. By dać ci obraz populacji wyznawców tej religii, organizacja Wiccan Pagan Press Alliance podała, iż w Stanach Zjednoczonych znajduje się obecnie tyle samo czarownic, co pisarzy posiadających w swoim dorobku opublikowane dzieła. W każdym zawodzie i w każdej strukturze społecznej znajdziesz ludzi praktykujących Wicca. Co piąta osoba zna czarownicę lub uczyła się w swoim życiu jakiegoś rodzaju teorii dotyczącej magii. Wielu rodziców uczniów z twojej szkoły na pewno praktykuje czarostwo.

Z pewnością myślisz sobie: „skoro czarownic jest aż tyle, czemu żadnej nie znam?". Otóż najprawdopodobniej znasz, ale z powodu najróżniejszych form prześladowań, których czarownice doświadczyły w przeszłości, większość z nich nie obnosi się dziś ze swoją wiarą. Najpotężniejsze czarownice w USA wyglądają tak jak inni, mają rodziny i stałą pracę. Czarownice znajdziecie wśród pracowników przemysłu medycznego, inżynierii, aeronautyki, ubezpieczeń, sektora sprzedaży, branży spożywczej, dziennikarstwa, policji, wśród naukowców i w każdej innej dziedzinie zatrudnienia. Niektórzy znani aktorzy i aktorki także są czarodziejami i czarownicami. Zatem znajdziecie ich wszędzie – spokojnie wiodą swój żywot i praktykują swą wiarę w odosobnieniu.

Czy ty także możesz zostać czarownicą?

Oczywiście, że tak. Dziś każdy może zgłębiać tajniki czarostwa. Jedynymi wymogami są: chęć, cierpliwość i wytrwałość w zgłębianiu wielu aspektów naszej religii oraz szczere oddanie **Duchowi***. Wielu młodych ludzi pyta mnie, czy można łączyć uprawianie czarostwa z innymi praktykami religijnymi. Owszem – można, ale dopiero wtedy gdy w pełni zrozumie się istotę religii Wicca i będzie można sprawnie poruszać się w obrębie różnic pomiędzy dwiema strukturami religijnymi. Nie musicie porzucać waszej obecnej religii, by przyjrzeć się czarostwu. Nie ma tu żadnej ceremonii, podczas której człowiek wyrzeka się dotychczasowych przekonań, by rozpocząć życie w nowej wierze. To prawda, że ludzie rozwijający swoją znajomość czarostwa i angażujący się w ten kult często porzucają swoją poprzednią wiarę, ale jest to kwestia wyboru, jaki podejmują poszczególne osoby, nie zaś wymóg.

Wiccańskie tradycje

Scott Cunningham, ceniony autor książek i jeden z najbardziej znanych współczesnych amerykańskich czarodziei, opisał wiccańskie tradycje w następujący sposób: „Zorganizowana, hierarchiczna, specyficzna podgrupa, która zwykle pełni rolę inicjacyjną i często wiąże się z unikalnymi praktykami rytualnymi. Wiele tradycji posiada swoje własne Księgi Cieni i zazwyczaj ich członkowie uznają przedstawicieli innych tradycji za wyznawców Wicca. Większość tradycji ma swoje własne koweny oraz odosobnionych wyznawców".

Tak jak chrześcijaństwo dzieli się na odłamy, również Wicca ma własne podgrupy. Nazwy niektórych sekt biorą się z określonych kultur, takich jak Strega (Włochy) czy kultura nordycka/germańska. Kobiece czarostwo (skupione na kobiecości i zapoczątkowane przez znaną i kochaną Z. Budapest) podlega pod patronat Czarownic Dianicznych. Różne sekty wykorzystują też imiona założycieli: gardneriańska (od nazwiska założyciela Geralda Gardnera, lata pięćdziesiąte); aleksandryjska (zapoczątkowana w tym samym okresie przez Alexa Saundersa); czarownice Cabot (ruch zainicjowany przez Laurie Cabot, oficjalną czarownicę z Salem), czarownice Starhawk (nazwane na cześć popularnego pisarza o nazwisku Starhawk). Są również klany rodzinne, czyli grupy złożone z wielu sekt działających wspólnie – rodzina Serpent Stone (założona przez nieżyjącego już ukochanego Wila Martina), klan Black Forest (czyli moja grupa) czy też Covenant of the Goddess** (COG).

Nie martw się – może się to wydawać zagmatwane. Wszystkie te czarownice kiedyś rozpoczęły swoją naukę, tak jak ty. Ucząc się czarostwa i rozwijając się,

---

* Duch – ogólna forma energii sprawująca kontrolę nad harmonią wszechświata (przyp. aut.).

** Przymierze Bogini (przyp. tłum.).

może zechcesz przystąpić do jednej z powyższych grup, a być może postanowisz działać samodzielnie. Charakterystyczne dla wyżej wymienionych grup jest to, że chociaż każda z nich w nieco inny sposób obchodzi ceremonie oraz stawia odmienne wymogi osobom starającym się dostać w ich szeregi, to wszystkie one kierują się tymi samymi intencjami i przestrzegają zasad wiary Wicca. To nasze różnice i nasz indywidualizm dają nam siłę.

Mit narodzin czarostwa – Bóg i Bogini

Dawno, dawno temu świat spał w objęciach mrocznej otchłani. Z tej nicości zrodził się Duch, tworząc z bezkresnej miłości Boginię. Tańczyła ona na niebiosach, a jej stopy wybijały rytm wszechstworzenia. Iskry światła tryskały z jej włosów, dając początek gwiazdom i planetom. Gdy Bogini wirowała, ciała niebieskie zaczęły poruszać się razem z nią, tworząc boską symfonię wszechświata. Tańcząc coraz szybciej, Bogini stworzyła ziemskie morza i góry. Gdy wypowiadała słowa pełne miłości i radości, spadały one na ziemię, a z nich zrodziły się drzewa i kwiaty. Z czystego białego światła jej oddechu powstały barwy wszechświata, zmieniając wszystko w rezonujące piękno. Z energicznego śmiechu Bogini zrodziły się dźwięki nieskalanego szumu strumyków, łagodne wibracje jezior i rozszalałe wrzaski oceanów. Łzy radości spływające z jej policzków stały się życiodajnymi deszczami.

Gdy Bogini zwolniła tempo, zapragnęła towarzysza, z którym dzieliłaby się urokami świata. Duch stworzył Boga, jako jej partnera i towarzysza. Ponieważ Bogini bardzo kochała ziemię, Duch uczynił z jej towarzysza istotę będącą w połowie duchem, a w połowie zwierzęciem, tak by razem mogli zaludnić naszą planetę. Moc Boga płynie przez Boginię, ona zaś obdarza świat i jego mieszkańców błogosławieństwami. Bóg i Bogini dali początek zwierzętom w powietrzu, na ziemi i w wodzie oraz wszystkim ludziom. By chronić ludzi i pomagać im, Bóg i Bogini stworzyli aniołów i duchy. Istoty te są zawsze z nami, choć często nie potrafimy ich dostrzec. Każdego ptaka Bogini obdarowała magiczną piosenką, a każde zwierzę żyjące na lądzie otrzymało od Boga instynkt przetrwania. Bóg jest władcą świata zwierząt i roślin, dlatego też jego boską głowę zdobi poroże jelenia. Postać pół-zwierzęcia, pół-człowieka ukazuje jego radość z obu tych dzieł stworzenia i Bóg rozkoszuje się tym wizerunkiem.

Ludzie zaczęli rozmnażać się i rozwijać, a Bóg i Bogini ujrzeli, że potrzeba im uzdrowicieli. Wykorzystali więc energię z królestw: aniołów, zwierząt oraz ludzi i stworzyli czarownice. Czarownice dysponowały mądrością, będącą darem od

Boga i Bogini, zdolnością do uzdrawiania oraz mocą magii. Bogini nauczyła czarownice, w jaki sposób zakreślać kręgi i rozmawiać z Duchem, Bóg zaś pokazał im, jak komunikować się z duchami powietrza, ognia, ziemi i wody oraz porozumiewać się ze zwierzętami i z roślinami.

Na początku ludzie akceptowali istnienie czarownic i dobrze je traktowali, ale ponieważ różniły się one od zwykłych śmiertelników, niektórzy zaczęli lękać się mądrych czarownic – dzieł Boga i Bogini. Dlatego też – z obawy przed schwytaniem i śmiercią z rąk bojaźliwych ludzi – czarownice stały się Ukrytymi Dziećmi, przeprowadzającymi rytuały pozytywnej energii po kryjomu.

Gdy świat zaczął coraz bardziej pogrążać się w mrokach ignorancji i nienawiści, Bogini wykorzystała Księżyc jako symbol delikatnego blasku jej doskonałego pokoju, zaś Bóg skorzystał z żywego światła Słońca, jako symbolu swojej siły płynącej z doskonałej miłości. Raz w miesiącu, gdy Księżyc jest w pełni, czarownice celebrują i upamiętniają błogosławieństwa, które zesłała nam nasza Matka. Prosimy ją o opiekę nad nami, naszymi rodzinami, przyjaciółmi i całą planetą. Cztery razy w roku, gdy Słońce przechodzi przez cykl pór roku, czarownice celebrują festiwale ognia i oddają cześć Bogu i miłości, którą nas obdarza. W dni sabatów czarownice składają hołd cyklowi życia i darom ziemi.

Bogini ma wiele imion – Isis, Astarte, Bride, Diana, Aradia i tysiąc innych – kroczy ona przy każdej kobiecie, niezależnie od jej rasy. Bóg także ma wiele obliczy – od silnego Cernunnosa po rozkosznego Pana. Strzeże nas i wskazuje nam drogę, towarzysząc wszystkim mężczyznom każdej rasy. Gdy w powietrzu słychać grzmot, a niebo przeszywa błyskawica, Bóg i Bogini odbywają boski taniec stworzenia, byśmy o nich pamiętali i wiedzieli, że nigdy nie jesteśmy sami. Każdego ranka, kiedy wstaje Słońce, pławimy się w blasku ich miłości, a gdy Księżyc przechodzi przez wszystkie fazy, pojmujemy, iż cykl narodzin, rozwoju, śmierci i odrodzenia to nasza natura.

Gdy nadchodzi nasz czas, my – czarownice, wkraczamy do **Krainy Wiecznego Lata***. Dzięki Duchowi, który przenika Boga i Boginię, wciąż zgłębiamy tam tajemnice wszechświata, by móc powrócić do życia i dalej służyć naszym braciom i siostrom. W każdym nowym żywocie Duch kieruje naszą edukacją, przygotowując nas do przeznaczonych nam misji. Czasem rodzimy się wśród swoich, kiedy indziej musimy sami odszukać bratnie dusze. Nie wszyscy pamiętają swoje ścieżki, dopóki nie wkroczą w dorosłość, ale niektórzy już od początku są instynktownie świadomi swojego dziedzictwa.

---

* Kraina Wiecznego Lata – wiccańska wersja nieba. To tu po fizycznej śmierci trafiają dusze, by cieszyć się życiem po życiu i kontynuować duchowy rozwój (przyp. aut.).

Jesteśmy czarownicami, symbolem rozwoju mądrości na naszej planecie. Jesteśmy Ukrytymi Dziećmi, które powracają ze świata zmarłych. Jesteśmy ludem, władzą i zmianą – rodziliśmy się pośród każdej rasy i każdej kultury. Jesteśmy ziemskimi aniołami.

Reinkarnacja

Jednym z głównych składników wiary wiccańskiej jest przekonanie o reinkarnacji. Wierzymy, że gdy czarownica umiera, trafia do miejsca zwanego Krainą Wiecznego Lata. W tym świecie radości i rozwoju ponownie spotykamy naszych bliskich i analizujemy nasz ziemski żywot. Gdy jesteśmy gotowi, powracamy na ziemię, by dalej wypełniać naszą karmę. Podczas studiowana tajników czarostwa często wracają wspomnienia dotyczące poprzednich żywotów, ale musimy pamiętać, że to, kim byliśmy, nie jest aż tak ważne jak to, kim teraz jesteśmy. Wypełniamy przeznaczone nam misje, by stać się lepszymi ludźmi i wzbogacić nasze dusze. Wszystkie czarownice wierzą, iż ludzie ponoszą odpowiedzialność za własne czyny i muszą zaakceptować tę odpowiedzialność, zachowując przytomność umysłu i szczerość w sercu. Jeżeli zatracimy się w świecie przeszłych wcieleń, nie będziemy mogli stać się tym, kim możemy być.

Stożek mocy

Nieraz usłyszysz, jak czarownice dyskutują o stożku mocy. Stożek ten pojawia się, gdy jedna lub wiele czarownic używają magii lub przeprowadzają rytuały.

Wyobraź sobie grupę osób stojącą w kręgu. Ci, którzy dobrze tańczą, zajmują strategiczne pozycje wewnątrz kręgu. Na ziemi pośrodku kręgu stoi świeca, której nadano nazwę, by przypisać jej magiczne intencje, np. uzdrawianie, dobrobyt itp. Grupa osób tańczy wokół świecy, poruszając się w kierunku od wschodu na zachód (prawoskrętnie, zgodnie z ruchem wskazówek zegara) do chwili, aż uznają, iż wytworzyli wystarczająco dużo energii, by móc wysłać ją w kierunku wszechświata i tym samym przyczynić się do wprowadzenia określonych, upragnionych zmian. Jeżeli osoby te spotkały się, by czegoś się pozbyć, zaczynają tańczyć prawoskrętnie, by zjednoczyć się we wspólnych staraniach, po czym kończą taniec, poruszając się lewoskrętnie (liczba pełnych obrotów jest z góry ustalona). Następnie uczestnicy rytuału biorą się za ręce i biegną w kierunku świecy, wykrzykując, czego im trzeba (lub czego nie chcą). Czy brzmi to niepoważnie? Zauważyłaś, że *nie* napisałam, iż chodzi tu o czarownice?

Dowolna grupa ludzi może wykorzystać pieśni, tańce, mantrę lub modlitwę do wytworzenia energii. Nieważne, czy chodzi tu o uczestników koncertu rockowego, uczniów podczas szkolnego wieczorku tanecznego, kibiców imprezy sportowej czy wiernych zgromadzonych w kościele. Większość ludzi biorących udział w powyższych spotkaniach nie zdaje sobie sprawy, iż wytwarzają oni energię, która ulatuje w kierunku wszechświata bez wyraźnej, pożytecznej intencji.

Czarownice czerpią moc z różnych źródeł, takich jak: Duch, żywioły, przodkowie czy anioły. Każda osoba będąca wyznawcą dowolnej religii jest w stanie czerpać moc z tych samych źródeł. Czarownice wykorzystują swą własną moc – moc umysłu, by stworzyć to, czego im trzeba. Nie ma tu znaczenia, czy pracują one w grupie czy pojedynczo.

Modlitwy codzienne

Większość czarownic odmawia tak zwane codzienne modlitwy, poświęcając co najmniej pięć do dziesięciu minut dziennie na umocnienie wiary i rozmowę z Duchem. Niekiedy codzienne modlitwy odprawiamy przed naszymi ołtarzami (nie trzeba w tym celu zakreślać magicznego kręgu) lub udajemy się na świeże powietrze. Nie jest ważne, gdzie to robimy, ważne, by o tym pamiętać.

Twoja codzienna modlitwa może zacząć się od słów, które napiszesz własnoręcznie, ale możesz także się odprężyć i porozmawiać z Bogiem w inny, preferowany przez ciebie sposób. Niektóre czarownice śpiewają, nucą lub powtarzają słowa niczym mantrę. Nie musisz być czarownicą, by odmawiać codzienne modlitwy. W każdej religii znajdzie się na to czas i miejsce.

Możesz zacząć od słów:

Błogosławione me stopy, które kroczą ścieżką Boga i Bogini.
Błogosławione moje kolana, na których klęczę przed świętym ołtarzem.
Błogosławione moje serce, które bije współczuciem.
Błogosławione moje usta, by mogły zawsze mówić prawdę.
Błogosławione moje oczy, by mogły dostrzec mądrość Ducha.
Niechaj miłość Boga i Bogini mieszka we mnie i wokół mnie,
kiedy ponownie rozpocznę dziś podróż przez życie.
Niechaj tak się stanie!

Magiczny krąg

Wiedza o **magicznym kręgu*** jest jednym z największych darów, jakimi obdarzył nas Duch. Tworzenie owego kręgu to mentalna sztuka czarownic, której uczymy się we wczesnym etapie nauki. Magiczny krąg pełni rolę naszego kościoła, naszej świętej ziemi i miejsca, w którym kumulujemy moc, zanim będziemy mogły ją uwolnić. Gdy pracujemy, krąg pomaga nam także odpędzić od siebie negatywne formy energii, byśmy mogli zachować czystość intencji. W wyniku dezinformacji i wskutek bzdur, które serwuje nam Hollywood, wielu ludzi sądzi, iż magiczny krąg jest symbolem zła lub służy do jego przywoływania. Ludziom tym mówię po prostu: „Nie bądźcie niepoważni. Szkoda mi na was czasu".

Zakreślanie magicznego kręgu jest bardzo proste i w miarę zdobywania wiedzy odkryjesz, iż swoją mentalną świątynię możesz stworzyć na wiele sposobów. Przyjrzyjmy się, w jaki sposób robi to Angelique, moja siedemnastoletnia córka.

Angelique staje pośrodku pokoju, bierze głęboki oddech i całkowicie się odpręża. Następnie udaje się w północną część pomieszczenia i wyciąga przed siebie dominującą rękę tak, by palec wskazujący skierowany był w kierunku podłogi. Kiedy zaczyna kroczyć po okręgu w kierunku zgodnym z ruchem wskazówek zegara i wypowiadać zaklęcie, wyobraża sobie, że w miejscu zakreślanym przez jej palec wyrasta piękny żywopłot. Angelique mówi:

Tworzę cię, o wielki kręgu mocy,
byś wyznaczył mi granicę
pomiędzy światem ludzi i potężnych duchów,
miejsce, w którym spotykają się: doskonała miłość, zaufanie, spokój i radość,
miejsce, w którym zgromadzi się przywołana przeze mnie moc.
Wzywam strażników północy, wschodu, południa i zachodu:
wspomóżcie mnie w tym uświęceniu.
W imię Boga i Bogini tworzę cię, wielki kręgu mocy!

Gdy Angelique kończy wypowiadać powyższe słowa, dopełnia także trzecie okrążenie. Krąg nie musi być wielkości pomieszczenia, może być dowolnych rozmiarów, pod warunkiem że dziewczyna zostanie w jego obrębie (w pozycji stojącej lub siedzącej). Następnie Angelique podchodzi do północnej ćwiartki okręgu, uderza dłonią w ziemię i mówi:

* Magiczny krąg – potężna uświęcona przestrzeń symbolizująca wiccański święty obszar lub wiccańską świątynię (przyp. aut.).

Jak na górze, tak na dole, krąg ten zostaje przypieczętowany!

W ten sposób Angelique stwierdza, iż jej krąg jest dużą bańką, która rozciąga się nad jej głową i pod stopami.

Gdy Angelique nakreśli krąg, będzie starała się nie opuszczać skupiska energii, którą wytworzyła. Z czasem zaczniesz zwracać uwagę na energię wyznaczającą granice kręgu i poczujesz różnice między byciem wewnątrz takiego ochronnego pola a przebywaniem poza nim. Jeżeli Angelique zmuszona jest na chwilę opuścić krąg, musi „wyciąć drzwi" dłońmi (to coś na kształt rozchylania kurtyny), a następnie zamknąć je z drugiej strony (to niczym puszczenie kurtyny tak, by materiał wrócił na swoje miejsce). Gdy zdobędzie już to, czego potrzebowała, otworzy krąg i ponownie go zamknie. Angelique nie powinna opuszczać kręgu zbyt często, ponieważ za każdym razem, gdy „wycina" przejście, osłabia tym samym jego konstrukcję.

Gdy Angelique jest gotowa, by usunąć krąg, zaczyna krążyć w kierunku przeciwnym do ruchu wskazówek zegara, począwszy od zachodu w stronę południa, wschodu i północy, absorbując energię z powrotem do swojego palca. Gdy ponownie znajdzie się w zachodniej części kręgu, uderzy dłonią w ziemię i powie:

Krąg jest otwarty, ale nigdy niezłamany.
Niechaj tak się stanie!
Jesteśmy ludem, jesteśmy władzą
i jesteśmy zmianą!
Radosne spotkanie, radosne rozstanie
i znów radosne spotkanie!

Większość rytuałów i obrzędów magicznych należy wykonywać właśnie wewnątrz kręgu. Po przeczytaniu kolejnego fragmentu książki dotyczącego odpowiednich przygotowań, spróbuj samodzielnie nakreślić i usunąć magiczny krąg! Nie masz się czego bać, zapewniam cię!

Odpowiednie przygotowania

W świecie czarostwa nie można wkroczyć do magicznego kręgu bez odpowiedniego przygotowania. Oznacza to, iż osoba musi być w pełni oddana Duchowi, poddana inicjacji przez inne czarownice lub gotowa odłożyć na bok wszelkie różnice i negatywne emocje, by móc współpracować z innymi czarownicami. Odpowiednie przygotowanie to także gotowość do rozmowy z Duchem o swoich problemach i triumfach. Oznacza to także, iż zanim wkroczysz do magicznego kręgu (naszego kościoła), musisz oczyścić umysł, ciało i duszę z negatywnych emocji. Czarownice często biorą rytualną kąpiel, by oczyścić swe ciało przed wejściem do magicznego kręgu. W ten sposób pokazują Duchowi, iż pozbyły się wszelkich nieczystości. Często, gdy czarownica wchodzi do kręgu, inna czarownica, na znak oczyszczenia, namaszcza jej głowę i polewa ją wodą, wypowiadając słowa: „Bądź oczyszczona i odnowiona i niechaj Bóg oraz Bogini obdarzą cię swoimi darami. Niechaj tak się stanie!". Czarownica działająca w pojedynkę robi to samo. W kościele katolickim wierni przechodzą podobny rytuał z użyciem wody święconej, po czym klękają, by okazać szacunek dla Ducha, a protestanci w tym samym celu często szepczą, gdy znajdują się w sanktuarium. Jak widzisz, różne religie oddają cześć Bogu w różny sposób.

Przysięga zachowania tajemnicy

Wiele czarownic podczas inicjacji lub ceremonii oddania Duchowi składa przysięgę zachowania tajemnicy. Czy oznacza to, że nie mogą one nikomu opowiedzieć o żadnym aspekcie czarostwa? Oczywiście, że nie, ponieważ właśnie opowiadam ci o wielu sprawach i nie łamię tym samym mojej przysięgi. O co więc chodzi w tej przysiędze i czemu w ogóle należy ją składać? Jeżeli mówi ci coś termin „bierzmowanie", to z pewnością zrozumiesz istotę wiccańskiej przysięgi. Podczas bierzmowania mówimy Duchowi, iż wierzymy w istnienie Boga i Bogini i będziemy dokładać starań, by żyć w zgodzie ze sobą i z innymi w imię danej religii. Takie same reguły rządzą wiccańską przysięgą. Jedyną różnicą jest to, iż w przeciwieństwie do niektórych religii, przysięga nie wymaga wiary wyłącznie w jednego, określonego Boga. Wierzymy, iż Duch ma wiele twarzy i wszystkie one są święte.

Wszystko, co zawiera się w wiccańskiej przysiędze, można odnaleźć w podobnej postaci także w innych religiach. Jeżeli uważasz, że tradycyjne religie nie mają nic wspólnego z magią, dobrze się nad tym zastanów. Starsze kobiety trzymające różańce potrafią za pomocą modlitw wytworzyć spore ilości magii.

Pomyśl. Co za pech. Żadnej folii rozściełanej na podłodze. Żadnych dokumentów podpisywanych krwią. Żadnego diabła pragnącego rozłupać twą głowę pod swoim kopytem. Żadnego diabolicznego skandowania, które przyprawi cię o gęsią skórkę lub sprawi, że z przerażenia twoje serce zacznie łomotać. Jeżeli tego oczekujesz, to chyba musisz wybrać się do kina.

Znaki i symbole czarostwa

Tak jak ryba i krzyż są symbolami chrześcijan, a gwiazda Dawida żydów, tak i Wicca ma swoje święte symbole reprezentujące Ducha. Najczęściej mylnie interpretowanym symbolem jest gwiazda pięcioramienna, znana powszechnie jako pentagram skierowany czubkiem do góry. Pentakl zaś to pięcioramienna gwiazda, zwrócona czubkiem do góry i otoczona okręgiem. Symbolizuje on ziemię, powietrze, ogień, wodę i duszę człowieka, otoczone przez nieskończoną miłość (okrąg) Ducha. Czarownice często noszą ten symbol dla ochrony i afirmacji swojej wiary. Ale sytuowanie go w miejscu, w którym wszyscy mogą go zobaczyć, nie jest konieczne. Symbol ten będzie miał większą moc, jeżeli będziesz trzymać go pod ubraniem, a przy okazji unikniesz w ten sposób nieporozumień. Naturalnie jeżeli chcesz nosić pentakl na widoku, to nie ma w tym nic złego. W niektórych tradycjach wiccańskich pentakl lokuje się w centralnym punkcie ołtarza, w innych zaś widnieje on w części północnej, co symbolizuje dobrobyt. Jeszcze inne tradycje w ogóle nie mają w zwyczaju umieszczania pentakli na ołtarzach.

Być może znasz z filmów pentakl namalowany na podłodze, ze świeczkami umieszczonymi na każdym wierzchołku, co symbolizować miałoby granice kręgu.

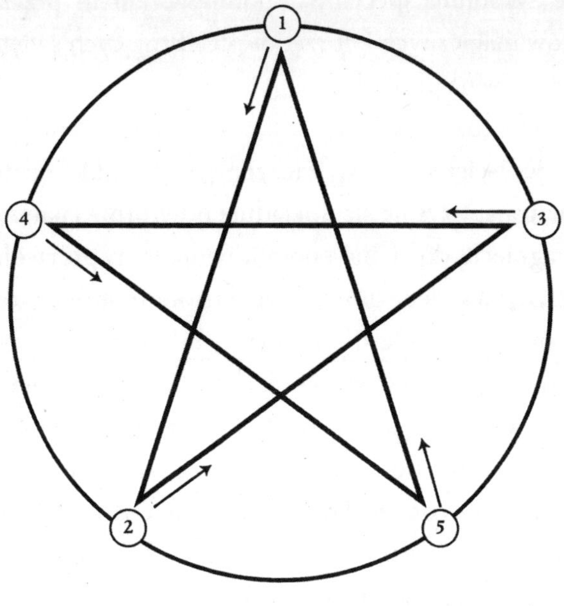

Pentagram służący do przywoływania.

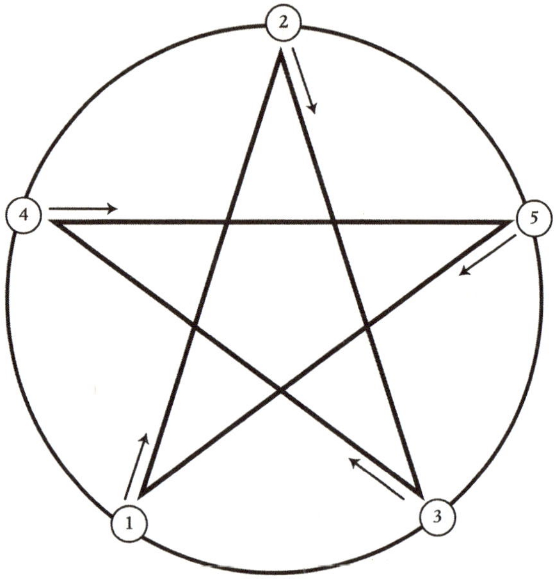

Pentagram służący do wypędzania.

Muszę stwierdzić, że większość czarownic nie wykonuje tego typu rytuału. Szczerze powiedziawszy, nigdy na własne oczy nie widziałam czegoś takiego, a uczestniczyłam w setkach rytuałów na terenie całej Ameryki Północnej. Nawet czarownice, które dysponują specjalnym pomieszczeniem, przeznaczonym wyłącznie do rytuałów magicznych i obrzędów celebrujących święta z Koła Roku, nie kreślą pentagramów na podłodze.

Pentagram można rozrysować na kilka sposobów. Pentagram służący do przywoływania najczęściej kreśli się, zaczynając od czubka (patrz rys. str. 55), a pentagram wypędzający rysuje się dokładnie odwrotnie (patrz wyżej).

W celu przyciągnięcia do siebie energii, pentagram przywołujący nakreślić możesz w powietrzu, na świecy lub na kartce papieru. Jeżeli chcesz odsunąć od siebie negatywne moce, w powietrzu, na świecy lub na kartce papieru narysować możesz pentagram wypędzający. Możesz także nakreślić pentagram, który przywoła energię ziemi, powietrza, ognia i wody, ale w tej książce nie będę szczegółowo zajmować się owymi symbolami. Chcę jednak, byś wiedział, mój czytelniku, o ich istnieniu i o tym, iż są one wykorzystywane przez wiele czarownic.

Gwiazdy i pentakle stosowane były jeszcze przed erą chrześcijaństwa, w czasach religii opierających się na kulcie ciał niebieskich. Gwiazdy stanowiły też istotną część religii starożytnych Egipcjan (mowa na przykład o bogini Nuit).

Gwiazdy symbolizują święty lub niebiański ogień i można utożsamiać je z wiccańskimi ogniskami *tein'-éigin* lub z ogniami Bela (symbol gwiazd na ziemi – łączenie energii ziemi i niebios, przy czym niebiosa to ogień, a ziemia to drewno wykorzystane do podsycania ognia, oraz świętego oddechu – tlenu, który podtrzymuje więź).

Święta spirala, bardzo stary symbol, w świecie czarownic przedstawia taniec boskiej energii. Narysowana prawoskrętnie pozwala otrzymać dary, a narysowana lewoskrętnie odpycha niechciane formy energii. Spirala podkreśla także naszą starożytną podróż, ponieważ jeżeli nie znamy samych siebie, nie możemy poznać tego, co dzieje się wokół nas. Czarownice często wykorzystują spiralny taniec i motyw podwójnej spirali w swoich rytuałach, ponieważ jest to afirmacja naszej wiary w czasie kontynuowania życiowej podróży.

Święte spirale (lewoskrętna i prawoskrętna)

Krzyż równoramienny

Krzyż równoramienny to kolejny potężny symbol magiczny. Odnosi się on do wielu idei – czterech pór roku, czterech stron świata, czterech archaniołów, czterech wiatrów, czterech ćwiartek magicznego kręgu i wielu innych aspektów. Symbol ten, narysowany prawą ręką w powietrzu lub na papierze, począwszy od góry ku dołowi, z prawej strony do lewej, reprezentuje leczniczą energię. Narysowany za pomocą lewej dłoni od góry na dół, z lewej strony do prawej, symbolizuje wypędzanie negatywnej energii. Czarownice wykorzystują też krzyż równoramienny do pieczętowania obrzędów magicznych, tak by negatywne formy energii nie mogły odwrócić pozytywnych rezultatów, uzyskanych przez osobę posługującą się magią.

Symbol Bogini (Księżyc w pełni z przystającymi do niego półksiężycami) uwydatnia kobiecy aspekt Ducha, kobiece tajemnice i boskie uzdrowicielstwo. Czarownice wykorzystują ten symbol, by zjednoczyć się z boską kobiecością, i noszą go, by podkreślić swą wiarę w Boginię.

Symbol Bogini

Jak widzisz, żaden z powyższych znaków i symboli nie jest związany ze złymi intencjami, a ludzie, którzy wmawiali ci coś innego, powinni się za siebie wstydzić!

Księga Cieni

Księga Cieni* to duchowe świadectwo czarownicy. Zanim zacznę zagłębiać się w ten temat, pragnę poinformować cię, iż nie istnieje coś takiego, jak wielki grymuar. Grymuar to po prostu inna nazwa Księgi Cieni, ale „wielki" zbiór tego typu wiedzy to mit. Pomysł ten zrodził się, rzecz jasna, w filmach.

* Księga Cieni – zbiór duchowych nauk, zaklęć oraz zasad dotyczących magii i innych informacji, spisany w formie encyklopedii (przyp. aut.).

Istota Księgi Cieni nie leży w słowach, choć te z pewnością mogą służyć jako klucz do otwarcia twojego umysłu. Księga Cieni może stanowić dzieło, będące wynikiem zarówno wspólnej pracy kowenu, tradycji lub klanu, jak i pojedynczej osoby. Jest ona świadectwem przetrwania danej tradycji, klanu lub kowenu, a także, co naturalne, jednej czarownicy. By pojąć wagę Księgi Cieni, trzeba żyć czarostwem, dlatego też wiele tradycji, klanów lub rodzin nie udostępnia uczniom Księgi Cieni, dopóki ci nie przejdą wieloletnich, opracowanych specjalnie dla nich przygotowań.

Księga Cieni jest także symbolem przysięgi, którą składamy podczas **Ceremonii Inicjacji***. Księga staje się namacalnym połączeniem ze zbiorowym umysłem czarownic, ale nie traktuj samej księgi jako zbiorowej świadomości. To nie tak. Jeżeli ktoś ukradnie Księgę Cieni, członkowie tradycji lub klanu będą zmartwieni nie tyle utratą materiału, co tym, iż ktoś popełnił nieetyczny czyn. Odebranie części zbiorowej świadomości w tak haniebny sposób to złamanie przysięgi złożonej podczas Ceremonii Inicjacji. Członkowie grupy nie będą musieli nakładać na ciebie żadnych klątw – twoje nieetyczne zachowanie wróci do ciebie jako karma.

Ksiąg Cieni nie chronią prawa autorskie i jest ku temu dobry powód. Dzieła te mogą przecież zawierać wiele stron skopiowanych z napisanych wcześniej pozycji. Czarownice szukające materiałów, podobnie jak zawodowi pisarze, muszą polegać na sobie. Jeżeli nie zapomnisz, zrób adnotację dotyczącą źródła, z którego pozyskałaś daną informację, by mogły na tym skorzystać przyszłe pokolenia czarownic, czytające twoją Księgę Cieni. Pragniemy przecież zachowywać się etycznie. Fragmenty, będące autorstwem czarownic, często mieszają się z innego rodzaju materiałami. W zależności od tego, jak często kopiowano daną książkę, informacje mogą zostać utracone lub pozyskane. W dziewięcioletniej historii klanu Black Forest dość często byliśmy świadkami tego typu sytuacji. Nasi uczniowie mogą otrzymać zupełnie inną Księgę Cieni niż ta, która obowiązywała pięć lat temu, ponieważ nasza grupa się powiększa. To kolejny powód, dla którego nikt nie odchodzi od zmysłów, gdy Księgi Cieni trafiają tam, gdzie znaleźć się nie powinny. W momencie, w którym materiał wpadnie w niepowołane ręce, informacje zawarte w księdze będą już nieaktualne. Księga Cieni staje się symbolem zawierającym fragmenty autorstwa ludzi z całego świata.

Zrozumiesz, iż osobista Księga Cieni (to znaczy sporządzona przez ciebie) jest o wiele cenniejsza niż materiał należący do jakiejkolwiek tradycji lub jakie-

* Ceremonia Inicjacji – honorowa ceremonia, którą przeprowadza grupa witająca nowego adepta czarostwa (przyp. aut.).

gokolwiek klanu, ponieważ liczy się wysiłek włożony w tworzenie takiego dzieła. Twoja Księga Cieni może zawierać osobiste doświadczenia, sny, rysunki, kaligrafię, objawienia itp. Będzie ona symbolizować podsumowanie twojego życia w magii. Nie docenisz Księgi Cieni należącej do danej tradycji lub kowenu, dopóki nie napiszesz własnej. To kolejny powód, dla którego będąc nowym członkiem danego kowenu, klanu, tradycji lub rodziny, nie otrzymasz od razu dostępu do Księgi Cieni. Najpierw musisz stworzyć własną. Każda osoba będąca wyznawcą dowolnej religii może spisać osobistą Księgę Cieni. Możesz w niej zapisać ulubione modlitwy, własne obserwacje dotyczące zjawisk magicznych lub duchowych, wiersze twojego autorstwa, w których wyrażasz własne uczucia, a także tworzyć rysunki, dzięki którym nawiązujesz więź z własną duszą i z kochającym nas wszystkich Duchem.

Oddanie i inicjacja

Jak zostaje się czarownicą? W obecnych czasach działa wiele odłamów Wicca. Niektórzy wiccanie są zdania, iż jedynym sposobem, by zostać czarownicą, jest przejście procesu inicjacyjnego, wykonanego przez inną czarownicę. Inne grupy uważają, iż samodoskonalenie i szczere przestrzeganie naszych zasad i tradycji umożliwiają indywidualnie działającej osobie wejście w szeregi wyznawców Wicca. Debata odnośnie do inicjacji rozpoczęła się trzydzieści lat temu, gdy Wicca gwałtownie zyskała na popularności. Nie było wtedy zbyt wielu tradycyjnie działających nauczycieli i trudno było sprostać rosnącemu zainteresowaniu. By poradzić sobie ze zwiększoną liczbą osób zainteresowanych naszą wiarą, niektóre czarownice ujawniły się i zaczęły pisać o czarostwie, udzielając głodnym wiedzy czytelnikom jak największej ilości informacji. Do tych znanych i szanowanych autorów książek zaliczali się między innymi: Raymond Buckland, Sybil Leek, Janet i Stewart Farrarowie, Z. Budapest, Starhawk, Doreen Valiente, Patricia Crowly, Scott Cunningham, Marion Weinstein czy Laurie Cabot. Dzięki dziełom wyżej wymienionych pisarzy czytelnicy mogą zdobyć wystarczająco dużo informacji, by samodzielnie (lub grupowo) wykonywać praktyki związane z czarostwem. Wtedy właśnie narodziła się Wicca „eklektyczna" – ruch, w którym poszczególne osoby nie należały do żadnych określonych tradycji, grup lub sekt. Dziś wyznawców eklektycznych jest co najmniej tyle, co tradycyjnych wiccan. Żadna z tych grup nie jest i nie powinna być postrzegana jako gorsza od innych.

Jak napisałam wcześniej, inicjacja to rytuał, w którym czarownice troszczą się o los nowo wstępującej do grupy osoby w stopniu tak znacznym, że są skłonne wykonać dla niej ceremonię przemiany. Procedurą inicjacyjną zajmują się z reguły tradycyjne czarownice, ale niektóre eklektyczne koweny i grupy również podejmują się wykonywania tego typu rytuałów. Jeżeli należysz do tradycyjnej, zhierarchizowanej grupy (w której wyszczególnia się określone władze), zapewne odbędziesz ceremonie inicjacji. Tak, użyłam liczby mnogiej, bo zazwyczaj w grę wchodzi więcej niż jedna ceremonia. Zdobywając wiedzę, wkraczasz na kolejne etapy szkolenia. Najwyższy poziom – poziom nestora, symbolizuje honory i umiejętności zarezerwowane wyłącznie dla starszych wiccan. Bierzmowanie i pierwsza komunia to znane ci ceremonie, które mają wiele wspólnego z celem wiccańskiej inicjacji i otaczającym ją mistycyzmem.

Oddanie* składa się z ceremonii, którą osoba aspirująca do bycia wiccanką lub wiccaninem wykonuje sama dla siebie. Podczas tego rytuału wygłasza on/ona, iż wierzy w prawa i nakazy rządzące czarostwem i będzie jak najlepiej ich przestrzegać. Większość eklektycznych wiccan ustaliło jakąś formę rytuału oddania. W trakcie oddania osoba mówi Bogu i Bogini (lub Duchowi), iż jest gotowa żyć zgodnie z filozofią Wicca. Niektóre bardziej przywiązane do tradycji grupy wymagają też, by – zanim określona osoba przystąpi do ceremonii inicjacji – przeszła etap oddania trwający rok i jeden dzień. Ani podczas ceremonii oddania, ani inicjacji nie wymaga się od uczestnika, by porzucił swoją dotychczasową wiarę.

Cóż więc dzieje się podczas inicjacji? Ceremonia różni się w zależności od poszczególnych grup, ale cztery aspekty pozostają niezmienne: oczyszczenie, wyzwanie, symboliczna śmierć i odrodzenie jednostki oraz przysięga. Oddanie zaś składa się z dwóch części: oczyszczenia i świadectwa oddania**.

Wysoka Kapłanka i Wysoki Kapłan

W wielu książkach traktujących o religii Wicca i czarostwie, zwłaszcza zajmujących się działalnością grupową, natkniesz się na informacje o Wysokim Kapłanie i Wysokiej Kapłance. Czasem są to małżonkowie, ale nie zawsze. Podczas pełnienia funkcji Wysokiego Kapłana i Wysokiej Kapłanki nie dochodzi do żadnego rodzaju aktów seksualnych, więc nie ma większego znaczenia, czy para złożyła przysięgę małżeńską.

---

* Oddanie – ceremonialne potwierdzenie poświęcenia się prawom i strukturom czarostwa oraz oddania bóstwom (przyp. aut.).

** Jeżeli chcesz uzyskać więcej informacji dotyczących wykonywania ceremonii oddania, temat ten opisuję dokładniej w mojej książce pod tytułem *To Ride a Silver Broomstick* (przyp. aut.).

Wysoki Kapłan i Wysoka Kapłanka pełnią rolę drużyny, której funkcją jest działanie na korzyść podległej im grupy. Oboje zajmują się doradztwem, szkoleniem czy przeprowadzaniem ceremonii i rytuałów. Zgadza się, nasze Wysokie Kapłanki i Wysocy Kapłani pełnią tę samą rolę, co pastorzy i księża w innych strukturach religijnych.

Nasze święta

ESBATY

Trzynaście pełni w roku niesie za sobą świętą energię związaną z wielką Boginią i Księżycem. Tradycyjnie te trzynaście pełni zbiega się z trzynastoma esbatami. W dzisiejszych czasach wiele czarownic świętuje esbaty co tydzień lub co najmniej dwa razy w miesiącu. W niektórych tradycjach czarostwa, w noce te zwane skromnymi ucztami, po zakończeniu rytuałów spożywa się różnego rodzaju pokarmy. Uczestnicy przynoszą różne potrawy i napoje, w tym jeden gorący posiłek, np. zupę. Esbaty odbywające się przy pełni Księżyca symbolizują czas rytuałów, w którym moc Bogini jest największa. W niektórych grupach poszczególne osoby odbywają esbat w samotności, podczas gdy sabat celebrowany jest grupowo. W innych tradycjach zaś zarówno sabaty, jak i esbaty odbywają się w grupach. Jeżeli jesteś czarownicą działającą samodzielnie, sabaty i esbaty celebrować będziesz w samotności. Esbat to święto przepełniającej wszechświat twórczej siły życia, a podczas tego święta czarownice często składają prośby do Ducha i odprawiają magię z użyciem świec, by osiągnąć zamierzone przez siebie cele. Esbat, niezależnie od tego, czy celebrowany samotnie czy w grupie, daje czarownicy czas na połączenie swojej duszy z boskością, bowiem więź z Duchem jest dla każdej czarownicy kwestią niezwykle ważną.

Czarownice traktują obchodzony w grupie esbat jako okazję do załatwiania spraw związanych z kowenami, nauczaniem historii czarostwa, praktykami magicznymi, inicjacjami lub przedsięwzięciami magicznymi wyjątkowej wagi. Gdy jest to możliwe, kowen lub pojedyncza jednostka działają wewnątrz magicznego kręgu, w celu zatrzymania w nim energii wytworzonej podczas odbywanych praktyk. Czarownice działające samotnie wykorzystują energię zgromadzoną podczas esbatu do wytworzenia więzi z Duchem, medytowania lub pracy, na rzecz osobistych celów związanych z samodoskonaleniem. Zgodnie z tradycją czarownice wykorzystują esbat także do wróżenia, które przynosić ma korzyści im samym oraz ich przyjaciołom i rodzinie. Niezależnie od tego, czy mamy do czynienia z samotną czarownicą, czy z zorganizowaną grupą, podczas esbatu nieodłącznym elementem rytuałów wykonywanych w magicznym kręgu jest ofiarowanie **wina i ciasteczek***, które stanowi nasz swoisty rodzaj komunii świętej. W dzisiejszych czasach większość czarownic odchodzi od korzystania z napojów alkoholowych i skłania się np. ku naturalnym sokom owocowym.

Czarownice celebrują esbat zarówno w pomieszczeniach, jak i na świeżym powietrzu, w zależności od tego, jakimi dysponują lokalami i jak wyglądają plany dotyczące samej ceremonii. Tak w przypadku kowenów, jak i magii odprawianej w samotności, czarownice traktują esbaty jako źródło silnej więzi z Boginią, zwłaszcza jeżeli ceremonia ta jest dodatkowo wzmocniona przez wpływ Księżyca. Rytuał sprowadzania Księżyca, wykonywany przez Wysoką Kapłankę, to stała część zrytualizowanych esbatów celebrowanych w niektórych tradycjach. W innych kręgach dowolny członek kowenu lub nawet cały kowen może uczestniczyć w ceremonii sprowadzania Księżyca. Podczas esbatu celebrowanego w samotności czarownica zazwyczaj sama pobiera energię z Księżyca.

Jeżeli uczestnicy kowenu chcą przeprowadzić specjalny rytuał, esbat to odpowiedni czas do takich celów. Podczas esbatów można również dokonywać zaślubin (zawierania małżeństw) czy wiccaningu (chrztu) oraz praktykować rytuały związane z kultem Bogini, naładowywać talizmany, amulety czy uświęcać przedmioty. Jak widzisz, esbat jest podstawą dla różnorodnych praktyk magicznych. Wykonywanie wielu różnych rytuałów podczas ceremonii esbatu to dla czarownicy nic niezwykłego, zwłaszcza gdy musi ona wypowiedzieć określone zaklęcia czy poświęcić odpowiednie przedmioty.

Zgodnie z tradycją większość żyjących niegdyś amerykańskich czarownic podczas pełni modliła się, odbywała celebracje osobiste i przeprowadzała rytuały magiczne, mające wspomóc ją w nadchodzącym miesiącu. Czarownice mieszały zioła, plotły sznury, przygotowywały proszki i naładowywały mocą amulety lub talizmany.

SABATY

W czasach paleopogańskich (ponad cztery tysiące lat temu) istniały tylko dwa festiwale ognia – Beltaine i Samhain – czyli święta powitania i pożegnania pór roku symbolizujących narodziny i śmierć. O odpowiedniej godzinie, w najwyższym punkcie danej krainy, ludzie rozpalali jedno ognisko po drugim, aż cały

---

* Wino i ciasteczka – wiccańska komunia składająca się z naturalnego napoju i ciasteczek, podawanych każdemu uczestnikowi rytuału (przyp. aut.).

horyzont rozbłyskiwał ogniem, kontrolowanym przez ludzi. Dla wielu Europejczyków oficjalnie ceremonia rozpoczynała się o zachodzie słońca, dzień przed świętem i trwała do zachodu, mającego miejsce trzy dni później. Podczas tych **festiwali ognia*** odbywały się ceremonie ku czci zasiewu, żniw i polowań. Niektóre czarownice określają festiwale ognia mianem „dni mocy". W miarę upływu czasu dodano dwa nowe święta: Imbolc i Lammas. Germańscy poganie dołożyli także równonoce i przesilenia, co dało łącznie osiem świętych dni (w odróżnieniu od czterech pierwotnych świąt).

W średniowieczu kościelni kronikarze postanowili wykorzystać tradycję tych pogańskich świąt do stworzenia kampanii dezinformacyjnej. Chcieli tym samym zniechęcić wiernych do celebrowania dni kojarzonych z pogaństwem. Pisanie na nowo historii dotyczącej ważnych wydarzeń, w celu osiągnięcia z góry zamierzonych celów, określa się mianem rewizjonizmu historycznego. Kościelni kronikarze dokonali tego, zbiorczo nazywając osiem pogańskich świąt „sabatami". Słowo „sabat" wywodzi się z francuskiego *s'battre,* co znaczy „igrać" lub „świętować". Władze kościelne utrzymywały, iż ludzie uczestniczący w pogańskich świętach igrają z diabłem, a w związku z tym sabaty są złem. Wiele słowników i źródeł folklorystycznych do dziś niesłusznie kojarzy sabaty ze złem, co jest oczywistą nieprawdą, i najwyższy czas wykorzenić tego typu historyczne nieścisłości.

Dzisiejsi wyznawcy religii Wicca obchodzą osiem festiwali, podobnie jak robili to nasi przodkowie. Podczas sabatów śledzą ruch Słońca w danym roku i uważa się, iż przynoszą one szczęście i pomyślność w porze roku, z którą związany jest sabat. Oznacza to, że nasze sabaty są uzależnione od pór roku, a my i wykorzystujemy energię zmieniającej się przyrody do wzbogacenia naszego życia. Ten cykl rozwoju i śmierci określa się mianem Koła Roku.

Niekiedy wiccanie nazywają sabaty „wielkimi ucztami", ponieważ po ceremoniach zawsze raczymy się wyśmienitymi potrawami.

Podczas ceremonii, odbywających się w wielu wiccańskich tradycjach, odprawia się rytuały pozwalające na to, by męska energia zrównoważyła się z żeńską. Ceremonie takie to na przykład odgrywanie scen z legend, związanych z poszczególnymi świętami. Sceny te oparte są na historii lub legendzie zawierającej morał. Nie każda grupa wiccan odtwarza te same legendy w te same święta, co może zdezorientować wielu nowo przybyłych gości.

---

* Festiwale ognia – najpierw należały do nich wyłącznie Beltaine i Samhain. Imbolc i Lammas doszły później. Te cztery festiwale kojarzone są z ceremoniami na cześć zasiewu, żniw i polowań (przyp. aut.).

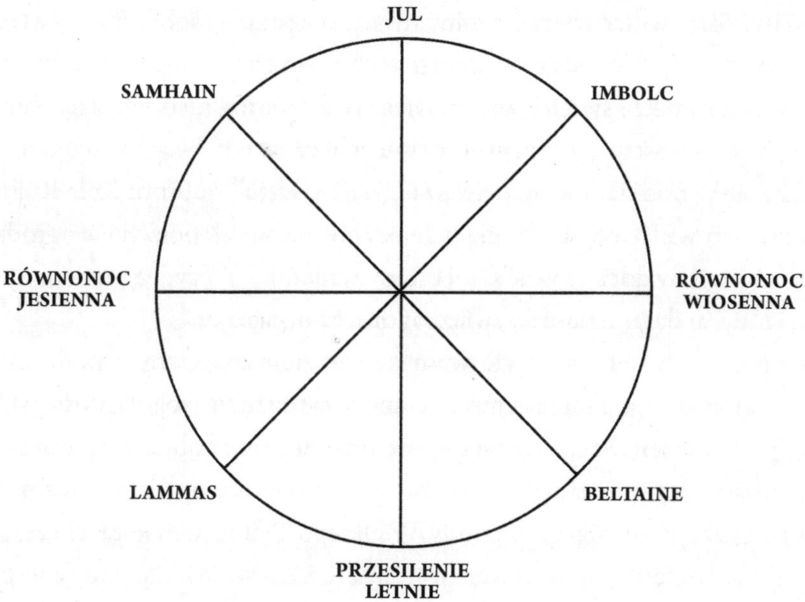

Koło Roku

W dalszej części książki wyszczególnię osiem sabatów i pokrótce opiszę co bardziej popularne motywy, ale nie będę tu wyjaśniać legend, ponieważ to materiał na oddzielną książkę. Po prostu o nich wspomnę, by podczas studiowania innych pozycji z zakresu religii Wicca wiadomo było, o co chodzi.

SABATY WIĘKSZE

Cztery większe sabaty lub festiwale ognia to:

1. **SAMHAIN** (czyt. sauń) – od 31 października do 11 listopada (w zależności od tradycji i harmonogramu danej grupy). Święto to stanowi „Nowy Rok czarownicy" i jest najważniejszym sabatem, dającym początek wszystkim innym. Niektóre czarownice twierdzą, że podczas tej nocy pojawiają się wróżki i kontakt z nimi jest wielce prawdopodobny, choć może to mieć zarówno pozytywne, jak i negatywne następstwa. Jest to czas, kiedy granica między światem żywych a krainą umarłych robi się cieńsza, dlatego też czę-

sto upamiętnia się wtedy tych, których kochaliśmy, a którzy przeszli w zaświaty. Czarownice wierzą w reinkarnację, więc zdają sobie sprawę z tego, iż nasi bliscy nie odchodzą na zawsze, a ich duch trwa dalej. W związku z tym Samhain to także święto kontynuacji życia. Czarownice zaliczają Samhain do trzeciej i ostatniej (spośród ośmiu wiccańskich świąt) celebracji żniw i właśnie ta noc stanowi największą „wielką ucztę" z obrotu Koła Roku (tej nocy czarownice nie dokonują jednak żniw na swych polach i w ogrodach). Możesz wtedy udekorować swój ołtarz dyniami, kukurydzą, sianem, tykwami i innymi darami natury, związanymi z tą porą roku.

W niektórych tradycjach głównym narzędziem magicznym podczas tego sabatu jest kocioł, a sama ceremonia może skupiać się wokół: prośby składanej pod adresem Staruchy (starej mędrczyni), by ta obdarzyła czarownicę mądrością, legendy Bogini Cerridwen lub historii o opłakiwaniu zmarłego Boga (przypominającej obchody Wielkiego Piątku w wierze chrześcijańskiej, kiedy głównym motywem jest śmierć Chrystusa). Poziomy energii totemów są w tym okresie bardzo wysokie, a osoby stojące w czterech ćwiartkach kręgu mogą nosić maski, reprezentujące zwierzęta mocy danej osoby lub grupy. Czarownice często też uderzają w bębny, chcąc tym samym wezwać pozytywną energię lub rodzinne duchy. Samhain to również dobry czas na wróżenie ze szklanej kuli i medytację regresyjną. Halloweenowe zabawy z jabłkami* wzięły się od naszych pogańskich przodków, którzy bardzo cenili sobie magię związaną z tymi owocami. Gdy czarownica łapała jabłko zębami, mała część jej duszy przenikała do jabłka. Następnie zjadała ona jabłko, chcąc zwabić dobrobyt, lub zakopywała je na terenie swojej posesji, by zapewnić sobie dostatek podczas nachodzących długich, zimowych miesięcy.

2. IMBOLC – 2 lutego (czasem nazywany Candlemas**). Podczas tej ceremonii czcimy Boginię i jej powrót do pełni sił po urodzeniu Boga, a także celebrujemy narodziny przyrody oraz jej późniejszy rozkwit. Wiele czarownic do obchodów tego święta włącza także rytuały na cześć celtyckiej potrójnej bogini Brigid lub Breid – patronki ognia, wody, uzdrawiania, inspiracji i przedsięwzięć artystycznych. Podczas niektórych rytuałów Wysoka Kapłanka lub grupa osób zakłada świecącą koronę, która ma podkreślać siłę

* Łapanie zębami jabłek pływających w miednicy z wodą – popularna zabawa związana z amerykańskim świętem Halloween (przyp. tłum.).

** Z jęz. ang. „msza świec" (przyp. tłum.).

Bogini, umożliwiającą podążanie pór roku ku światłu miesięcy wiosennych i letnich. Imbolc symbolizuje pierwszy dzień wiccańskiej wiosny. Spośród panteonu bogów celtyckich najczęściej czci się wtedy Lugha – boga Słońca. Nazwa „Candlemas" wzięła się z tego, iż w noc święta Imbolc pali się świece, mające symbolizować przebudzenie ziemi. Niekiedy czarownice określają Imbolc mianem „festiwalu światła". Blask świec jest zaś symbolem magii współczucia i przelewaniem esencji Słońca na ludzi. Na ołtarzu należy umieścić miskę z roztopionym śniegiem, by przyspieszyć nadejście wiosny. Najważniejszym narzędziem magicznym tego sabatu jest magia świec.

3. BELTAINE – 30 kwietnia lub 1 maja – w opozycji do sabatu Samhain. Czarownice uznają ten dzień za drugi co do ważności sabat spośród ośmiu ceremonii wiccańskich. Podczas gdy Samhain jest celebracją śmierci, Beltaine stanowi festiwal odrodzenia. Jest to święto ogni Bela, które przynoszą domostwom błogosławieństwa. Gdy czarownice włączyły sabaty mniejsze do zachodniej kultury Wicca, rodzina rozbierała sosnę przystrojoną na święto Jul, jej pień zaś trafiał do drewutni, by można było wykorzystać go jako słup majowy. Białe (dla Bogini) oraz czerwone (dla Boga) wstążki przywiązywano mocno do jego wierzchołka, a one powiewały na wiosennym wietrze do momentu, aż nie zdjęli ich stamtąd tancerze, by następnie obwiązać je dookoła słupa – przy akompaniamencie skocznej muzyki, dźwięku grzechotek lub dudnienia bębnów. Wstążki trzymano najpierw wysoko, potem nisko, przy czym te czerwone okręcano prawoskrętnie, a białe – lewoskrętnie. Tym sposobem tancerze chcieli zapewnić sobie bezpieczeństwo oraz szczodrość losu w nadchodzących miesiącach. Gdy tancerze trzymali w rękach ostatnie kilka metrów wstążki, wszyscy zaczynali okręcać je w prawą stronę, by przypieczętować w ten sposób prośby o dobrobyt i pomyślny plon dla całej grupy. Swój ołtarz możesz udekorować gałązkami głogu, wiosenną roślinnością, przedmiotami wykonanymi zimą i mającymi zastosowanie na wiosnę i latem, dziurawymi kamieniami (z naturalnie powstałymi wydrążeniami), kwiatami itp. Kobiety miesiączkujące paradowały po polach, dosiadały mioteł po to, by pobudzić ziemię do wydania obfitych plonów. Beltaine nie jest w żadnym wypadku świętem o podniosłym charakterze i kojarzone jest głównie z ucztowaniem, ze śmiechem i z zabawą. Wschód to ćwiartka kręgu zarówno otwierająca, jak i go zamykająca.

Romantyczność i miłość odgrywają istotną rolę podczas obchodów święta Beltaine, ponieważ wyobrażamy sobie wtedy miłość między Bogiem a Boginią. Rytuały wykonywane w tym czasie zdominowane są przez śmiech, pieśni i tańce.

W różnych tradycjach czarostwa święto to daje początek wielu grupowym przedsięwzięciom, takim jak: rozdzielanie się grup w przypadku, gdy jedna z nich zbytnio się rozrosła, ceremonie nadania stopni wtajemniczenia, formowanie się otwartych grup dyskusyjnych i nowych kursów treningowych, nadawanie nazw kowenom czy tworzenie tradycyjnych, a także osobistych insygniów.

4. LAMMAS – święto obchodzone 1 sierpnia to głównie sabat na cześć Lugha – celtyckiego boga Słońca. Czasem dzień ten nazywany jest ślubną ucztą, a kiedy indziej pierwszą ucztą żniw. Jest to pierwszy z trzech sabatów żniwnych i trzecia co do wielkości uczta. Podczas tego święta dziękujemy Duchowi za dary ziemi. Gaelicka nazwa tego sabatu to Lunasa. W ten dzień czarownice zazwyczaj umieszczają na ołtarzu owoce ziemi lub morza, a obok miejsca, w którym odbywa się rytuał, rozstawiają duży stół przeznaczony na ucztę. W odróżnieniu od innych sabatów Lammas często staje się całodniową celebracją, podczas której odbywają się pikniki, urządzane są gry i prowadzone rozmowy. Ołtarze zazwyczaj ozdabia się plonami z pól, ślubnymi wstążkami, kwiatami itp. Północnoamerykańskie czarownice postrzegają ten festiwal jako główne święto żniw pszenicznych, dlatego też rytualne wypieki chleba często stanowią część celebracji.

Lammas to wiccański odpowiednik i pierwowzór amerykańskiego Święta Dziękczynienia. Na nowym kontynencie purytanie odprawiali tego typu celebracje tylko dwukrotnie i były one odzwierciedleniem europejskich pogańskich dożynek.

SABATY MNIEJSZE

Oprócz wspomnianych wcześniej czterech festiwali ognia, czarownice obchodzą także sabaty mniejsze. Należą do nich:

1. **PRZESILENIE ZIMOWE** lub **JUL**, znane też jako Finn's Eve (przypada około 21 lub 22 grudnia – dokładne daty przesileń i równonocy zmieniają się co roku). Podczas przesilenia zimowego czarownice celebrują odrodzenie Boga. Powraca on, przynosząc ludzkim sercom ciepło i urodzaj. Według starych obyczajów, aby skłonić go do opuszczenia łona matki, wykorzystywano światło świec. Tradycja każe, by podczas tej nocy na ołtarzu zostawić płonące świece lub zapaloną lampkę olejową. Pewna legenda związana z tym świętem głosi, iż właśnie w tym okresie Król Dębu (panujący nad jasną połową roku) toczy walkę i wygrywa z Królem Ostrokrzewu (panującym nad ciemną połową roku). Czarownice postrzegają Króla Ostrokrzewu jako Świętego Mikołaja – nosi on czerwone szaty, w nakrycie głowy ma wplątany ostrokrzew, siedzi w saniach ciągniętych przez osiem (liczba sabatów) jeleni (symbol rogatego Boga).
   Czarownice widzą drzewo julowe jako „drzewo życzeń", na którym wszystkie życzenia noworoczne zawieszone są na ramionach wszechświata. Sosna symbolizuje Boginię, ponieważ drzewo to nie usycha na zimę. Zachowaj niewielki kawałek pnia, by wrzucić go do ognia podczas przyszłorocznego święta Jul. Większa część pnia może stać się elementem nakreślonego na łonie natury magicznego kręgu. Czarownica uderza nim o ziemię na obszarze okalającym krąg, by wytworzyć magiczną barierę na nadchodzące lata. Jak wspomniałam wcześniej, rodzina może też zachować pień, by na wiosnę pełnił rolę słupa majowego.
   Wianek jest symbolem Koła Roku, a przedmioty na nim umieszczone powinny symbolizować to, co chcesz osiągnąć, zanim nadejdzie następny Jul.
   Być może masz wrażenie, iż czarownice starają się wzorować święto Jul na chrześcijańskim Bożym Narodzeniu, ale to nieprawda. Dawni chrześcijańscy uczeni nie potrafili ustalić dokładnej daty narodzin Chrystusa. Kościół pragnął nawracać pogan, więc ustalił datę narodzin Jezusa w tym samym dniu, w którym obchodzono rytuały pogańskie.

2. **RÓWNONOC WIOSENNA** lub **OSTARA** (21 lub 22 marca). Niekiedy święto to nazywane jest „Dniem Bogini" i symbolizuje ono powrót płodności ziemi. Można w nim znaleźć więcej, niż gdziekolwiek indziej, wpływów nordyckich, greckich i rzymskich.
W niektórych tradycjach wiccańskich, w tygodniu poprzedzającym tę datę, każda czarownica musiała uświadomić sobie wszystkie złe czyny, które popełniła wobec swojej rodziny i bliskich. Następnie spisywała te przewinienia i w ciągu kolejnych dni musiała zadośćuczynić ludziom, którym wyrządziła krzywdy, przeprosić za niesprawiedliwość, spłacić długi itp. W dniu kreślenia kręgu czarownica podchodziła do rytuału z listą, na której spisała wszystkie dobre uczynki, mające za zadanie naprawę złej karmy. Podczas samego rytuału paliła kartkę papieru z listą, oczyszczając swą sytuację karmiczną.
Podczas skromnych, rodzinnych celebracji maluje się jajka, szczególnie wtedy gdy czarownica ma dzieci. W szkole dni wolne są z góry ustalone, więc wiele dorosłych czarownic przesuwa obchody święta Ostara bliżej współczesnych świąt kościelnych, by dzieci mogły świętować razem z dorosłymi.

3. **LETNIE PRZESILENIE** (21 lub 22 czerwca) to czas, w którym czarownice celebrują boską siłę, pasję i chwałę. Tego dnia Bóg osiągnął szczyt swojego potencjału. Jest to kolejne święto, podczas którego płoną ognie Bela, a do ich rozpalania wykorzystuje się dziewięć tradycyjnych rodzajów drewna. Król Dębu i Król Ostrokrzewu, którzy walczyli ze sobą w Jul, powracają, by raz jeszcze stoczyć bój. Tym razem zwycięża Król Ostrokrzewu, a jego panowanie trwa do następnego święta Jul. W tym okresie czarownice tworzą ochronne, słoneczne amulety, by móc dochować tradycji i otoczyć opieką swoje rodziny. Wszystkie święte rośliny (według tradycji druidów) osiągają wtedy maksymalny poziom potencjału magicznego, a czarownice właśnie wtedy dokonują ich zbioru.
Domowym duchom i zwierzętom poświęca się szczególną uwagę podczas czerwcowego festiwalu, a czarownice przynoszą swoje zwierzaki do magicznych kręgów, by obdarzyć je błogosławieństwami i zapewnić im magiczną ochronę.

4. **RÓWNONOC JESIENNA** lub **MABON** (21 lub 22 września). Nazwa „Mabon" pochodzi od imienia walijskiego boga, który jest symbolem męskiej płodności w mitach arturiańskich. Podobnie jak w przypadku Ostary, czarow-

nice nie obchodziły tego sabatu, zanim na Wyspy Brytyjskie nie napłynęła ludność nordycka. Święto Mabon ma dwa oblicza – skupia się na celebracji usuwania z naszego życia określonych, negatywnych jego aspektów, ale tego dnia oddajemy również hołd zmarłym kobietom, będącym członkiniami naszych rodzin. Niektóre celtyckie czarownice wierzą, iż skoro Bóg został ponownie wchłonięty przez łono Bogini, krainę Tir-na-nog zamieszkiwały jedynie kobiety, a miejsce to stało się znane jako kraina kobiet. Podczas równonocy jesiennej czarownice mogą wykonywać dla siebie nowe wierzbowe różdżki i laski. Jest to praktyka zapożyczona od naszych przodków – druidów.

Jesienne przesilenie to drugie jesienne żniwa wiccan, a na ołtarzu pojawiają się wtedy jesienne liście, plony, dynie, suszona kukurydza itp.

* * *

Równonoce to zrównanie długości dnia i nocy. Są to dni pełne olbrzymiej mocy związanej z równowagą wszechświata. Zimowe przesilenie – najkrótszy dzień w roku – jest początkiem odrodzenia Słońca. Od tego momentu dni stają się coraz dłuższe. Podczas letniego przesilenia Słońce jest na niebie najdłużej, co symbolizuje wielką królewską moc Boga. Tego dnia natura osiąga punkt kulminacyjny. Czarownice postrzegają przesilenia jako święta wesołe, podczas gdy równonoce to czas na refleksję i rachunek sumienia.

Większe i mniejsze sabaty tworzą na Kole Roku ośmioramienną gwiazdę, która symbolizuje podróż życia. Wszyscy jesteśmy częścią wielkiego projektu wszechświata, zmieniamy się i zaczynamy od początku. Celebrowanie sabatów to aktywne uczestnictwo w tym cyklu. Podczas sabatu normą jest rytuał ofiarowania wina i ciasteczek (komunia) oraz rytuały będące teatralnym symbolem danej pory roku.

Na terenach Wielkiej Brytanii uczty stanowiły tradycyjny element zarówno esbatów, jak i sabatów. Zazwyczaj właściciel domu lub posesji, na której zbierały się czarownice, odpowiedzialny był za zapewnienie mięsa, które gotowano na miejscu, podczas gdy inne czarownice przynosiły ze sobą wino, chleb i inne pokarmy. Gdy czarownice spotykały się na świeżym powietrzu, do podgrzewania posiłków przyniesionych na ucztę wykorzystywano kocioł należący do kowenu. Czasami ucztowały podczas rytuału, kiedy indziej zaś najpierw usuwano magiczny krąg. Stroną muzyczną zajmowali się obecni w kowenie muzycy, zaś reszta członków zgromadzenia tańczyła. Niektóre elementy tej tradycji zachowały się do dziś, gdyż uczestnicy spotkania przynoszą jedzenie, a osoby uzdolnione muzycznie śpiewają i tańczą. W niektórych kowenach każdy jego członek przynosił jakiś przedmiot, który następnie kładł na ołtarzu – kwiaty, warzywa, szyszki, tykwy, świece, kadzidło lub inne stosowne dekoracje stanowiące dar dla bogów.

Samotne uczestnictwo w sabatach i esbatach zwykle różni się od obchodów grupowych. Niektórzy samotnicy obchodzą sabaty, dekorując domy i ołtarze, przygotowując wyjątkowe świąteczne dania czy wykonując przed ołtarzem skromne rytuały. Osoby świętujące w pojedynkę zwykle czekają z rozpoczęciem poważniejszych przedsięwzięć magicznych do pełni Księżyca, a noc tę spędzają na zaspokajaniu własnych magicznych potrzeb. Czarownica samodzielnie praktykująca może zdecydować się na samotne przeprowadzenie całego rytuału sabatu lub esbatu.

Uświęcona przestrzeń

Czarownice pracują i rozmawiają z Duchem, znajdując się w uświęconej przestrzeni lub zarówno w uświęconej przestrzeni, jak i w magicznym kręgu. Uświęcona przestrzeń symbolizuje naszą świątynię, ale nie jest tym samym, co magiczny krąg. Magiczny krąg nakreśla się wewnątrz uświęconej przestrzeni. Świątynia uświęconej przestrzeni może być zarówno obszarem fizycznym, jak i metafizycznym. Tak – uświęconą przestrzeń możecie stworzyć *nawet* we własnym umyśle. Dostałam wiele listów od nastolatków, których rodzice nie chcą słyszeć o ich zainteresowaniu czarostwem i nie pozwalają im na stworzenie fizycznej formy uświęconej przestrzeni w swoich pokojach. Zamiast denerwować się brakiem możliwości praktykowania magii w formie fizycznej, stwórz uświęconą przestrzeń w swoim umyśle. Dorosłe czarownice również uczymy tej umiejętności, ponieważ sztuki mentalne są bardzo ważnym aspektem czarostwa. Wyobrażanie sobie uświęconej przestrzeni to dobry początek nauki tego typu praktyk.

By stworzyć fizyczną uświęconą przestrzeń, wybieramy przedmioty, które stanowią symbol czterech żywiołów. Powiedzmy, że Falynn, moja czternastoletnia córka, pragnie stworzyć uświęconą przestrzeń. Wybierze kadzidło symbolizujące powietrze, świecę symbolizującą ogień, miskę napełnioną wodą symbolizującą wodę i sól będącą symbolem ziemi. Trzyma dłonie nad każdym z czterech przedmiotów i prosi Ducha, by ten w swoim imieniu oczyścił, uświęcił i zregenerował dany przedmiot. Może użyć do tego następujących słów:

Święta Matko, oczyszczam tę wodę z wszelkiej negatywnej energii tego świata i sfery astralnej. Uświęcam i regeneruję tę wodę w imię Boga i Bogini.

Następnie Falynn wykonuje ten sam rytuał w stosunku do pozostałych symboli żywiołów. Może zacząć od dowolnego żywiołu, gdyż kolejność nie ma większego znaczenia.

W dalszej kolejności Falynn weźmie trzy szczypty soli i powoli wsypie je do wody. Gdy skończy, pomiesza wodę trzykrotnie za pomocą palca wskazującego ręki dominującej, poruszając nim zgodnie z ruchem wskazówek zegara. Następnie uniesie obie dłonie nad miskę i powie:

W imię Matki i Ojca
proszę o błogosławieństwo miłości,
harmonii i spokoju dla tej wody.

Gdy Falynn będzie wypowiadać powyższe słowa, wyobrazi sobie, że woda zaczyna połyskiwać białym światłem. Gdy światło stanie się bardzo jasne, Falynn zatrzyma tę mentalną projekcję. Właśnie udało jej się stworzyć wodę święconą.

Poświęć chwilę, by wybrać cztery symbole żywiołów. Obiecuję na ciebie poczekać.

* * *

Teraz gdy masz już swoje przedmioty, uświęć je tak samo, jak zrobiłaby to Falynn, po czym stwórz wodę święconą. To było proste, nieprawdaż? Masz więc już za sobą swoje pierwsze czary! Jestem z ciebie dumna. Jeżeli twoi rodzice lub opiekunowie nie pozwalają ci korzystać z kadzideł lub ze świec, poszukaj czegoś innego, co będzie symbolizować określone żywioły. Nie martw się. Może to być dowolny przedmiot, jeżeli będziesz obchodzić się z nim z należytym szacunkiem. Możesz na przykład użyć pióra zamiast kadzidła i czerwonej piłki jako symbolu ognia.

Gdy już oczyścisz i uświęcisz swoje przedmioty, następnym krokiem będzie tworzenie uświęconej przestrzeni. Zaczynając od przedmiotu z północy (w przypadku Falynn – soli), poruszaj się po pokoju zgodnie z ruchem wskazówek zegara, rozsypując po drodze niewielkie ilości soli. Zobaczmy, co robi Falynn. Oto i ona. Rozsypuje sól, mówiąc:

Oczyszczam, uświęcam i dodaję mocy tej uświęconej przestrzeni
pierwiastkiem ziemi w imię Ducha.

Gdy dziewczyna wraca do północnej części pomieszczenia, mówi:

Niechaj tak się stanie!

To wiccański sposób na powiedzenie „kończę to swoim błogosławieństwem". Falynn podnosi symbol z części wschodniej (kadzidło) i powtarza ten sam rytuał, krocząc dookoła pokoju (zgodnie z ruchem wskazówek zegara) i mówiąc:

Oczyszczam, uświęcam i dodaję energii tej uświęconej przestrzeni
pierwiastkiem powietrza w imię Ducha.
Niechaj tak się stanie!

Następnie Falynn podnosi świeczkę, po czym chodzi dookoła pokoju w tym samym kierunku, co poprzednio, znowu wypowiadając następujące słowa:

Oczyszczam, uświęcam i dodaję energii tej uświęconej przestrzeni
pierwiastkiem ognia w imię Ducha.
Niechaj tak się stanie!

Na końcu Falynn obchodzi pokój dookoła w tym samym kierunku, co poprzednio, tym razem trzymając w ręku miskę wody i kropiąc nią wokół siebie, mówi:

Oczyszczam, uświęcam i dodaję energii tej uświęconej przestrzeni
pierwiastkiem wody w imię Ducha.
Niechaj tak się stanie!

Teraz Falynn udaje się do centralnej części pomieszczenia, trzyma ręce nad głową z dłońmi zwróconymi na zewnątrz i mówi:

W imię Boga i Bogini,
W imię Wielkiej Matki i Dobrego Ojca,
oczyszczam, uświęcam i dodaję energii tej uświęconej przestrzeni
pierwiastkiem Ducha!
Niechaj tak się stanie!

W ten oto sposób Falynn właśnie zakończyła tworzenie uświęconej przestrzeni. Możesz powtarzać tę procedurę także wtedy, gdy chcesz oczyścić pokój z negatywnej energii. Większość czarownic tworzy uświęcone miejsca co najmniej raz w miesiącu na potrzeby magii, modlitwy czy medytacji. Twoi rodzice mają rację, gdy powtarzają, że twój pokój powinien zawsze być czysty. Negatywna energia zbiera się nawet w najczystszych pokojach, ale w brudnych zawsze będzie jej o wiele więcej.

Czarownice tworzą też uświęconą przestrzeń przed esbatem lub sabatem albo przed nakreśleniem magicznego kręgu. Teraz, gdy już wiesz, w jaki sposób uświęciła przestrzeń Falynn, czemu nie spróbujesz zrobić tego samodzielnie? Nawet jeżeli nie chcesz zostać czarownicą, możesz tworzyć uświęconą przestrzeń po to, by dodać swojemu życiu harmonii, a praktyka ta nie koliduje z absolutnie żadną religią.

Ołtarz

Większość czarownic ma swój ołtarz wewnątrz uświęconej przestrzeni. Dla czarownic ołtarz symbolizuje ośrodek mocy – miejsce należące do Boga. Czarownica skupia magiczną energię na ołtarzu lub w jego bezpośrednim otoczeniu. Za każdym razem, gdy czarownica przechodzi obok swojego ołtarza, odruchowo myśli o Bogu. Twoim ołtarzem może być szafka nocna, toaletka, mały stolik lub nawet pień drzewa – gdy rozpoczynasz swą przygodę z czarostwem, nie ma znaczenia, jakim dysponujesz ołtarzem. Liczy się to, że wyznaczasz sobie takie miejsce i to, czym ono się staje.

Moje córki, obydwaj moi synowie, a także doświadczone czarownice będące członkiniami naszej rodziny – wszyscy korzystają z ołtarza, którym jest płaski kamień. Nasze kamienie kładziemy na stole lub bezpośrednio na ziemi. Jeżeli masz na to przyzwolenie, twój ołtarz może być cały czas rozstawiony, jeśli zaś obawiasz się, że może on niepokoić lub szokować kogoś z domowników, możesz chować go po każdym rytuale. Jeżeli rolę ołtarza pełni jakiś mebel, po każdorazowym odprawieniu rytuałów po prostu schowaj dekoracje i akcesoria, czyli wszystkie przedmioty, które wcześniej zostały tam ustawione. Czarownice działające w przywiązanych do tradycji grupach o ustalonej reputacji mają swoje z góry określone reguły dotyczące rozmieszczenia przedmiotów na ołtarzu. Wśród takich wymaganych przedmiotów są symbole czterech żywiołów, różdżka, kielich i inne przedmioty. W niniejszej książce nie będę zajmować się tradycyjnymi rozmieszczeniami przedmiotów, ponieważ nastoletnim czarownicom informacja ta nie jest potrzebna do rozpoczęcia nauk o czarostwie. Jeżeli postanowisz samodzielnie zgłębiać temat, dowiesz się więcej na dalszym etapie nauki. Teraz po prostu chciałabym uczyć cię tak, jak uczę swoich podopiecznych. Chcę pokazać ci, w jaki sposób stać się lepszą osobą, a do tego nie potrzebujesz narzędzi, którymi posługują się osoby profesjonalnie zajmujące się czarostwem. Przynajmniej nie na tym etapie.

Samotne czarownice* nie muszą postępować według tradycyjnych zasad obowiązujących grupy, w związku z czym mogą same zdecydować, co i jak ustawić na ołtarzu.

Co powinno się tam znaleźć? Często czarownice ustawiają figurki Boga i Bogini lub obrazek czegoś, co ich zdaniem symbolizuje Boga. Niekiedy na ołtarzu pojawiają się także symbole każdego z żywiołów, świeczki oświetlające otoczenie i dowolny przedmiot, do którego przywiązujemy wagę. Staramy się, by nasz ołtarz nie był zbytnio zagracony. Aby uniknąć bałaganu na ołtarzu, czarownice mają wewnątrz swoich uświęconych miejsc także kapliczkę. Pomimo iż często modlą się one przy **kapliczkach****, miejsca te są zwykle wykorzystywane w nieco inny sposób niż ołtarze.

Ołtarz stanowi bardzo ważny element naszej religii, dlatego też nie kładziemy na nim niczego, co nie jest święte – nie wolno stawiać tam kubków z sokiem, puszek z napojami ani kłaść niedojedzonych ciastek, zeszytów z pracą domową, szkolnych podręczników, zestawów do makijażu, sprzętu sportowego czy ubrań. Nikomu nie wolno bawić się przy naszym ołtarzu, ruszać tego, co tam położyłyśmy, ani zabierać stamtąd żadnych przedmiotów. Wiem, że to trudne, gdy ma się w domu ciekawskich rodziców, przyjaciół czy rodzeństwo. Wielokrotnie słyszałam historie o rodzicach, którzy wchodzili do pokoju nastolatek i bezcześcili ołtarze. Niestety, zazwyczaj działają oni pod wpływem własnego strachu. Nie

* Samotna czarownica – czarownica działająca w pojedynkę (przyp. aut.).

** Kapliczka – uświęcone miejsce zawierające zbiór przedmiotów symbolizujących boskość (przyp. aut.).

zdają sobie sprawy z tego, że paląc książki, niszcząc ołtarze i wyrzucając święte przedmioty, dokonują jednego z najbardziej okrutnych aktów, do jakich zdolny jest człowiek – obrażania cudzych uczuć religijnych. Rodzice nie rozumieją, iż ich dziecko nigdy nie zapomni o tym okrucieństwie i przez długi czas (a być może nigdy) nie będzie w stanie im przebaczyć. Otrzymywałam listy od dorosłych, którzy w młodości byli ofiarami tego typu zachowania. Uwierz mi, nigdy o tym nie zapomnieli, nawet jeżeli zajście takie miało miejsce dwadzieścia lat temu. Bardzo mi przykro dowiadywać się o takich historiach. Rozumiem, że rodzicami kierował ich własny strach, ale przygnębia mnie to, iż nie znaleźli w sobie dość siły i wyrozumiałości, by dostrzec otaczającą ich rzeczywistość. Pewien osiemnastolatek, widząc swój zniszczony ołtarz oraz połamane i porozrzucane po pokoju święte przedmioty, zwrócił się do swojego rozgniewanego ojca ze słowami: „Jakbyś się czuł, gdybym wszedł do twojego kościoła i zrobił to samo?". Ojcu opadła szczęka. Zdaję sobie sprawę z trudności, jakie wiążą się z nauczeniem nastolatków szacunku wobec wiary innych ludzi, gdyż wiem, jak często nasza własna religia pada ofiarą agresji ze strony naszych bliskich.

Jeżeli przeczuwasz, że możesz napotkać trudności ze strony swoich domowników, pamiętaj, że twój ołtarz wcale nie musi wyglądać jak ołtarz. Przez wiele lat mój domowy ołtarz wyglądał jak zwykła kolekcja interesujących przedmiotów. Goście nigdy nie nachodzili mnie ani mojej rodziny. W miarę jak umacniałam się w swojej wierze i coraz więcej czasu spędzałam z ludźmi takimi jak ja, mogłam mówić innym o jej pozytywnych aspektach. Teraz nie mam z tym już żadnego problemu, a mój ołtarz stoi w tak widocznym miejscu, że mogą go zobaczyć wszyscy, od listonosza do burmistrza naszego miasteczka. To przejście od skrytości do pełnego ujawnienia zajęło mi kilka lat. W dalszej części książki napiszę więcej o sprawie odnoszenia się do innych ludzi w kwestiach związanych z naszą wiarą.

Oczywiście, nie wszyscy rodzice muszą utrudniać wam kontakt z czarostwem. Niektórzy od początku są na te kwestie otwarci, a inni skrupulatnie studiują materiały związane z tą tematyką (takie jak niniejsza książka i inne pozycje na ten temat) i pozwalają swoim pociechom na dalsze odkrywanie cudownego świata religii i Ducha. Po zapoznaniu się z materiałami, niektórzy rodzice i opiekunowie dogłębniej zainteresowali się czarostwem i mogą oni teraz praktykować magię razem ze swoimi dziećmi!

Nikt już chyba nie ma wątpliwości, jak istotną rolę w czarostwie odgrywa ołtarz. Znam czarownice korzystające z dużych, kamiennych lub zdobionych, drewnianych ołtarzy. Widywałam także ołtarze przenośne, które wyglądają jak skórzana walizka, dopóki się ich nie rozstawi. W zależności od tradycji lub grupy, do której należy czarownica, może ona rozstawić stały ołtarz na północy (do praktyk szamańskich), na wschodzie (do celów ceremonialnych) lub przesuwać ołtarz wraz ze zmianą pór roku. Niektóre czarownice wolą umieszczać swój ołtarz w centralnym punkcie pomieszczenia i pracować w ruchu wokół ołtarza, co dodaje im mocy.

Podobnie jak w przypadku uświęconej przestrzeni, nie trzeba być czarownicą, by mieć w domu ołtarz. Na stworzeniu **osobistego ołtarza*** mogą skorzystać wyznawcy każdej religii.

Jak ma wyglądać ołtarz nastolatki? Spróbujmy przyjrzeć się ołtarzom należącym do znanych mi nastoletnich czarownic. Rodzice Alicji zawsze byli wolnomyślicielami i (po zapoznaniu się z materiałem dotyczącym czarostwa) nie mieli nic przeciwko zainteresowaniom swojej córki. Zachęcali ją nawet do wierzeń spoza obszaru tradycyjnych zhierarchizowanych religii i często pomagali jej w znalezieniu wyjątkowych przedmiotów do ołtarza. Matka Alicji jest kierowniczką miejscowej biblioteki, a ojciec naucza na pobliskim uniwersytecie. Ołtarzem Alicji jest jej toaletka. Dziewczyna mieszka niedaleko oceanu i kocha wszystko, co związane jest z morzem. W nocy zasypia przy odgłosach jego szumu. Dźwięki fal morskich pomagają jej też odprężyć się podczas medytacji. Alicja wyhaftowała obrus na ołtarz z motywem koników morskich i fal. Ponieważ korzysta ona z obrusa, na ołtarzu pod świeczniki w kształcie syren kładzie duże ognioodporne płytki. Dziewczyna ustawia swoje świeczniki w tylnej części ołtarza. Symbol wschodu i pierwiastka powietrza to znalezione przez nią na plaży piękne pióra mew. Południe i ogień reprezentuje mały świecznik ze świecami. Świecznik ma u podstawy namalowane fale. Na symbol zachodu Alicja wybrała muszlę, w której mieści się pół kubka wody. W północnej części ołtarza dziewczyna ułożyła pentakl składający się z malutkich muszli. Stworzenie tego symbolu zajęło jej wiele godzin, ale ponieważ wiedziała, że czas włożony w konstruowanie magicznego przedmiotu zwiększa jego moc, to nie stanowiło to dla niej problemu. Czasami Alicja zostawia na ołtarzu dary morza, by pokazać Bogu i Bogini, jak bardzo ich kocha.

Rodzice Roberta sami praktykują czarostwo. Razem zorganizowali otwarty krąg mieszkańcom swojego miasta. Matka Roberta jest pielęgniarką na oddziale intensywnej terapii, a ojciec to prezes dużej firmy. Robert jest zafascynowany wilkami. Uważa on, iż zwierzęta te mają w sobie coś wielce mistycznego. Na za-

---

* Osobisty ołtarz – przestrzeń, którą czarownica wyznacza do reprezentowania jej ośrodka mocy (przyp. aut.).

jęciach w szkole zrobił niewielki stół z wypalonym pośrodku wizerunkiem wilka. Ołtarz oświetlony jest małymi lampionami. Rolę kadzidła pełni szałwia, umieszczona w bezpiecznym, żaroodpornym naczyniu. Na symbol Boga Robert wybrał poroże jelenia ustawione w tylnej części ołtarza, a ceramiczne miski na wodę i sól są udekorowane obrazkami, przestawiającymi łowczynię i jelenia we wspólnym tańcu. Na ścianie za ołtarzem Robert zawiesił duży arras z podobizną wilka. Muzyka lasu przenika jego duszę. Jako ofiarę dla Ducha często umieszcza on na ołtarzu kamienie, mech i inne skarby lasu.

Julie jest w nieco innej sytuacji niż Robert i Alicja. Po pierwsze, dzieli ona pokój ze swoją młodszą siostrą, co dość mocno ogranicza jej prywatność. Po drugie, ojciec zabrania jej palenia świec w pokoju. Boi się, że niesforna, młodsza siostra Julie przewróci świeczkę i spowoduje pożar. Ojciec Julie jest kierownikiem w miejscowej bazie marynarki wojennej, matka zaś pracuje w domu. Tata nie sprzeciwia się zainteresowaniom Julie, ale matka nie rozumie tej fascynacji. Uważa, iż jej dziecko powinno praktykować wiarę katolicką, tak jak ona. Sytuacja pomiędzy domownikami stała się dość napięta, gdy Julie usiłowała rozstawić w domu swój ołtarz. By załagodzić sytuację, Julie umieściła na biurku figurkę Maryi i praktykuje magię, wspomagając się różańcem. Wciąż chodzi na msze i dostrzega energię Matki, ukazującą się pod postacią Maryi i kanonizowanych kobiet. Julie chciałaby, co prawda, mieć tradycyjny wiccański ołtarz, ale wie, że w końcu zostanie nagrodzona za cierpliwość, i korzysta z tego, co ma. Julie kocha swoją matkę i nie chce jej denerwować. Z czasem, gdy dziewczyna stanie się bardziej uduchowiona, matka być może dostrzeże zmiany w jej zachowaniu i pozwoli jej bez przeszkód praktykować czarostwo. Na razie w części pokoju należącej do Julie (obok plakatów jednorożców, tygrysów i średniowiecznych zamków) wiszą podobizny Bogini. Gdy nastolatka ma ochotę na medytację, czeka, aż jej młodsza siostra zaśnie (jeżeli to w ogóle następuje), i słucha płyt, korzystając ze słuchawek. Julie lubi robótki ręczne i potrafi wykorzystać malutkie szwy do stworzenia swojej unikalnej formy magii, której nikt nie jest w stanie wychwycić. Dziewczyna nie może zostawiać w pokoju misek z solą i wodą, ponieważ jej młodsza siostra ciągle zabiera należące do niej przedmioty. Nie wolno jej też używać kadzideł, ponieważ rodzice nie zgadzają się na to, by rozpalała ogień w jakiejkolwiek postaci. Zamiast tego, gdy tylko jest to możliwe, Julie przynosi do pokoju świeże kwiaty lub kładzie na stole miskę potpourri*.

Matthew od zawsze był uzdolniony artystycznie. Rysuje, maluje, zajmuje się garncarstwem i innymi przedsięwzięciami natury artystycznej. Jesienią zaczyna

* Potpourri – suszone kwiaty (przyp. tłum.).

naukę na uniwersytecie, gdzie będzie studiował sztuki piękne. Matthew ma siostrę, ale każde z nich mieszka w oddzielnym pokoju, więc chłopak może bez przeszkód ustawić u siebie ołtarz. Ojciec chłopca nie mieszka z rodziną, matka jest kierownikiem sklepu spożywczego. Nie przeszkadza jej to, że Matthew interesuje się czarostwem, i ona sama również przeczytała kilka książek na ten temat. Gdyby jednak ojciec chłopca dowiedział się o jego zainteresowaniach, próbowałby zabrać Matta i jego siostrę z domu. Rodzice pozostają ze sobą w niezbyt dobrych stosunkach i Matt wie, że ojciec wykorzystałby jego fascynację czarostwem przeciwko matce. Właśnie dlatego chłopak nie ujawnia się, gdy rozmawia z ojcem o religii (co na szczęście nie zdarza się często). Ołtarz Matta zawiera kolekcję prac – obrazów, naczyń i innych przedmiotów przedstawiających jego wizję Ducha. Chłopiec lubi korzystać z jasnych barw i wymyślnych wzorów. Gdyby ktoś wszedł do jego pokoju, pomyślałby, że ołtarz to po prostu wystawa prac artystycznych.

Przyjrzyjmy się naszej ostatniej małej czarownicy o imieniu Tabitha. Jej matka i babcia to czarownice o długiej tradycji rodzinnej. Oznacza to, iż wiedza magiczna i religijna przekazywana jest u nich z pokolenia na pokolenie. Zazwyczaj tego typu tradycja nie jest sformalizowana, ponieważ opiera się na przekazach ustnych. Czarownice o tradycjach rodzinnych często uprawiają magię ludową. Magia taka wiąże się z wykorzystywaniem przedmiotów domowego użytku, wiedzą dotyczącą roślin oraz Księżyca czy pieśniami. Poza tym charakteryzuje się ona całkiem sporym potencjałem. Nasza Tabitha właśnie skończyła dziesięć lat, więc jej ołtarz i magia różnią się od tego, co zobaczyć można u starszych dzieci. Podczas rytuałów w kręgu Tabitha układa w rogach symbolizujących żywioły swoje ulubione pluszowe zwierzaki. Na północy siedzi niedźwiedź, na wschodzie jelonek (to chyba Bambi), na południu byk (prezent od wujka, który w zeszłym roku pojechał do Hiszpanii), a na zachodzie koń (pamiątka z wakacji na wyspie Chincoteague). Jej środkowym zwierzęciem totemicznym jest pluszowy wilk – prezent na święto Jul od wiccańskiej matki chrzestnej, mieszkającej nieopodal wodospadu Niagara. Czasami Tabitha nakreśla magiczny krąg w towarzystwie wszystkich swoich pluszowych zwierzaków. Sama stoi wtedy w środku kręgu i patrzy na zgromadzone dookoła zabawki. Czasami kreśli krąg za pomocą dużego pióra. Przyjaciółka jej matki owinęła podstawę pióra niewyprawioną skórą, do której przywiązała ładne paciorki. Tabitha ma też patyk z przyczepionymi do niego małymi dzwoneczkami. Gdy dziewczynka chce wysłać komuś (np. Duchowi) jakąś wiadomość, przyzywa pierwiastek powietrza za pomocą patyka. To wykorzystywana przez druidów starożytna praktyka, której nauczyła ją matka.

Ojciec Tabithy uczy ją grać na bębnach, by mogła dołączyć do kręgu bębniarzy, którzy spotykają się raz w miesiącu, ale dziewczynka ma małego braciszka i nie może ćwiczyć, gdy maluch śpi. Matka pozwala jej korzystać ze skonstruowanej własnoręcznie grzechotki, pod warunkiem że nie będzie hałasować pod drzwiami pokoju braciszka. Wykonanie grzechotki nie było trudne. Tabitha wzięła dwa papierowe półmiski, wrzuciła do środka garść nasion fasoli, a jej mama skleiła oba półmiski. Tabitha pomalowała półmiski kredkami i flamastrami. W swojej kolekcji ma jedną grzechotkę do spraw związanych z miłością, jedną do uzdrawiania i jedną, specjalną – do ochrony.

Ołtarz Tabithy stoi w rogu jadalni naprzeciwko ołtarza rodzinnego. Dziewczynka wzięła podnóżek, zrobiony przez jej starszą siostrę na zajęciach technicznych, i położyła na nim duży płaski kamień, który znalazła w ogródku. Tabitha umieszcza na ołtarzu, co tylko zechce. Lubi wykonywać figurki z gliny, dlatego też często pojawiają się tam nowe przedmioty. Nad ołtarzem wisi zdjęcie kobiety, wycięte z czasopisma o modzie, należącego do jej mamy. Jest to jej wyobrażenie Bogini. Tabitha zostawia na ołtarzu ciekawe przedmioty symbolizujące dary, które składa Bogu i Bogini. Jeżeli babcia da jej dwa cukierki, dziewczynka zje jeden, a drugi odda Bogini. Czasami, po kolacji, kładzie na ołtarzu kawałek bułeczki w formie daru dla Boga. Zgodnie z rodzinną tradycją, w święto Jul Tabitha kładzie na ołtarzu trzy monety na znak, iż wie, że wszelkie bogactwo jest darem od Boga i Bogini. W święto dziękczynienia ofiarowuje sześć ziaren suszonej kukurydzy, chcąc pokazać, iż rozumie trudy, przez które musieli przejść purytanie, i wie, że to Duch pomógł im przetrwać. Prosi Boga i Boginię, by wsparli jej rodzinę podczas nadchodzącej zimy. Tabitha pokazuje nam, że każde święto lub każdy dzień tygodnia może stać się wyjątkową prywatną celebracją.

Pokazałam ci pięć różnych ołtarzy, zaprojektowanych przez nastolatki lub dzieci, takie jak ty. Napisałam też co nieco o rodzinach, byś, mój czytelniku, mógł lepiej identyfikować się z rówieśnikami. Poświęć teraz kilka chwil na zaprojektowanie własnego ołtarza.

* * *

Coś takiego! Ten rozdział zawierał bardzo dużo informacji, więc może zechcesz jeszcze raz przyjrzeć się niektórym fragmentom, zwłaszcza jeżeli planujesz zgłębiać religijne i naukowe tajniki czarostwa.

Rozdział 3

Rytuały

Ja, która jestem pięknem zielonej ziemi,
białym Księżycem wśród gwiazd,
tajemnicą wód,
pragnieniem w sercu człowieka,
wzywam twoją duszę: powstań i przybądź do mnie.
Jam jest bowiem duszą natury,
co daje życie wszechrzeczy.
Ze mnie wszystko się wyłania
i do mnie musi powrócić.
Niech przed moim obliczem, przed obliczem ukochanej przez Bóstwa i ludzi,
twoja najgłębsza, boska część
upoi się nieskończonością.
Niech cześć oddaje mi radujące się serce,
gdyż zważ: wszystkie czyny miłości i przyjemności są moimi rytuałami.
Niech więc zagości w tobie piękno i siła,
moc i współczucie,
honor i pokora,
wesele i cześć.

A ty, który zamierzasz mnie szukać,
wiedz, iż przez swe poszukiwania i tęsknotę niczego nie osiągniesz,
chyba że znasz tę tajemnicę:
że jeśli tego, czego pragniesz, nie odnajdziesz w sobie,
nigdy nie odnajdziesz tego poza sobą.
Gdyż zważ: byłam z tobą od początku
i to ja jestem celem każdego pragnienia*.

Pewnie wydawało ci się, że czarownice kojarzą się tylko z magią, wykorzystywaniem swoich mocy i mruczeniem pod nosem jakichś mantr, prawda? Tymczasem praktyki magiczne to tylko niewielki fragment tego, czym się zajmujemy. Naszym głównym celem jest dokładanie starań, by stać się lepszymi ludźmi – poprzez odrzucenie brzemienia przeszłych problemów, nieszczęśliwych okoliczności oraz niefortunnych sytuacji, chcemy wznieść się niczym ogień Bela – by rozkwitnąć jako osoby uduchowione, które nie chcą pożądać mocy innych ludzi, lecz pragną spokojnie egzystować.

Każda pozytywna religia zawiera w strukturze swego systemu wierzeń rytuały – Wicca nie jest tu wyjątkiem. Czarownice odprawiają wiele form rytuałów, od najbardziej skomplikowanych do tych najprostszych. W tym rozdziale zajmiemy się dwoma typami rytuałów: podstawowymi oraz spontanicznymi.

Rytuały podstawowe

Format rytuału podstawowego może być stosowany podczas esbatu, sabatu lub w innych okolicznościach, kiedy w grę wchodzi magia lub określony ceremoniał. Poniżej przygotowałam dla ciebie zestawienie trzech podstawowych rytuałów. Są to: rytuał ogólny, rytuał esbatu i rytuał sabatowy.

RYTUAŁ OGÓLNY

1. **POŚWIĘCENIE OŁTARZA.** Rytuał składa się z oczyszczenia i poświęcenia na ołtarzu różnorodnych przedmiotów w imię Boga i Bogini. Ich energie łączą się wtedy symbolicznie i są pobłogosławione, by stworzyć zogniskowany punkt mocy. Jest to czynność zarówno umysłowa, jak i fizyczna.

* Tłumaczenie autorstwa Katarzyny „_3Jane" Olszewskiej, pochodzące ze strony http://birch.wicca.pl/obrzedy/pouczenie (przyp. tłum.); Tekst napisany przez Starhawk, bardzo sławną czarownicę i autorkę tekstów, która przeredagowała słowa Doreen Valiente (innej równie utalentowanej i znanej czarownicy); odnalazła ona ten materiał w *Ewangelii czarownic* Lelanda. Pełną wersję cytowanego powyżej fragmentu „Pouczenia Bogini" znajdziesz w książce Starhawk pt. *The Spiral Dance* (przyp. aut.).

2. **TWORZENIE UŚWIĘCONEJ PRZESTRZENI.** Cztery żywioły (ziemia, powietrze, ogień i woda) należy po kolei obnieść wokół pomieszczenia w kierunku zgodnym z ruchem wskazówek zegara (jeśli rytuał przeprowadzany jest na łonie przyrody, żywioły również obnosimy dookoła naszej przestrzeni rytualnej), by oczyścić miejsce, w którym będziemy przeprowadzać rytuał. Zazwyczaj prosimy wtedy po cichu o błogosławieństwo. Jest to czynność zarówno umysłowa, jak i fizyczna.

3. **NAKREŚLANIE KRĘGU.** Idąc po okręgu w kierunku zgodnym z ruchem wskazówek zegara (kierunku deosil), stwórz niewidzialny krąg energii, zamykający cię (lub grupę praktykujących osób) w energetycznej kuli. Prośba o błogosławieństwo (wypowiedziana głośno lub w myślach) zazwyczaj wygłaszana jest w formie rymowanej, choć nie zawsze. Jest to czynność zarówno umysłowa, jak i fizyczna. Uwaga: czarownice mogą stosować kilka rodzajów ruchów do nakreślania kręgu.

4. **PRZYZYWANIE ŻYWIOŁÓW.** Stajemy w północnej, wschodniej, południowej i zachodniej (w tej kolejności) części naszego kręgu i zapraszamy do niego energie poszczególnych żywiołów. Zazwyczaj głośno wyrażamy prośby o błogosławieństwo i wsparcie. Uwaga: każda samotnie praktykująca czarownica albo grupa czarownic może stosować inne zależności między żywiołami a stronami świata.

5. **WZYWANIE BOGA I BOGINI.** Stajemy w środku kręgu i prosimy Boga lub Boginię (bądź też oboje) o wejście do naszego kręgu. O błogosławieństwo i wsparcie prosimy głośno. Jest to czynność zarówno umysłowa, jak i fizyczna.

6. **WYKONANIE MAGICZNEJ CZYNNOŚCI.** W tej części rytuału wykonuje się wszelkie czynności wstępne poprzedzające rzucanie zaklęć oraz rzuca się zaklęcia. W rytuale świątecznym w tym miejscu należy zainscenizować mit lub legendę. Jeśli planujemy zarówno przedstawienie, jak i magiczne czynności, zaczynamy od przedstawienia, a dopiero po nim przystępujemy do czynności magicznej.

7. **GROMADZENIE ENERGII.** Skupiamy się w myślach na naszym pragnieniu poprzez śpiewy, uderzanie w bęben, klaskanie, mruczenie, głębokie oddycha-

nie itd. (technika skupiania się może być różna dla każdej osoby lub grupy). Uwaga: niekiedy grupy mogą też gromadzić energię przed inwokacją. Ma to na celu wprowadzenie harmonii między uczestnikami rytuału.

8. **PODZIĘKOWANIE BOGU I BOGINI.** Jest to werbalne podziękowanie i prośba o błogosławieństwo. Większość wiccan nie prosi o wycofanie energii Boga czy Bogini, chyba że dany rytuał wymaga uwolnienia tych duchowych energii.

9. **UWALNIANIE ŻYWIOŁÓW.** Jest to uwalnianie (lub odsyłanie) energii żywiołów, które były przyzywane w punkcie 4. Życzenia wypowiadamy na głos. Jest to czynność umysłowa oraz fizyczna.

10. **USUWANIE KRĘGU.** W miejscu przeprowadzania rytuału poruszamy się po okręgu w kierunku przeciwnym do ruchu wskazówek zegara (widdershins, czyli w drugą stronę), by usunąć krąg nakreślony w punkcie 3. Jest to czynność umysłowa oraz fizyczna. Nasze życzenia wypowiadamy na głos lub w myślach. Energia zgromadzona w kręgu jest następnie kierowana na ołtarz, magiczne narzędzia lub środek rzucania zaklęcia (na przykład świecę). Uwaga: uświęcona przestrzeń nie jest zazwyczaj usuwana.

11. **UZIEMIENIE I ZEŚRODKOWANIE.** Jest to ćwiczenie umysłowe (które może wiązać się z wykonywaniem ruchów fizycznych), mające na celu usunięcie z ciała i umysłu nadmiaru energii, która została zgromadzona podczas rytuału. Uwaga: czasami czarownica może uziemić się i ześrodkować w innej części trwania rytuału – kiedy tylko poczuje taką potrzebę.

Nie martw się, jeśli nie rozumiesz któregoś z opisanych powyżej kroków. W dalszych częściach książki wyjaśnię ci, jak należy wykonać wszystkie te czynności.

Rytuały zawsze stanowiły aktywną część ludzkiej duchowości. Rytuały wiccańskie pozwalają osobie poszukującej na osobistą komunikację z Duchem; innymi słowy: nie potrzebujesz pośrednika, by dostać się do nieba (lub też Krainy Wiecznego Lata, jak kto woli).

Przejdźmy przez przykładowy rytuał ogólny z Autumn, szesnastoletnią czarownicą. Autumn praktykuje w pojedynkę, więc nazwijmy ją samotną czarownicą. Powiedzmy, że chce ułożyć rytuał, który pomógłby jej w nauce. Załóżmy, że

Autumn rozumie, iż będzie musiała kontynuować wykonywanie pracy, jakiej się od niej oczekuje, ale potrzebuje motywacji, by przebrnąć przez ten kolejny okres wystawiania ocen. Potrzeba jej pewności siebie i chciałaby oczyścić się z wszelkich czynników blokujących, które nie pozwalają jej rozwinąć w pełni swego potencjału. Autumn dopiero zaczyna pracę nad pewnym projektem, więc zechce przeprowadzić swój rytuał możliwie jak najbliżej nocy, w czasie której Księżyc będzie w nowiu, ponieważ wówczas jego energia jest najbardziej pomocna na początku jakiegoś przedsięwzięcia, zamierzenia lub pragnienia.

Mając na celu pozyskanie czegoś, czarownice przeprowadzają rytuały w czasie od nowiu do pełni, zaś by odepchnąć coś od siebie – od pełni do nowiu. Tak więc, w ramach wyjaśnienia, gdyby Autumn musiała rozpocząć swój rytuał w czasie od pełni do nowiu, starałaby się *wyzbyć* przeszkód na swej drodze do celu, oddalając od siebie niskie poczucie własnej wartości itp. Jeśli zaś wybierze termin w okresie od nowiu do pełni, nieco inaczej sformułuje swój cel. Będzie wówczas chciała *przywołać* pewność siebie, mądrość i ścieżkę bez przeszkód.

Teraz gdy Autumn wybrała już fazę Księżyca, w czasie której będzie przeprowadzać swój rytuał (od nowiu do pełni), może też zechcieć powiązać swe operacje z określonym dniem tygodnia. Spójrz na prostą tabelę poniżej i zdecyduj, kiedy Autumn powinna wykonać swój rytuał:

MAGICZNE POWIĄZANIA DNI TYGODNIA	
Niedziela	sukces, rodzina, relacje z rodzeństwem, kariera
Poniedziałek	intuicja, sny, zdolności parapsychiczne, ochrona dziecka
Wtorek	konflikty
Środa	komunikacja, sztuka, partnerstwo
Czwartek	kariera, finanse, bogactwo
Piątek	miłość, pasja, przyjaźnie
Sobota	oddalanie od siebie wszystkiego, co negatywne

Siedem dni tygodnia oraz ich znaczenie są częścią tego, co czarownice nazywają **magicznymi odpowiednikami***. Wiele czarownic stara się wiązać magiczne odpowiedniki z własnymi praktykami. Odpowiedniki te mogą być trudne do zrozumienia dla początkującej wiccanki, więc w tej książce poprzestanę tylko na dniach tygodnia i fazach Księżyca. Który dzień radzisz wybrać na rytuał Autumn? Bardzo dobrze! Niedziela lub środa będą najlepszym wyborem! Autumn może zdecydować się na któryś z tych dni.

---

* Magiczne odpowiedniki – stosowane podczas rytuałów przedmioty, dni, kolory, fazy Księżyca, olejki, anioły i zioła związane z intencją danego święta lub ceremonii (przyp. aut.).

Autumn ma szczęście, gdyż nów przypada w niedzielę, ma więc dwa korzystne odpowiedniki. A jeśli nów przypada kiedy indziej, niż w dniu, który wybierze czarownica? W takiej sytuacji Autumn powinna wziąć pod uwagę określoną fazę Księżyca, ignorując dzień tygodnia; mogłaby też wybrać niedzielę lub środę, poprzedzające nów lub po nim następujące. Nie ma to większego znaczenia, jeśli Autumn ma czyste intencje.

No dobrze, dziewczyna wybrała fazę Księżyca i dzień, teraz należy zastanowić się nad godziną odprawienia rytuału. Bardziej zaawansowane czarownice stosują **godziny planetarne***, by określić dokładną porę wykonania określonego rytuału, ale godziny planetarne mogą okazać się zbyt skomplikowane, więc co zrobić? Jeżeli Autumn nie użyje godzin planetarnych, czy będzie to miało wpływ na jej rytuał? Nie. Głównym celem naszej bohaterki jest wybranie takiej pory, by nikt jej nie przeszkadzał lub kiedy nie musi wypełniać żadnych obowiązków. Może to oznaczać, że Autumn będzie musiała przeprowadzić swój rytuał rano, zaraz po przebudzeniu. Tego dnia, w godzinach od osiemnastej do dwudziestej, ma próbę czirliderek, potem musi dokończyć wykonywanie zaległych obowiązków domowych, czeka ją też odrabianie lekcji (zwykle od 15.00 do kolacji). Tak więc ranek, a nie wieczór, będzie dla dziewczyny najlepszą porą na rytuał.

Autumn wybrała już więc fazę Księżyca, dzień tygodnia oraz godzinę swego rytuału. Co dalej? Zanim przystąpi do rytuału, musi zdecydować, o co dokładnie będzie w nim zabiegać. Skoro zamierza pracować nad nim na początku fazy nowiu, poprosi o mądrość, cierpliwość i otwartość umysłu podczas nauki. Jeśli ma problem tylko z jednym przedmiotem, może zawęzić swe prośby tylko do tej jednej dziedziny. Najlepiej jest zapisać sobie na kartce, czego dokładnie chcemy, by mieć pewność, że znajdziemy odpowiednie słowa do wyrażenia swego pragnienia. Pamiętaj, że należy starannie dobierać słowa oraz uważać na to, o co się prosi. Nie zapomnij też o tym, by wyrazić swe prośby w formie pozytywnych zdań.

Zobaczmy, co napisała Autumn: „Cechuje mnie cierpliwość, mądrość i otwartość umysłu wobec wszystkich przedmiotów szkolnych, zwłaszcza zaś algebry. Otrzymuję błogosławieństwo pewności siebie i dostaję dobre oceny w szkole. Bez niczyjej szkody, niechaj tak się stanie". Ojej, dlaczego Autumn tak napisała? Wyraziła swą prośbę w czasie teraźniejszym, jakby już osiągnęła to, czego pragnie. Czy zrobiła coś niestosownego? Nie. Zawsze wyrażaj magiczne prośby tak, jakby już się spełniły.

---

* Godziny planetarne – system podziału na godziny związany z energiami planet (przyp. aut.).

Teraz Autumn łączy jeden mentalny obraz ze swym pragnieniem. Jeżeli ma problemy z ujrzeniem tego w swojej wyobraźni, może narysować obrazek, na którym umieści swoje wymarzone świadectwo z upragnionymi ocenami. Potem narysuje siebie z szerokim uśmiechem na buzi – tak, nawet prosty rysunek ludzika będzie się nadawał, ale świadectwo trzeba narysować dokładnie.

Autumn ma już szesnaście lat, więc rodzice pozwalają jej zapalać świece w pokoju. Spójrz na poniższą tabelę i wybierz kolor świecy, jaki Autumn mogłaby wybrać do swego rytuału.

MAGICZNE ODPOWIEDNIKI KOLORÓW ŚWIEC	
Biały	każdy cel
Czerwony	pasja i kreatywność
Niebieski	spokój, mądrość, spójność
Pomarańczowy	praca, kariera
Brązowy	przyjaźń
Zielony	uzdrawianie i pieniądze
Fioletowy	duchowość
Czarny	odpędzanie wszystkiego, co negatywne
Żółty	intelekt
Srebrny	zdolności parapsychiczne

Zauważ, że Autumn może wybrać kilka kolorów: biały (czyli świeca do każdego celu), niebieski (mądrość), pomarańczowy (praca związana z nauką w szkole) lub żółty (intelekt). Może zdecydować się na jeden kolor lub wszystkie cztery, jeśli zechce. Portfel Autumn jest w tym tygodniu niezbyt zasobny, więc dziewczyna poszuka jakichś białych świec w domu. Szukanie zajęło jej dłuższą chwilę. Sprawdziła w szufladzie w kuchni, ale ktoś już używał kilku świec z tego zestawu. Jedna z nowych świec była pęknięta w połowie. Autumn wie, że do każdego rytuału lub innego zabiegu magicznego należy mieć nową świecę, nie mogła więc posłużyć się używanymi. Nie może też wykorzystać złamanej świecy, gdyż szczelina zaburzyłaby w niej przepływ energii. W końcu, po długich poszukiwaniach, Autumn odkryła pudełko zapasowych świec na półce w piwnicy. Są trochę pożółkłe, bo dość długo tam leżały, ale będą się nadawać – dziewczyna bierze dwie z nich. Kiedy sprawdza swe zasoby, by upewnić się, że ma wszystko, co niezbędne, odkrywa, że czegoś jej brak. Ach, tak! Jeśli planuje włączyć świece do swego rytuału, potrzebuje olejku do przybrania świecy, gdyż wtedy zwiększy się przepływ energii. Wiele lat temu, kiedy czarownice nie miały olejków zapachowych, używały do wzmocnienia energii świec i namaszczenia czoła podczas rytuałów grupowych oliwy z oliwek. Autumn sprawdza skromne zasoby olejków, które przechowuje w skrzynce w swoim pokoju.

A jeśli twoi rodzice nie pozwalają ci palić świec? Nie ma problemu. Pamiętasz rysunek Autumn, przedstawiający to, czego pragnie? Narysuj po prostu taki rysunek na kolorowym papierze albo na białym, stosując kolorowe markery. Przeprowadziłam kiedyś ceremonię magiczną z wykorzystaniem wyłącznie pomarańczowej kredki, gdyż tylko taką udało mi się znaleźć. Wierz mi, to może wystarczyć.

No dobrze! Autumn wybrała już fazę Księżyca, dzień tygodnia, porę dnia, spisała wyrażenie intencji, wykonała rysunek i ma świecę. Co teraz? Musi zdecydować, jaki rodzaj rytuału chce przeprowadzić. Czy chce wykonać rytuał ogólny, czy wolałaby pełny esbat? Wybór ten uzależniony jest od dwóch czynników: czasu, jakim Autumn dysponuje, oraz tego, jak istotna jest jej intencja. Dziewczyna uważa, że zostanie przy rytuale ogólnym, bo na esbat – znacznie dłuższy i wymagający rytuał – naprawdę nie ma czasu.

W nocy poprzedzającej rytuał Autumn gromadzi przedmioty, które według niej mogą się przydać rano – wie, że nie ma zbyt wiele czasu. Przygotowuje swoje cztery symboliczne reprezentacje żywiołów: sól, wodę, kadzidełko i jedną białą świecę. Umieszcza swój rysunek i kartkę z wypisaną intencją na środku ołtarza wraz z drugą białą świecą, którą kładzie obok. Następnie zakrywa cały ołtarz kawałkiem materiału, by ochronić go przed kurzem, który mógłby wywołać negatywną energię.

Rankiem Autumn, przed przystąpieniem do rytuału, bierze prysznic. Tak, kąpiel lub prysznic są bardzo powszechną formą **rytualnego oczyszczenia***. A jeśli Autumn nie może tego zrobić, bo obudziłaby wszystkich domowników? Wtedy powinna przynajmniej oczyścić twarz i dłonie przed rozpoczęciem rytuału.

Po zakończeniu rytualnego oczyszczenia, Autumn poświęci ołtarz. Dziewczyna upewni się, czy umieściła swoje symboliczne żywioły w odpowiednich miejscach na ołtarzu. Miska z solą powinna znaleźć się po stronie północnej, kadzidełko – wschodniej, płonąca świeca – południowej, a miska z wodą – zachodniej. Przedmioty te oznaczają, że Autumn działa w zgodzie z ziemią, powietrzem, wodą i ogniem oraz Duchem. Teraz oczyści, poświęci i połączy te energie.

Najpierw Autumn zapala kadzidełko. Trzymając dłonie nad nim, mówi:

---

* Rytualne oczyszczenie – praktyka oczyszczania ciała i umysłu, przed przystąpieniem do odprawienia rytuału (przyp. aut.).

Oczyszczam i poświęcam cię w imię Boga i Bogini.
Niech ich błogosławieństwa zamieszkają w tobie.

Następnie umieszcza dłoń nad płomieniem świecy, unosi ją nieco i mówi:

Stworzenie ognia,
moc swą dziś mi oddaj.

Autumn odkłada świecę i trzymając dłonie nad jej płomieniem (w pewnej odległości – tak by się nie poparzyć), mówi:

Oczyszczam i poświęcam cię w imię Boga i Bogini.
Niech ich błogosławieństwa zamieszkają w tobie.

Przyszedł czas na naczynie z wodą. Trzymając nad nim dłonie, dziewczyna wypowiada słowa:

Stworzenie wody,
oczyszczam i poświęcam cię w imię Boga i Bogini.
Niech ich błogosławieństwa zamieszkają w tobie.

Na koniec Autumn przenosi swe dłonie nad sól, umieszczoną w północnej części ołtarza, i mówi:

Stworzenie ziemi,
oczyszczam i poświęcam cię w imię Boga i Bogini.
Niech ich błogosławieństwa zamieszkają w tobie.

Autumn właśnie przeprowadziła oczyszczenie, poświęcenie i naładowanie mocą czterech żywiołów. Kiedy wypowiada powyższe słowa, wyobraża sobie białe światło krążące wokół poszczególnych żywiołów. Jest to pozytywna energia Ducha.

Ale to jeszcze nie koniec poświęcenia ołtarza. Teraz Autumn bierze trzy szczypty soli i wsypuje ją do miski z wodą. Następnie unosi miskę i wyobraża sobie, że Duch przenika do wody. Kiedy czuje, że woda została naładowana mocą, odstawia miskę z powrotem na ołtarz. W ten sposób Autumn otrzymuje święconą wodę.

Dominującą ręką, w kierunku zgodnym z ruchem wskazówek zegara, Autumn nakreśla w powietrzu nad ołtarzem cztery kręgi, następnie czterokrotnie stuka w ołtarz wewnętrzną częścią dłoni, tuż pod nadgarstkiem. W ten sposób Autumn przypieczętowała ołtarz.

Teraz dziewczyna przejdzie do tworzenia uświęconej przestrzeni, podobnie jak wcześniej Falynn (patrz str. 72-75). Kiedy zakończy tę czynność, będzie gotowa do nakreślenia magicznego kręgu.

Autumn staje pośrodku pokoju, bierze głęboki wdech, relaksuje się i uspokaja. Jeśli ma z tym ostatnim problem, może wyobrazić sobie, że jest drzewem, którego korzenie sięgają daleko w głąb Matki Ziemi. Następnie Autumn podnosi wzrok, uśmiecha się, bierze kolejny głęboki wdech i zaczyna iść po okręgu w kierunku zgodnym z ruchem wskazówek zegara (w kierunku deosil, wymawianym jako „dże-sel"), trzymając palec wskazujący dominującej dłoni skierowany do dołu. Przejdzie tak trzy razy dookoła, mówiąc:

Zaklinam cię, o wielki kręgu mocy,
byś stał się moją granicą
między światem ludzi a królestwem potężnych duchów –
miejscem, gdzie spotykają się: idealna miłość, zaufanie, pokój i radość,
zawierającym moc, jaką w tobie wywołam.
Wzywam anioły wschodu, południa, zachodu i północy,
by wspierały mnie w tym wyświęceniu.
W imię Boga i Bogini
zaklinam cię,
wielki kręgu mocy!

Następnie Autumn stuka dłonią w podłogę (lub delikatnie uderza, by nikogo nie obudzić), mówiąc:

Krąg jest przypieczętowany.

Czas na przyzywanie stron świata. Zaczynając od północy, Autumn wezwie tę stronę świata, po czym przejdzie do następnych zgodnie z ruchem wskazówek zegara. Czarownice znają różne formy przyzywania stron świata, więc dziewczyna ma całą gamę opcji do wyboru, ale chce, by jej rytuał był prosty – w końcu musi zaraz szykować się do szkoły. Z pochyloną głową, rękoma założonymi na klatce piersiowej i nogami rozstawionymi na szerokość bioder, Autumn zaczyna swe wezwanie kierunku północnego. Wymawiając następujące słowa, powoli podnosi głowę i otwiera ramiona:

Anioły północy,
wesprzyjcie mnie dziś w moim rytuale, by pomóc mi w nauce.

To było dość proste, prawda? Autumn będzie teraz przechodzić do każdego z głównych kierunków świata, wypowiadając te same słowa, ze wskazaniem na to, że na początku będzie wzywać anioły powietrza w części wschodniej, potem anioły ognia – w południowej, a następnie anioły wody – w zachodniej.

Kiedy skończy, wróci do środka kręgu i, trzymając ręce wyciągnięte ku górze nad głową, powie:

Boże i Bogini, wspaniały Duchu, obdarzcie mnie swą mądrością, pewnością siebie i jasnością myśli, jako że odprawiam ten rytuał, by uzyskać pomoc w nauce.

W tym momencie rytuału Autumn skupi się na właściwej jego części. Najpierw podniesie niezapaloną świecę, która symbolizować ma jej cel. Trzymając świecę mocno oburącz, zamknie oczy i poprosi Boga i Boginię:

Oczyśćcie, zregenerujcie i pobłogosławcie to narzędzie mego rytuału, ofiarowując mi pewność siebie i dobre oceny w szkole.

Dziewczyna wyobraża sobie teraz białe światło otaczające niezapaloną świecę. Następnie, wciąż z zamkniętymi oczami, Autumn myśli o intencji swego rytuału – nabywaniu pewności siebie i otrzymywaniu dobrych ocen w szkole. Tworzy w myślach obraz sukcesu i przechowuje go w swoim umyśle jak najdłużej. Kiedy obraz wymknie się z jej myśli, dziewczyna wstawi świecę do świecznika, co zapewni bezpieczne jej użytkowanie. Następnie Autumn podniesie rysunek przedstawiający spełnienie swoich próśb, zamknie oczy, po czym poprosi Boga i Boginię:

Oczyśćcie, zregenerujcie i uświęćcie ten rysunek sukcesu.

Wyobraża sobie, że białe światło otacza jej rysunek – tak jak wcześniej wyobrażała je sobie wokół białej świecy. Kiedy obraz rozmywa się w jej umyśle, Autumn otwiera oczy i umieszcza rysunek nad świecznikiem. Im częściej odprawia podobne rytuały, tym dłużej jest w stanie utrzymać w wyobraźni obraz swego sukcesu. Autumn zdaje sobie z tego sprawę, więc nie przejmuje się tym, jak długo powinna wizualizować realizację celu w głowie. Długość trwania takiego wyobrażenia będzie się naturalnie zwiększać w miarę nabywania doświadczenia.

Czynności, jakie Autumn do tej pory wykonała – od wybrania odpowiedniego dnia, fazy Księżyca, tego, co zechce powiedzieć, koloru świecy itd. – wniosły do jej rytuału pozytywną energię. Chociaż całe przedsięwzięcie może zająć jej tylko dziesięć minut, to wcześniej włożyła dużo czasu i energii w obmyślanie planu rytuału. Teraz nadszedł czas na tę jego część, w której Autumn przywoła energię, by przedstawić swe pragnienie wszechświatowi.

Podobnie jak w przypadku nakreślania kręgu i przyzywania żywiołów, istnieje bardzo wiele procedur przywoływania energii. Czarownice nazywają te sposoby ścieżkami mocy. Są to między innymi:

- medytacja,
- inwokacja,
- modlitwa,
- szept, śpiew, jednostajne powtarzanie lub wyśpiewywanie,
- trans i projekcja astralna,
- zioła, olejki i kadzidło,
- ruch lub taniec,
- rytuał.

Czarownice często stosują w danym rytuale lub operacji magicznej więcej niż jedną ścieżkę mocy. Na przykład Autumn wybrała już wcześniej olejek i swoje ulubione kadzidełko. Wezwała Boga i Boginię, prosząc ich o wsparcie w przeprowadzeniu rytuału. Skoro zdecydowała się na przystąpienie do niego wcześnie rano i nie chciała obudzić domowników, znaczna część jej rytuału wypowiedziana została szeptem. To zdumiewające, że magia odprawiana szeptem też może mieć wielką moc!

Chociaż Autumn do tej pory wykorzystała trzy z powyższych ścieżek, nie dotarła jeszcze do głównej części rytuału: przywoływania energii. Zgromadziła energię, ale jej nie „przywołała". Teraz dziewczyna musi wybrać ścieżkę, jaka posłuży jej w tej końcowej fazie. Bębny, taniec czy grzechotki zdecydowanie nie wchodzą w grę – są za głośne. Nie może też wybrać medytacji, ponieważ nie ma zbyt wiele czasu, co wyklucza także trans i projekcję astralną. By zakończyć magiczne aspekty swego rytuału, Autumn wybiera jednostajne powtarzanie, modlitwę i ruch. Dziewczyna podnosi swój rysunek i zaczyna chodzić dookoła kręgu w kierunku zgodnym z ruchem wskazówek zegara, łagodnie mrucząc słowa:

Ona zmienia wszystko, czego dotknie;
wszystko zmienia się pod wpływem jej dotyku.

Powtarzając powyższe słowa, porusza się coraz szybciej, podejmując rytm swej pieśni. Kiedy czuje, że należy skończyć, wsuwa rysunek pod świecznik, jej dłonie zaś wędrują nad świecę. Dziewczyna wyobraża sobie swój sukces. Potem mówi:

Kiedy zapalam tę świecę, dzieje się moja wola!

Autumn zapala świecę (robi to za pomocą zapalniczki, gdyż siarka z zapałek wniosłaby do jej rytuału negatywną energię), po czym staje stopami skierowanymi na zewnątrz i ramionami rozłożonymi tak, by wewnętrzne części dłoni skierowane były ku górze (tzw. pozycja Bogini), i wyobraża sobie, że jej cel wiruje wokół niej. Dostrzega zlewającą się nad świecą energię aniołów opiekujących się żywiołami. Powoli podnosi ramiona, widząc oczyma wyobraźni, jak stworzona przez nią energia wolno unosi się do góry. Kiedy Autumn poczuje, że jest gotowa, wzniesie ramiona nad głowę i „wypuści" (tak jakby wypuszczała z rąk sznurek balonika wypełnionego helem) energię, którą zgromadziła. Kiedy to uczyni, powie:

Święta Matko, weź tę energię, którą wzniosłam ku wszechświatowi,
i pozwól, by spełniła się moja prośba.
Pobłogosław i chroń mnie w mej podróży przez życie.
Niechaj moja magia nie zwraca się przeciwko mnie
ani niech nie ciąży nade mną żadna klątwa,
a wszystkie astrologiczne odpowiedniki niech będą przychylne temu rytuałowi.
Bez niczyjej szkody
niechaj tak się stanie!

Autumn wyobraża sobie, że Bogini bierze jej energię i wysyła ją ku wszechświatowi, a następnie uśmiecha się i przesyła dziewczynie swe błogosławieństwo.

Dlaczego Autumn powiedziała: „Niechaj moja magia nie zwraca się przeciwko mnie ani niech nie ciąży nade mną żadna klątwa"? Nie zrobiła przecież nic złego, dlaczego więc miałaby martwić się o to, że magia zwróci się przeciwko niej? Z dwóch powodów: magia (energia) zawsze podąża ścieżką najmniejszego oporu, a jesteśmy przecież tylko ludźmi i niekiedy bezwiednie popełniamy błędy. Dlatego też wypowiadamy to krótkie zdanie, sformułowane po raz pierwszy przez Sybil Leek, znaną brytyjską czarownicę. Autumn prosi: „wszystkie astrologiczne odpowiedniki niech będą przychylne temu rytuałowi", gdyż chce, by niewidzialny wszechświat zgrał się z jej pragnieniami, nie przeciwko nim. Na koniec dziewczyna mówi: „bez niczyjej szkody", ponieważ nie chce, by jej magia skrzywdziła kogokolwiek, nawet przez pomyłkę.

Autumn bierze głęboki wdech i opuszcza ramiona. Zamyka oczy i wyobraża sobie, że jest dużym drzewem z korzeniami sięgającymi głęboko, czerpiącymi siłę i spokój od Matki Ziemi. Czarownice nazywają ten proces uziemieniem. Teraz Autumn odnajduje w sobie wielki spokój. Czarownice uzyskują ten stan poprzez koncentrowanie się na spokoju, płynącym z okolic pępka. Procedura ta nazywana jest ześrodkowaniem. Każda operacja magiczna lub rytuał kończą się uziemieniem i ześrodkowaniem. Gdyby Autumn miała więcej czasu, przeprowadziłaby projekcję magicznych snów na jawie (podczas tego rytuału ułożyłaby w wyobraźni film na temat swoich postępów w realizacji zamierzonego celu), ale teraz śpieszy się do szkoły, więc musi odłożyć to na wieczór, na chwile przed snem.

Teraz Autumn kieruje się do środka kręgu i dziękuje Bogu i Bogini za ich uczestnictwo w rytuale. Następnie kieruje się na zachód, rozkłada ramiona i zamyka tę część kręgu słowami:

Anioły zachodu, żywiole wody,
dziękuję za wasz udział w rytuale.
Jeśli musicie, odejdźcie lub jeśli taka wasza wola, zostańcie ze mną.
Witam was i żegnam.

Wypowiadając powyższe słowa, Autumn krzyżuje ramiona na swej klatce piersiowej i pochyla głowę.

Z zachodniej części kręgu kieruje się ku południowej, mówiąc:

Anioły południa, żywiole ognia,
dziękuję za wasz udział w rytuale.
Jeśli musicie, odejdźcie lub zostańcie ze mną, jeśli taka wasza wola.
Witam was i żegnam.

W części wschodniej:

Anioły wschodu, żywiole powietrza,
dziękuję za wasz udział w rytuale.
Jeśli musicie, odejdźcie lub jeśli taka wasza wola, zostańcie ze mną.
Witam was i żegnam.

Część północna:

Anioły północy, żywiole ziemi,
dziękuję za wasz udział w rytuale.
Jeśli musicie, odejdźcie lub jeśli taka wasza wola, zostańcie ze mną.
Witam was i żegnam.

Autumn wie, że kiedy przyzywa się żywioł z danego kierunku (w tym przypadku odbywało się to zgodnie z ruchem wskazówek zegara, zaczynając od północy i kierując się na wschód, potem na południe, a na koniec na zachód), należy zamknąć je w odwrotnym kierunku (Autumn szła w kierunku odwrotnym do ruchu wskazówek zegara, zaczynając – zgodnie z wymogami – na zachodzie i kierując się ku części południowej, dalej wschodniej, na północy kończąc). Pamiętaj, że część północna była pierwszą, jaką Autumn przyzywała, musi więc być ostatnią, którą uwolni.

Po uwolnieniu żywiołów Autumn musi już tylko usunąć krąg. Czarownice nigdy, przenigdy nie zostawiają kręgu ani otwartego żywiołu bez nadzoru. Kiedy zaczynasz jakąś magiczną operację, zawsze musisz przeprowadzić tę procedurę.

Skoro Autumn przyzywała żywioły w kierunku odwrotnym do ruchu wskazówek zegara, musi teraz w podobny sposób usunąć krąg. Nakreślała go ruchem zgodnym ze wskazówkami zegara, więc uwolni krąg w kierunku odwrotnym. Czarownice posługują się różnorodnymi metodami, by wykonać tę czynność. W opisywanym przypadku Autumn wyciąga swą dominującą dłoń, zaczynając od północnej części kręgu, i posuwa się w kierunku przeciwnym do ruchu wskazówek zegara, wyobrażając sobie, że krąg jest wsysany do jej palców oraz głowy. Kiedy dochodzi z powrotem do części północnej, może przelać energię kręgu na świecę, swój ołtarz lub ku Matce Ziemi. Następnie stuka w podłogę (lub według „cichej" wersji – delikatnie uderza) i mówi:

Krąg ten jest otwarty, lecz nie został przerwany.
Jesteśmy ludźmi, jesteśmy mocą,
jesteśmy zmianą!
Niechaj tak się stanie!

I proszę bardzo! Autumn właśnie zakończyła rytuał, mający pomóc jej w osiągnięciu większej pewności siebie oraz wezwaniu energii do nauki. Dziewczyna nie chce, by świeca była zapalona, kiedy nie będzie jej w domu, więc gasi ją (nie dmuchając, lecz używając zagaszacza – jeśli zdmuchujesz płomień świecy, ulatuje też magia). Jutro rano znów może zapalić tę świecę (bez magicznego kręgu czy odprawiania rytuału) i po prostu wyobrazić sobie swój sukces. Kiedy obraz umknie z jej umysłu, będzie mogła zgasić świecę. Autumn może powtarzać tę procedurę przez nieparzystą liczbę dni (3, 7, 9 czy 11 – gdyż nieparzyste liczby są istotne z magicznego punktu widzenia). Włoży resztę świecy do plecaka, by zabrać ją ze sobą do szkoły, bądź też poczeka, aż świeca się wypali, i „wszystko" (mówimy tak w żargonie mieszkańców Pensylwanii, będących potomkami osadników o niemieckich i szwajcarskich korzeniach, kiedy chcemy powiedzieć: „już nic nie zostało").

Każdego wieczora, przed zaśnięciem, Autumn będzie kontynuować sny na jawie o swoim sukcesie. Jeżeli zaczną jej się wkradać do głowy negatywne myśli, szybko zastąpi je kluczowymi słowami, takimi jak „sukces", „zwycięstwo" czy czymś w tym rodzaju. Możesz nawet wybrać jakieś niepoważne słowa kluczowe, jeśli masz ochotę i będą ci się one kojarzyć z twoim przedsięwzięciem. Autumn będzie kontynuowała magiczne sny na jawie, aż osiągnie to, czego pragnie. Czy musi wyobrażać sobie swój sukces codziennie? Cóż, to na pewno by pomogło, ale przecież Autumn jest tylko człowiekiem i z pewnością raz czy dwa zdarzy jej się zapomnieć. Nie zaszkodzi to jednak jej magii.

Niektóre czarownice twierdzą, że należy przeprowadzić magiczny rytuał, a potem o nim zapomnieć. W pewnym sensie mają rację. Nie należy po odprawieniu operacji magicznej zamartwiać się, czy nasze starania przyniosą spodziewane efekty, czy też nie; postaraj się raczej skupić wyłącznie na pozytywnym myśleniu w tej kwestii. Jeżeli zaczniesz myśleć negatywnie, zaprzepaścisz swe szanse na sukces.

Autumn nie opowie dzieciom w szkole o rytuale, jaki odprawiła tego ranka. Czarownice stosują się do zasady: „wiedzieć, odważyć się, pragnąć i zachować milczenie". „Wiedzieć" oznacza, że Autumn chce nauczyć się jak najwięcej o sobie i otaczającym ją świecie, zarówno o rzeczach widzialnych, jak i tych niewidzialnych. „Odważyć się" implikuje, że dziewczyna ma odwagę podjąć działania zmierzające do osiągnięcia sukcesu. „Pragnąć" wyraża to, że Autumn „nastroiła" swój umysł na odpowiedni kierunek, by wskazywał określony cel. „Zachować milczenie" oznacza zaś, że nasza młoda czarownica rozumie, iż wielu ludzi boi się magii lub nie wierzy w jej działanie. Jeśli się z niej naśmiewają, ich negatywne reakcje mogą zniweczyć starania.

Widzisz więc ogólną zasadę, jaką Autumn stosuje w swoich pragnieniach. Chodzi o to, by bez pośpiechu zastanowić się, czego tak naprawdę oczekujemy: przyjaźni, dobrobytu, uzdrowienia czy czegoś innego... Pamiętaj jednak o jednej świętej zasadzie czarownic: *nigdy, przenigdy nie proś o coś, co należy już do kogoś innego (w sensie odebrania komuś jego własności) i nigdy, nigdy, nigdy, przenigdy nie wykonuj rytuału, który pozostawałby w sprzeczności z czyjąś wolną wolą. Oznacza to, że rytuały miłosne skierowane na konkretną osobę NIE WCHODZĄ W GRĘ* (czarownice uznają tylko jedno odstępstwo od tej reguły: są to rytuały uzdrawiające w intencji konkretnych ludzi).

Autumn wykonała swój rytuał z myślą o sobie, a gdyby chciała wykonać go w intencji kogoś innego? Czarownice mają tu koleją zasadę: nigdy nie praktykuj magii w intencji kogoś, kto nie wyraził na to zgody. Oznacza to, że nawet jeśli najlepsza przyjaciółka Autumn wpadnie w tarapaty, dziewczyna nie może uciec się do zastosowania magii bez zapytania o zgodę poszkodowanej koleżanki. Autumn ma jednak następujące czynności do wyboru:

Modlić się. Czarownice modlą się, i to dużo. Autumn mogłaby pójść w miejsce, gdzie stoi jej ołtarz, zapalić świecę i poprosić Ducha, by pomógł przyjaciółce w sposób najbardziej odpowiedni w odniesieniu do jej potrzeb.

Kochać. Czarownice naprawdę są w stanie wysyłać do ludzi energię czystej miłości. Autumn mogłaby wyobrazić sobie, że jej przyjaciółkę otacza kochająca energia Ducha.

Oferować wsparcie. Bycie czarownicą nie oznacza, że skupiamy się jedynie na magii i rytuałach. Musimy używać też innych talentów, takich jak umiejętność słuchania, gdy nasi przyjaciele lub członkowie rodziny potrzebują się przed kimś „wygadać".

Zastanowić się nad „normalnymi" sposobami pomocy naszym przyjaciołom. Powiedzmy, że twoja koleżanka chce pójść na studniówkę, ale nie stać ją na sukienkę. Za jej zgodą możesz zastosować magię, by pomóc tej dziewczynie w zdobyciu ładnej sukienki i jednocześnie poprosić innych znajomych o pomoc (może czyjaś siostra posiada sukienkę, która pasowałaby na twoją koleżankę?).

Porozmawiać ze swoim Aniołem Stróżem. Nigdy nie myśl, że nie powinniśmy prosić naszego Anioła Stróża o pomoc dla siebie, komuś z naszej rodziny lub przyjacielowi. Aniołowie Stróże zawsze pragną nam pomóc, wystarczy ich tylko o to poprosić. Pamiętaj jednak, że twój anioł nie może pomóc, jeśli go najpierw nie poprosisz. Taka jest zasada.

* * *

No proszę! Właśnie opisałam, jak odprawiać magię, prawda? Z całą pewnością! Możesz stosować ten ogólny zarys rytuału do wszystkich swoich magicznych aplikacji, kiedy będziesz zagłębiać się w wiedzę na temat sztuki, nauki i religii, zwanej czarostwem. W następnym rozdziale dowiesz się więcej o magii i rzucaniu zaklęć. Zaczęłam od opisania podstawowego rytuału, by łatwiej było ci zrozumieć, że czarostwo nie polega na rzucaniu zaklęć i używaniu mocy – czarostwo oznacza doświadczenie religijne i wszystkie czarownice zajmujące się magią włączają do niej Ducha.

Twoi przyjaciele, magia i rytuały

Kiedy będziesz zgłębiać tajniki czarostwa, staraj się nie ulegać namowom swoich znajomych, którzy oczekują, że będziesz odprawiać magię w ich intencji. Spójrzmy prawdzie w oczy – dopiero uczysz się czegoś nowego, więc to zrozumiałe, że możesz popełniać błędy. Rytuały i magia eksplodują w twojej głowie. Wyjaśnię to w dalszej części książki, ale wierz mi, że kiedy przyjaciele proszą o użycie magii w ich sprawach, najlepiej jest poradzić im, by sami się nią zajęli. Magia działa najlepiej, gdy skupiamy się na czymś, czego sami pragniemy. Jeżeli Karol chce mieć nowe radio samochodowe, nie ma to nic wspólnego z pragnieniami, jakie ty czujesz w głębi swego serca, prawda? No jasne, że nie. Karol musi przeprowadzić swój własny rodzaj operacji magicznej, by zdobyć to radio. Przyjaciele mogą prosić cię o zastosowanie magii w ich imieniu, ponieważ sami wątpią w to, że magia jest prawdziwa. A jeśli nie wierzą, wnoszą tym samym negatywną energię do tego, co możesz dla nich zrobić. O wiele lepiej jest po prostu dać im tę książkę, poprosić o jej przeczytanie, a potem – jeśli zaakceptują informacje w niej zawarte – poradzić, by samodzielnie odprawili operację magiczną. Tak postępują doświadczone czarownice.

Aha, i jeszcze jedno. Na świadectwie Autumn znalazły się same piątki i dwie czwórki. Podniosła swoje wyniki z algebry z 66 procent na 89! Nieźle. Całkiem nieźle. Najwyraźniej Autumn nie poprzestała na wykonaniu rytuału i magicznych snach na jawie. Odrabiała też wszystkie prace domowe, oddawała je nauczycielowi w wyznaczonym terminie i uczyła się do klasówek. Czarownica czerpie mądrość, wykorzystując wszystkie swoje talenty.

Rytuał esbatu

Nieźle nam poszło z przyswojeniem ogólnego przebiegu rytuału, przejdźmy więc do opisu esbatu. Wiele elementów uznasz za znajome, gdyż zostały one opisane wcześniej jako kolejne kroki rytuału ogólnego. Pamiętaj, by nie przejmować się, jeśli nie rozumiesz któregoś z tych etapów. Wyjaśnię dokładnie te kwestie w dalszej części książki.

1. **POŚWIĘCENIE OŁTARZA.** Krok ten składa się z oczyszczenia i poświęcenia w imię Boga i Bogini dowolnych przedmiotów znajdujących się na ołtarzu. Następnie energie są symbolicznie łączone i błogosławione, tworząc punkt skupienia mocy. Jest to czynność zarówno umysłowa, jak i fizyczna.

2. **STWORZENIE UŚWIĘCONEJ PRZESTRZENI.** Kolejno obnosimy symboliczne cztery żywioły (ziemię, powietrze, ogień i wodę) dookoła pomieszczenia (lub przestrzeni na wolnym powietrzu, w której odprawiamy nasz rytuał) w kierunku zgodnym z ruchem wskazówek zegara, by oczyścić miejsce swojej pracy. O błogosławieństwo zazwyczaj prosimy w myślach. Jest to czynność zarówno umysłowa, jak i fizyczna.

3. **NAKREŚLANIE KRĘGU.** Polega na zaznaczeniu krokami koła w marszu w kierunku zgodnym z ruchem wskazówek zegara (kierunku deosil), by stworzyć niewidzialny krąg energii, zamykający cię (lub grupę praktykujących osób) w energetycznej kuli. Prośba o błogosławieństwo (wypowiedziana

głośno lub w myślach) zazwyczaj wyrażana jest w formie rymu lub zdania. Jest to czynność zarówno umysłowa, jak i fizyczna. Uwaga: czarownice mogą stosować kilka rodzajów ruchów do nakreślania kręgu.

4. PRZYZYWANIE ŻYWIOŁÓW. Stajemy najpierw w północnej, potem we wschodniej, w południowej i zachodniej (w tej kolejności) części naszego kręgu i zapraszamy do niego energie poszczególnych żywiołów. Zazwyczaj głośno wyrażamy prośby o błogosławieństwo i wsparcie. Uwaga: każda samotnie praktykująca czarownica lub też każda grupa może stosować inne zależności między żywiołami a stronami świata. Jest to czynność zarówno umysłowa, jak i fizyczna.

5. SPROWADZENIE KSIĘŻYCA. Polega na przyjęciu energii Księżyca do swego ciała. Zazwyczaj jest to czynność fizyczna i cicha. Napisałam „cicha", ponieważ trudno jest skupić się na umysłowym i duchowym przyjęciu energii Księżyca podczas głośnego wypowiadania jakichś słów. Najczęściej czarownica odwraca się w kierunku okna (jeśli wykonuje ten rytuał w pomieszczeniu), skąd może widzieć Księżyc. Jego energia kojarzona jest z Boginią (chociaż w niektórych kulturach uważa się Księżyc za „pojazd" Boga, zaś Słońce – Bogini). Kiedy wzywasz energię Księżyca, przywołujesz tym samym energię Bogini, by fizycznie, mentalnie i duchowo stała się ona częścią ciebie. Podczas samotnej ceremonii (w czasie której obecna jest tylko jedna czarownica) osoba odprawiająca rytuał sprowadza Księżyc do swego wnętrza. W ceremoniach grupowych zwykle zajmuje się tym Wysoka Kapłanka, ale czynność ta może też być wykonana przez całą grupę.

6. WYKONANIE MAGICZNEJ CZYNNOŚCI. W tej części rytuału wykonuje się wszelkie czynności wstępne poprzedzające rzucanie zaklęć oraz rzuca się zaklęcia. W rytuale świątecznym w tym miejscu należy zainscenizować mit lub legendę. Jeśli planujemy zarówno przedstawienie, jak i magiczne czynności, zaczynamy od przedstawienia, a dopiero po nim przystępujemy do czynności magicznej.

7. **Gromadzenie energii.** Skupiamy swe myśli na naszym pragnieniu poprzez śpiewy, uderzanie w bęben, klaskanie, mruczenie, głębokie oddychanie itd. Technika skupiania się może być różna dla każdej osoby lub grupy. Uwaga:

niekiedy grupy mogą też gromadzić energię przed inwokacją. Ma to na celu wprowadzenie harmonii między uczestnikami rytuału.

8. MEDYTACJA. Po cichu skupiamy się na tym, jakie ten rytuał ma dla nas znaczenie lub co chcemy za jego pomocą osiągnąć. Tematy medytacyjne są osobistym wyborem każdej osoby (lub grupy) przeprowadzającej rytuał.

9. KOMUNIA. Jest to akt oddania czci bóstwu poprzez zjedzenie pobłogosławionego chleba i wypicie soku owocowego. Komunia pomaga też w uziemieniu po zgromadzeniu energii, gdyż chleb zawiera węglowodany – naturalny mechanizm uziemiający. Komunia tworzy atmosferę harmonii w grupie. Po ugryzieniu kawałka chleba, mówimy: „Obyś nigdy nie zaznał(-a) głodu" i przekazujemy chleb następnej osobie. Po upiciu kilku łyków soku mówimy: „Obyś nigdy nie zaznał(-a) pragnienia". Oba zdania uznawane są za błogosławieństwa pozytywnej obfitości udzielane następnej osobie. Komunia jest uroczystą częścią każdego esbatu lub sabatu.

10. PODZIĘKOWANIE BOGU I BOGINI. Jest to werbalne podziękowanie i prośba o błogosławieństwo. Większość wiccan nie prosi o wycofanie energii Boga czy Bogini, chyba że dany rytuał wymaga uwolnienia tych duchowych energii.

11. UWALNIANIE ŻYWIOŁÓW. Jest to uwalnianie (lub odsyłanie) energii żywiołów, które były przyzywane w punkcie 4. Życzenia i nakazy wypowiada się na głos. Jest to czynność umysłowa oraz fizyczna.

12. USUWANIE KRĘGU. W miejscu przeprowadzania rytuału poruszamy się po okręgu w kierunku przeciwnym do ruchu wskazówek zegara (widdershins, czyli w drugą stronę), by usunąć krąg nakreślony w punkcie 3. Jest to czynność umysłowa oraz fizyczna. Polecenia wypowiadamy na głos lub w myślach. Energia zgromadzona w kręgu jest następnie kierowana na ołtarz, magiczne narzędzia lub środek rzucania zaklęcia (taki jak na przykład świeca). Uwaga: uświęcona przestrzeń nie jest zazwyczaj usuwana.

13. UCZTA. Pomaga uziemić energię i ułatwia wprowadzenie stanu harmonii w grupie. Uczty są zazwyczaj przyjęciami, na które przynosimy własne jedzenie, nie zaś objadamy się produktami typu fast food. Jeżeli przeprowa-

dzamy esbat lub sabat przed kolacją, uczta staje się głównym posiłkiem dnia. Jeśli zaś odprawiamy esbat lub sabat późno w nocy, uczta uważana jest za dodatkowy posiłek. Uwaga: niektóre grupy wiccańskie urządzają ucztę przed usunięciem kręgu, by wprowadzić atmosferę harmonii w grupie. To rozwiązanie narzuca jednak naszej uczcie limit czasowy, w razie gdyby niektóre osoby zechciały wcześniej opuścić przyjęcie.

14. SPRZĄTANIE. Czarownice zachęcają wszystkich członków grupy do sprzątnięcia miejsca rytuału oraz urządzenia uczty, by wzmocnić poczucie harmonii w obrębie wspólnoty. Pomaga to także wpoić adeptom, że bałagan wprowadza negatywną energię, dlatego też należy go sprzątnąć.

Czy dostrzegasz różnice między esbatem a rytuałem ogólnym? Przede wszystkim w przypadku esbatu jest więcej elementów, prawda? Czarownica uwzględnia tu dodatkowo etap medytacji i komunii.

Co tak naprawdę robią wiedźmy podczas esbatu, skoro nie biegają nago wkoło, nie narkotyzują się, nie robią słodkich oczu do szatana ani nie rzucają złych czarów? Już myślałam, że nigdy nie zapytasz! Wiccańskie esbaty obejmują magiczne obrzędy, wynikające z wiary danej czarownicy w Ducha. Dotyczy to zarówno samotnych czarownic, jak i praktyk grupowych. Nigdy nie zdarza się, by dwa esbaty obchodzone były jednakowo, a możesz mi wierzyć – uczestniczyłam w setkach takich spotkań. Czarownice zazwyczaj przeprowadzają rytuał, by czcić Ducha, a także wykonać swą magiczną operację. Takie esbaty mogą skupiać się na różnorodnej tematyce, np. na uzdrawianiu, planowaniu ścieżki kariery, motywacyjnych aspektach czyjejś jaźni, kwestiach związków, ochronie własnej lub innych ludzi oraz osobistych osiągnięciach i sukcesach. Rytuały te mogą mieć otwartą lub zamkniętą formę. Otwarte oznaczają, że każdy może w nich wziąć udział; zamknięte – że tylko członkowie danej grupy mogą uczestniczyć w magicznych operacjach. Oczywiście, jeśli praktykujesz samotnie, twój esbat będzie miał formę zamkniętą. Niekiedy czarownice prowadzą otwarte kręgi uzdrawiające, do których każdy – bez względu na preferencje religijne – ma wstęp i na których może zostać poruszony każdy temat.

Dlaczego czarownice odprawiają zamknięte ceremonie? Czy oznacza to, że robią coś niedozwolonego i nie chcą, by ktokolwiek z zewnątrz się o tym dowiedział? Wybacz, że ściągam wodze twojej wyobraźni w tej kwestii, ale celem zamkniętego rytuału jest to, co czarownice nazywają **świadomością zbiorową***.

---

* Świadomość zbiorowa – ustanowienie stanu idealnej miłości oraz idealnego zaufania wśród grupy ludzi (przyp. aut.).

Na wykształcenie stabilnej świadomości zbiorowej w grupie (na to, by ludzie darzyli się sympatią i ufali sobie) potrzeba kilku miesięcy. Czarownice po inicjacji praktykują magię w atmosferze – jak to my mówimy – idealnej miłości i idealnego zaufania. Czarownice, które nie przeszły inicjacji, oraz ludzie, którzy nie uprawiają czarostwa na co dzień, pracują zaś w atmosferze idealnej miłości i idealnego spokoju. Pamiętasz, jak pisałam o tym, że czarownice nie wnoszą do kręgu gniewu, zazdrości i nienawiści? To dotyczy też naszego stanu idealnej miłości i idealnego zaufania. Jeżeli z jakiegokolwiek powodu jedna czarownica jest zła na inną, to albo nie może ona wejść do magicznego kręgu, albo też musi zapomnieć o niezgodzie, kiedy jest wewnątrz kręgu.

Jak już wspomniałam, pierwotnie czarownice odprawiały esbaty raz w miesiącu, podczas pełni Księżyca (czyli co 28 dni), aby wierni mogli celebrować to święto, gdy wpływ Księżyca na Ziemię był największy. Podczas pełni łączymy się z naszą Boginią, której niebiańska reprezentacja – jak napisałam wcześniej w historii stworzenia – staje się Księżycem. Z drugiej strony sabaty symbolizują ruch Słońca i cykl pór roku. Słońce więc jest naszym wyobrażeniem Boga. W prastarych tradycjach wiccańskich Słońce symbolizowało Boginię, zaś Księżyc – Boga. Tak czy inaczej te ciała niebieskie są bardzo istotne w naszym systemie wierzeń, gdyż uważamy je za manifestacje boskości, czyli Ducha. Podobnie jak wyznawcy innych religii, czarownice również wierzą, że wszystko pochodzi od Boga.

Podczas esbatu czarownice starają się uzyskać pomoc dla siebie i innych. Zazwyczaj stoimy w kręgu, nie zaś siedzimy na krzesłach czy ławach, jak w kościołach. Nasze ceremonie religijne są aktywne i każda osoba ma coś do zrobienia.

Podobnie jak w rytuale ogólnym, esbat poprzedzany jest kilkoma czynnościami, bez względu na to, czy czarownica praktykuje magię samotnie, czy w grupie. Najpierw decyduje, co będzie najważniejszym elementem jej esbatu. Może to być zgromadzenie energii Bogini, można też dodać do rytuału jakąś magiczną czynność. Jeśli osoba odprawiająca esbat postanowi uwzględnić to drugie, musi podjąć decyzję co do narzędzi magicznych, intencji i innych kwestii. O pewnej porze dnia, najlepiej jak najbliżej esbatu, czarownica weźmie rytualną kąpiel lub też kąpiel oczyszczającą. Ja wolę prysznic. Ta kąpiel lub prysznic będzie mieć na celu oczyszczenie ciała, umysłu i ducha. Wiele czarownic medytuje wokół Ducha podczas kąpieli.

Zanim esbat oficjalnie się zacznie, jedna czarownica, zazwyczaj lider grupy (lub, oczywiście, ty, jeśli praktykujesz samotnie), musi stworzyć uświęconą przestrzeń, poświęcić ołtarz i nakreślić magiczny krąg. W tej książce nie będziemy skupiać się na używaniu magicznych narzędzi, lecz na tym, czego używali nasi przodkowie – na dłoniach. Nie zamierzam zbytnio zagłębiać się w temat narzędzi stosowanych w czarostwie, gdyż nastolatki mają wystarczająco dużo problemów z nakłanianiem swojej rodziny do zaakceptowania ich nowej religii. Jeśli przyniesiesz do domu duży nóż (czyli athame – nasz specjalny nóż używany tylko do celów rytualnych) i powiesz mamie, że zamierzasz nakreślić krąg jego lśniącym ostrzem, ta niechybnie dostanie zawału. Poza tym większość czarownic, która osiągnęła biegłość w sztuce czarostwa, nie stosuje narzędzi, ponieważ ich nie potrzebuje. Nie oznacza to, że nasze narzędzia nie są uświęcone (jeśli już ich używamy). Dowiesz się o nich więcej w miarę zgłębiania wiedzy na temat naszej sztuki. Każde narzędzie ma specjalne znaczenie, istotne z punktu widzenia twojej przyszłej nauki.

Wróćmy do magicznego kręgu. Podczas swoich podróży odkryłam wiele sposobów jego nakreślania. Niekiedy czarownica chodzi dookoła pokoju lub wokół miejsca, przeznaczonego na odprawienie rytuału na dworze, trzy razy i wypowiada określone słowa, czasem też może obejść swą przestrzeń tylko raz. Dwie osoby mogą wspólnie nakreślić krąg. Można to nawet uczynić z pomocą swego Anioła Stróża. Magiczny krąg nie pozwala wniknąć negatywnej energii i utrzymuje naszą moc do czasu, gdy jesteśmy gotowi ją uwolnić.

ESBAT NASTOLETNICH WYZNAWCÓW

Załóżmy, że czwórka nastolatków – Annette, Julia, Tom i George – chce przeprowadzić esbat. Co muszą zrobić w pierwszej kolejności? Powinni uzgodnić między sobą to, co chcieliby osiągnąć poprzez rytuał esbatu. Czy chodzi im o uzdrowienie, dobrobyt, dobre relacje z innymi, a może o wszystkie te cele? A może chcą po prostu oddać cześć Bogini? Jeśli potrzebują jakichkolwiek akcesoriów, jedna osoba z tej grupy powinna być odpowiedzialna za zgromadzenie ich, zaś inna musi wiedzieć, gdzie są one przechowywane, na wypadek gdyby ta pierwsza nie zjawiła się w umówionym miejscu. Zasada wielkiego pentaklu: zawsze miej plan awaryjny w razie nieprzewidzianych zrządzeń losu. W naszym przypadku wszyscy zgodzili się przynieść potrzebne rzeczy do domu Annette we wtorek, chociaż rytuał miał odbyć się dopiero w piątkową noc. W ten sposób jednak wszystkie niezbędne przedmioty będą na miejscu i nikt nie będzie musiał w ostatniej chwili po nic biegać. George zgodził się przynieść świece do oświetlania ołtarza. Julia ma niepalny kocioł i świece herbaciane. Podczas tego esbatu świece żywiołów będą odpowiadały kolorem stronom świata: zielona – północy, żółta – wschodowi, czerwona – południu i niebieska – zachodowi. Tom zgodził się kupić takie świece w pobliskim sklepie. Następnie nasza czwórka przyjaciół potwierdza termin esbatu, godzinę i miejsce przeprowadzania rytuału, by upewnić się, że wszyscy są dokładnie poinformowani. Czasami Tom ma tendencję do wyłączania się, a potem się denerwuje, bo nie wie, co się dzieje. Annette powtarza Tomowi ich ustalenia, upewniając się, że tym razem chłopak zrozumiał wszystkie informacje.

Niestety, wkradło się małe nieporozumienie. Chociaż wszyscy w grupie zgodnie zdecydowali, że chcą oddać cześć Bogini i naładować się jej mocą, nie mogą dojść do porozumienia, jaki typ operacji magicznej najlepiej będzie przeprowadzić. By rozwiązać ten problem, Julia sugeruje, by zastosowali magię błagalną i kocioł ze świecą herbacianą w środku. W ten sposób każde z nich może wrzucić do niego własną prośbę. Fakt, iż prośby te będą się różnić, nie ma znaczenia. Świetny pomysł, Julio! Otrzymujesz dwa magiczne punkty!

Ostatnim punktem dyskusji jest JEDZENIE. No właśnie: jakie produkty spożywcze ma przynieść każda z osób na ucztę po esbacie? Dlaczego to takie istotne? Węglowodany mają właściwości uziemiające. Nasi nastolatkowie muszą też ustalić, kto przyniesie sok owocowy, a kto ciasto na komunię. Zgłasza się Annette, która pewnie czuje się w kuchni, postanowiła więc upiec ciasteczka w kształcie małych księżyców, które posypie cukrem pudrem. George zgodził się przynieść pizzę. Julia postara się o napoje gazowane, chipsy i sos typu dip, Tom zaś zadeklarował, że dostarczy zestaw odpowiednio dobranych warzyw i właściwy do nich dip. Może nawet uda mu się nakłonić mamę, by zrobiła ciasteczka brownies. Nikt nigdy nie przychodzi na esbat z pustymi rękoma, a ja – twoja nauczycielka od savoir vivre'u czarownic – muszę podkreślić, że wykręcanie się paczką chipsów podczas wielkiej uczty esbatu zaprowadzi cię donikąd. Nie należy też oszczędzać wtedy na jedzeniu – jest to niekulturalne wobec innych wyznawców, którzy włożyli dużo czasu i wysiłku w przygotowanie czegoś pysznego.

Nadchodzi noc esbatu i, na szczęście, wszyscy docierają na miejsce punktualnie. Nasza czwórka spotyka się w pomieszczeniu piwnicznym w domu Annette. Rodzina dziewczyny szanuje jej rytuały, więc grupa nie martwi się, że ktoś im będzie przeszkadzał. Annette poprzestawiała nieco meble, by środek tego dużego pomieszczenia był wolny od obiektów, o które można byłoby się potknąć czy uderzyć. W kącie umieściła okrągły stolik kawowy. Na jego blacie położyła duży, płaski kamień, by nic nie zapaliło się od jakiejś zbłąkanej iskry spadającej ze świecy lub z kotła.

Koledzy pomagają Annette wszystko rozstawić. George umieszcza świece żywiołów w odpowiednich miejscach pomieszczenia: zieloną po stronie północnej, żółtą po wschodniej, czerwoną po południowej i niebieską po zachodniej. Chłopak sprawdza, czy stosowane świeczniki są niepalne oraz czy stoją w bezpiecznych miejscach – tak, by nikt nie strącił ich podczas rytuału. Patrzy też, czy nic łatwopalnego nie wisi w pobliżu miejsc, gdzie będą palić się świece. Tom umieszcza jedzenie na ucztę na stoliku karcianym poza przestrzenią rytualną. Julia układa kawałki ciasta na srebrnej tacy obok srebrnego kielicha. Następnie postawi tacę pod ołtarzem, razem z butelką soku owocowego. Annette przygotowuje ołtarz, umieszcza na nim świece, które mają go oświetlać, miskę soli od północy, kadzidełko od wschodu, świecę reprezentującą ogień od południa i miskę z wodą od zachodu. Na środku ołtarza stawia kocioł. Julia kładzie po prawej stronie ołtarza olejek do namaszczania, a po lewej grupową Księgę Cieni zawierającą rytuał, który obmyśliła na ten wieczór. Tom wyciąga bębenki i grzechotki z drewnianego pudła stojącego w kącie piwnicy i kładzie je niedaleko ołtarza, jednak w takiej odległości, by nikt się nie potknął. Na koniec Annette odbiera od każdego z uczestników spotkania kartkę z jego prośbą. Pamiętaj, że wcześniej grupa nie mogła dojść do porozumienia co do intencji swoich poczynań, więc każda osoba zapisała swoją prośbę na oddzielnej kartce. Annette zbiera je teraz i umieszcza na ołtarzu.

W standardowym kowenie to **świątynny przyzywacz*** (zazwyczaj jest to mężczyzna, ale nie zawsze) lub **panna**** są odpowiedzialni za przygotowanie przestrzeni rytuału. W mniejszych grupach, takich jak w przypadku naszych nastoletnich przyjaciół, nie musimy nadawać nikomu tytułów. Najlepiej jest, jeśli wszyscy dzielą się obowiązkami.

Nasza czwórka może rozpocząć swój rytuał na dwa sposoby: jedna osoba stworzy uświęconą przestrzeń, nakreśli krąg, poświęci ołtarz i wyznaczy drzwi, przez które inni będą mogli wejść, lub też wszyscy wezmą udział we wspomnianych przygotowaniach do rytuału. Podczas tej ceremonii każdy otrzymał przydział obowiązków.

Najpierw Julia stworzy uświęconą przestrzeń. Potem wszyscy zajmą swoje miejsca wyznaczone na ten wieczór. Julia stanie po stronie północnej, Tom –

---

* Świątynny przyzywacz – mężczyzna będący prawą ręką w kowenie. Utalentowany człowiek, który asystuje Wysokiemu Kapłanowi lub Wysokiej Kapłance (przyp. aut.).

** Panna – kobieta będąca prawą ręką w kowenie. Utalentowana osoba, która asystuje Wysokiemu Kapłanowi lub Wysokiej Kapłance (przyp. aut.).

wschodniej, George – południowej, a Annette – zachodniej. Młodzi ludzie często zamieniają się pozycjami (ale nie podczas rytuału!), by wszyscy mieli szansę doświadczyć energii każdego żywiołu i nauczyć się panować nad tymi mocami.

Gdy Julia przygotowuje uświęconą przestrzeń (tak jak wcześniej Falynn), inni stoją w ciszy, kontemplując rytuał. Gdy dziewczyna skończy, Annette poświęci ołtarz (tak jak już wyjaśniałam).

Kiedy Annette kończy święcenie ołtarza, George robi krok do przodu i podnosi olejek do namaszczania. Poruszając się w kierunku zgodnym z ruchem wskazówek zegara, podchodzi do poszczególnych osób i umieszcza kroplę bezpiecznego dla skóry olejku (nigdy nie używaj olejku cynamonowego – szczypie w skórę!) na czole każdej z nich, mówiąc:

W imię Boga i Bogini,
oczyszczasz się i regenerujesz.
Niech uleci z ciebie wszelkie zło.
Błogosławieństwo Boga i Bogini niech zagości nad tobą i w tobie.
Niechaj tak się stanie!

Osoba, którą w ten sposób pobłogosławił, odpowiada:

Niechaj tak się stanie!

George zanosi olejek do namaszczania z powrotem na ołtarz i zajmuje swoje miejsce w kręgu. Teraz Annette nakreśli krąg, a Julia, Tom i George podejdą krok do przodu, by dziewczyna mogła swobodnie poruszać się po obwodzie ich rytualnej przestrzeni.

Annette staje na środku pomieszczenia, bierze głęboki oddech i uspokaja się, wchodząc w stan relaksu. Jeżeli będzie miała z tym problem, może wyobrazić sobie, że jest drzewem z korzeniami sięgającymi w głąb Matki Ziemi. Następnie Annette podnosi wzrok, uśmiecha się, bierze kolejny głęboki wdech i zaczyna iść po okręgu w kierunku zgodnym z ruchem wskazówek zegara (deosil), z palcem wskazującym dłoni dominującej skierowanym w dół. Dziewczyna musi przejść tak trzy razy dookoła, mówiąc:

Zaklinam cię, o wielki kręgu mocy,
byś stanowił moją granicę

między światem ludzi a królestwem potężnych duchów –
miejscem, gdzie spotykają się: idealna miłość, zaufanie, pokój i radość,
miejscem zawierającym moc, jaką w tobie wywołam.
Wzywam anioły wschodu, południa, zachodu i północy,
by wspierały mnie w tym wyświęceniu.
W imię Boga i Bogini
zaklinam cię,
o wielki kręgu mocy!

Następnie Annette uderza w podłogę, mówiąc:

Krąg jest przypieczętowany.

Jeżeli Julia, Tom i George przeszli do innego pomieszczenia na czas nakreślania kręgu, Annette wykona teraz dłońmi ruch otwierający krąg (jakby rozsuwała zasłony), by inni mogli do niego wejść. Czarownice nazywają tę czynność wyznaczaniem drzwi. Nie musisz wycinać drzwi, jeśli praktykujesz samotnie lub jeśli – tak jak w opisywanym rytuale – Annette nakreśli krąg wokół zgromadzonych przyjaciół. Jeśli ktoś przekroczy linię kręgu bez wycięcia drzwi, moc kręgu się zmniejszy. Im więcej razy ktoś tak postąpi, tym słabszy będzie krąg. Od tej reguły są dwa wyjątki: dzieci oraz zwierzęta mogą swobodnie wchodzić do kręgu i z niego wychodzić, gdyż Duch darzy te istoty szczególną miłością. Każdy, kto wejdzie do kręgu, powinien poruszać się w nim w kierunku zgodnym z ruchem wskazówek zegara, gdyż w przeciwnym razie także spowoduje zmniejszenie mocy nagromadzonej w nim energii. Czarownice nazywają poruszanie się w kierunku przeciwnym do wskazówek zegara w obrębie magicznego kręgu „widdershins". Dlatego też podczas dzisiejszego rytuału za każdym razem, gdy ktoś poruszy się wewnątrz kręgu, będzie musiał iść zgodnie z ruchem wskazówek zegara – nigdy do tyłu i do przodu ani też w kierunku przeciwnym.

Gdyby Annette musiała wycinać drzwi i wpuszczać przez nie pozostałe osoby, każdą z nich witałaby uśmiechem, a następnie olejkiem do namaszczania bezpiecznym dla skóry malowałaby każdemu na czole gwiazdę, wypowiadając słowa, które wcześniej mówił George. Dodałaby tylko zdanie: „Witam cię w kręgu". Po wpuszczeniu ostatniej osoby, Annette zasunęłaby niewidzialną zasłonę.

Podobnie jak w rytuale podstawowym, który opisałam wcześniej, w tradycyjnym esbacie Wysoka Kapłanka lub inni członkowie kowenu przyzywają żywioły.

Oznacza to, że uczestnicy za pomocą słów i gestów otwierają drogę, przez którą wybrane przez nich energie mają przeniknąć do kręgu, by pomóc w danej operacji magicznej lub ją ochronić. Energie te powiązane są z poszczególnymi żywiołami. W niniejszej książce zajmiemy się tylko aniołami i ich żywiołami. Wiedz jednak, że czarownice mogą też przyzywać dewy, zwierzęta mocy i inne formy pozytywnych energii.

W naszym kręgu nastoletnich wyznawców każda osoba przyzywa jeden żywioł. Nigdy nie należy jednak wydawać żadnych rozkazów wzywanym energiom. W obrębie kręgu zawsze stosujemy się do zasad dobrego wychowania, czy to wobec siebie, czy bóstwa, czy też względem energii, do których zwracamy się o pomoc. Można powiedzieć, że czarownica niegrzeczna jest czarownicą niedojrzałą.

Julia stoi po stronie północnej, dlatego też to ona zacznie przyzywanie żywiołów. George, Annette i Tom stoją w swoich częściach kręgu, ale na tę chwilę odwracają się w kierunku północnym. Julia zwrócona jest plecami do środka kręgu, twarzą zaś do jego zewnętrznej granicy. Dziewczyna krzyżuje ręce na piersi, bierze głęboki wdech, uspokaja się i wycisza, po czym mówi:

Witajcie duchy północy, moce ziemi.
Bądźcie tu z nami dzisiaj.

Julia powoli rozwiera ramiona, jakby rozsuwała zasłony, po czym kontynuuje:

Wnieście swą siłę, dobrobyt i stabilność do naszego kręgu.
Prosimy, bądźcie świadkami tego rytuału i chrońcie naszą uświęconą przestrzeń.
Niechaj tak się stanie!

Annette, George i Tom wtórują:

Niechaj tak się stanie!

Teraz Tom, stojący po stronie wschodniej, odwraca się twarzą do zewnętrznych granic kręgu, tak jak wcześniej zrobiła to Julia. Pozostali odwracają się w jego stronę. Wykonując te same co Julia ruchy rąk, Tom mówi:

Witajcie duchy wschodu, żywiole powietrza.
Podarujcie nam swój intelekt, swą mądrość i pozytywne myśli.

Prosimy, bądźcie świadkami tego rytuału i chrońcie naszą uświęconą przestrzeń.
Niechaj tak się stanie!

Julia, Annette i George powtarzają:

Niechaj tak się stanie!

Annette znajduje się w części południowej, więc teraz jej kolej. Staje plecami do środka kręgu, inni zaś odwracają się ku jej ćwiartce. Powtarzając ruchy swych poprzedników, mówi:

Witajcie duchy południa, żywiole ognia.
Podarujcie nam swą odwagę, pasję i kreatywność.
Prosimy, bądźcie świadkami tego rytuału i chrońcie naszą uświęconą przestrzeń.
Niechaj tak się stanie!

Pozostali powtarzają:

Niechaj tak się stanie!

George, ostatni uczestnik rytuału, odwraca się w kierunku zachodnim, zaś Julia, Tom i Annette zwracają się przodem w stronę jego części kręgu. George wypowiada następujące słowa:

Witajcie duchy zachodu, żywiole wody.
Podarujcie nam swą umiejętność przeistaczania się, miłość oraz radość.
Prosimy, bądźcie świadkami tego rytuału i chrońcie naszą uświęconą przestrzeń.
Niechaj tak się stanie!

Pozostali powtarzają:

Niechaj tak się stanie!

Czarownice mają wiele sposobów przyzywania żywiołów. Powyżej opisałam tylko jeden przykład, by pokazać ci, jak należy to robić. Pamiętaj, że każda osoba podczas przyzywania danego żywiołu niejako się nim staje. Jeśli przyzywasz wodę, poczuj ją, zobacz ją w swoim umyśle i ciesz się istotą przeobrażania się, radością i miłością, które wzywasz. Jeżeli przyzywasz ogień, *bądź* tym ogniem. Bądź pasją, bądź kreatywnością, bądź siłą. Chociaż pokazałam ci, jak wygląda rytuał przeprowadzany przez cztery osoby, wiele czarownic – w tym ja! – często praktykuje samotnie. Nakreślamy krąg, chodzimy wokół niego w kierunku zgodnym z ruchem wskazówek zegara i samodzielnie przyzywamy wszystkie żywioły.

Co teraz? Niekiedy czarownice mruczą lub śpiewają pieśń, w celu stworzenia świadomości grupowej. Mruczenie, śpiew lub uderzanie w bębny powodują, że każda osoba synchronizuje się z innymi (jeśli praktykujesz samotnie, zestrajasz się ze swoją wyższą świadomością). Skoro to jest esbat, grupa decyduje się intonować słowa: „Księżycu, Księżycu, Matko – Księżycu, Matko, Matko, Księżycu, Księżycu". Zaczynają ściszonym tonem, potem powtarzają coraz głośniej, aż poczują, że moc została zgromadzona.

No dobrze, ale co dalej? Zazwyczaj ktoś wzywa w tym momencie Boga i Boginię do kręgu. Niech to będą Annette i Tom. W czarostwie praktyka ta nazywana jest **inwokacją***. Zapraszamy wtedy Boga i Boginię, by towarzyszyli nam podczas ceremonii. Oczywiście, tak jak mamy wiele sposobów nakreślania kręgu czy przyzywania żywiołów, tak podczas wzywania Ducha możemy skorzystać z jednej z wielu procedur.

Jeśli praktykujemy samotnie, należy rozłożyć ramiona, stanąć w lekkim rozkroku, stopami skierowanymi na zewnątrz i poprosić Boga i Boginię o wstąpienie do kręgu. Czarownice nazywają taką postawę pozycją Bogini. Kiedy poczujemy się pewni w kwestii przyzywania energii Ducha, możemy przyzywać Boga lub Boginię do naszego wnętrza. Skoro w opisywanym rytuale mamy czwórkę nastolatków, Annette i Tom razem wezwą Boga oraz Boginię. Annette kładzie prawą dłoń na sercu Toma, zaś on umieszcza swoją prawą dłoń na sercu dziewczyny. Annette swą lewą dłonią przykrywa prawą dłoń Toma (która spoczywa na jej sercu). Tom postępuje podobnie, przykrywając swą lewą dłonią prawą dłoń Annette, spoczywającą na jego klatce piersiowej. Brzmi zawile? Ale w rzeczywistości to proste. Annette i Tom proszą teraz razem Boga i Boginię o wstąpienie do ich kręgu. Jeśli czują się pewnie w odprawianiu tego rytuału, mogą poprosić Boga i Boginię o wstąpienie w ich ciała.

Jeśli Annette lub Tom poprosili Boga i Boginię o wejście do ich kręgu, wszyscy w nim zgromadzeni mogą odwrócić się teraz twarzą do Księżyca (jeśli odprawiamy rytuał w budynku, zwracamy się w kierunku Księżyca), wznieść ramiona i poprosić Boginię o napełnienie ich jej kochającą energią. Jeżeli Annette

---

* Inwokacja – proces zapraszania Boga i Bogini do wstąpienia do kręgu i dołączenia do odbywającego się rytuału (przyp. aut.).

i Tom przyzywali Boginię i Boga do swego wnętrza (każde z nich przyzywało aspekt Ducha odpowiadający jego płci), należy postąpić w sposób następujący: najpierw Annette podchodzi do każdej osoby i, stojąc do niej przodem, umieszcza dłonie (wewnętrzną stroną do dołu) nad ich głowami. Potem opuszcza dłonie na wysokość ich ramion, nie dotykając ich. W ten sposób obdarza każdego uczestnika ceremonii błogosławieństwem i energią żeńskiej natury Ducha, czyli Bogini. Kiedy kończy wykonywać te czynności wobec ostatniej osoby w kręgu, Tom robi to samo, udzielając błogosławieństwa męskiej części Ducha, czyli Boga. Czarownice nazywają tę procedurę „sprowadzaniem Księżyca" lub „wzywaniem Ducha". Można też sprowadzić Księżyc za pomocą narzędzi wiccańskich, takich jak różdżka, lub też przedmiotów, które nie są typowe dla wiccan. Podczas jednego z najcudowniejszych esbatów, jakie kiedykolwiek przeprowadzałam, każda osoba sprowadzała Księżyc przy pomocy róży o długiej łodydze.

Teraz zaczyna się właściwa część esbatu. Jesteśmy w połowie rytuału. Co robimy teraz? Jeśli sprawdzimy nasze wytyczne, zauważymy, że następnym etapem będzie wykonanie magicznej czynności. Jeżeli obchodzimy ten esbat samotnie, w tym momencie możemy wykonywać talizmany, amulety, odprawiać magię węzłów, magię ziół itd. Grupy odprawiające ten rytuał także mogą zdecydować się na powyższe czynności. Trzeba tylko pamiętać, że wraz ze wzrostem liczby osób w grupie wydłuża się czas ceremonii. Na przykład, jeśli każdy uczestnik wypowie kilka słów ku czci Ducha lub w ramach prośby o coś, potem zapali świecę i umieści ją w kotle z piaskiem – będzie potrzebował mniej więcej dwóch lub trzech minut na te czynności. Jeżeli grupa składa się z czterech osób, tak jak w naszym przypadku, ta część rytuału zajmie około 8 – 12 minut. Przy większych grupach liczących – powiedzmy – 15 osób, proces ten zajmie jakieś 30 – 45 minut. Ojej, to naprawdę dużo czasu! Przeprowadzając rytuał w dużych grupach, najlepiej jest stosować jak najprostsze rozwiązania, gdyż w przeciwnym razie może on zająć całą noc. W mniej licznych grupach mamy większe pole do popisu w kwestii magicznych czynności. Jeśli praktykujesz samotnie, zawsze masz do dyspozycji mnóstwo czasu. Z tego powodu większość czarownic stosuje bardziej zaawansowaną magię podczas esbatów, kiedy mogą pracować w pojedynkę.

Dzisiejszego wieczora nasi nastoletni przyjaciele umieścili kartki z wypisanymi prośbami na ołtarzu. Każde z nich podchodzi do ołtarza i wybiera swoją kartkę (pamiętając o tym, że w obrębie kręgu poruszamy się zgodnie z ruchem wskazówek zegara), po czym wraca na swoje miejsce. Każda osoba w myślach tworzy obraz siebie w chwili realizacji swojej prośby.

Annette robi krok do przodu, staje twarzą do ołtarza i mówi:

Istnieje jedna moc, którą stanowią Bóg i Bogini.
Niniejszym wzywam szczodre energie wszechświata,
by przyniosły nam wsparcie w realizacji naszych próśb.
Nasze życie wypełnia dostatek,
zaś nasze pragnienia są spełniane.

Czas zgromadzić energię w celu zajęcia się tymi prośbami. Jak w przypadku wszystkich części wiccańskich rytuałów, mamy do wyboru wiele sposobów na wykonanie tego zadania. Już wcześniej wspomniałam o niektórych praktykach: śpiewaniu, uderzaniu w bębny, tańcu, medytacji, mruczeniu itd. Annette pochodzi z wiccańskiej rodziny, więc grupa może pozwolić sobie na robienie hałasu. Każda osoba robi krok do przodu i wybiera sobie bębenek lub grzechotkę, a następnie wrzuca karteczkę ze swoją prośbą do kotła. Wszyscy wracają na swoje miejsca i czekają, aż Annette zacznie nadawać rytm. Nastoletni wyznawcy mogą bębnić i potrząsać grzechotką tak długo, jak zechcą. Kiedy nasza grupa zaczęła w ten sposób odprawiać ten rytuał, nie hałasowali zbyt długo, gdyż nie byli jeszcze przyzwyczajeni do instrumentów. Teraz jednak są w tym coraz lepsi, mogą więc uderzać w bębenki przez pół godziny, zmieniając przy tym rytm. Zazwyczaj osoba prowadząca zaczyna powoli, by potem stopniowo przyspieszać tempo uderzeń. Nasza grupa koncentruje się na rozsyłaniu energii wokół pomieszczenia w kierunku zgodnym z ruchem wskazówek zegara, każda z osób stara się jak najczęściej wyobrażać sobie, że jego lub jej prośba zostaje spełniona. Pamiętaj, że podczas gromadzenia energii wyznawcy mogą wykazać się nieograniczoną pomysłowością. Tamtego wieczora wybór padł na bębenki, ale następnym razem grupa może wybrać inne narzędzie. Kiedy hałas ustaje, Annette robi krok do przodu i pali kartki z prośbami, mówiąc:

Papier się spali,
lecz sens słów zostawi.
Ogień bierze, ogień daje,
niech to, co zapisane, naszym losem się stanie.
Ognisty ptaku, wzleć do nieba,
przynieś nam spełnienie tego, czego nam potrzeba.

Niechaj tak się stanie!*

Grupa wtóruje:

Niechaj tak się stanie!

Annette mówi:

Niech to zaklęcie nie zwraca się przeciwko nam
ani nie ciąży nad nami żadna klątwa,
a wszystkie astrologiczne odpowiedniki
niech będą przychylne temu rytuałowi
i nikomu nie szkodzą.
Niechaj tak się stanie!

Grupa powtarza:

Niechaj tak się stanie!

Na tym etapie wszyscy się śmieją i doskonale bawią. Widzisz, gromadzenie energii w kręgu często znajduje ujście poprzez śmiech, co już samo w sobie jest magiczne! Śmiech sprawia, że pozytywna energia przepływa szybciej i niweczy działanie wszelkich negatywnych form energii w pomieszczeniu. By wszystkie energie w obrębie kręgu były bardziej zrównoważone, nasza grupa może przeznaczyć 10 minut na ćwiczenia głębokiego oddychania lub medytację nad swoim sukcesem.

Po medytacji nasi przyjaciele przygotowują się do komunii. Ten proces w każdym kościele przebiega uroczyście, więc także komunia w kręgu wiccańskim polega na oddaniu czci Bogu i Bogini. W większych kręgach przyzywacz świątynny przygotowuje ciasto, zaś panna przynosi kielich i sok jabłkowy. W odpowiednim momencie wręczą przedmioty potrzebne do komunii Wysokiemu Kapłanowi lub Wysokiej Kapłance. W mniejszym kręgu nie ma potrzeby stosować tych wszystkich formalności.

Annette i Tom przywołali Boga i Boginię do kręgu, więc to oni będą głównymi celebrantami podczas komunii. Tom podnosi kielich, klęka na jedno kolano

* Tekst autorstwa Jacka Veaseya (przyp. aut.) – tłumaczenie własne z jęz. angielskiego (przyp. tłum.).

i podaje go Annette. Ta z kolei unosi dłonie, skierowane wewnętrzną stroną do dołu, nad kielich i mówi:

Z Księżyca na ziemię,
z ziemi do korzeni,
z korzeni do winorośli,
z winorośli do owoców,
z owoców do soku –
niech Bóg i Bogini pobłogosławią i uświęcą
zawartość tego kielicha.
Niechaj tak się stanie!

Grupa powtarza:

Niechaj tak się stanie!

Trzymając dłonie w tym samym miejscu, co wcześniej, Annette wyobraża sobie białe światło, które roztacza się wokół kielicha oraz przez niego przenika.

Tom wstaje, zaś dziewczyna wlewa zawartość kielicha do plastikowych kubeczków. Podaje każdemu kubeczek ze słowami:

Obyś nigdy nie zaznał(-a) pragnienia.

Osoba, która otrzymuje do rąk kubeczek, odpowiada tymi samymi słowami:

Obyś nigdy nie zaznała pragnienia.

Annette wraca do ołtarza i bierze tacę z ciastem. Klęka na jedno kolano przed Tomem. Ten unosi dłonie nad tacą i mówi:

Ze Słońca na ziemię,
z ziemi do korzeni,
z korzeni do łodygi,
z łodygi do ziaren,
z ziaren do tego ciasta –
niech Bóg i Bogini pobłogosławią i uświęcą

pożywienie na tej tacy.
Niechaj tak się stanie!

Grupa odpowiada:

Niechaj tak się stanie!

Tom, wciąż trzymając dłonie nad tacą, wyobraża sobie białe światło otaczające słodycze i wlewające się do ich wnętrza. Annette wstaje, Tom zaś częstuje zgromadzonych ciastem, mówiąc:

Obyś nigdy nie zaznał(-a) głodu.

Na co każda poczęstowana osoba odpowiada:

Obyś nigdy nie zaznał głodu.

Tom wraca do ołtarza i odkłada tacę.

Rytuał ma się ku końcowi i niedługo rozpocznie się uczta. Annette i Tom dziękują teraz Bogu i Bogini własnymi słowami, potem powoli podnoszą ręce do góry, by uwolnić boskie energie, które wcześniej wzywali. Jeśli zechcą, mogą chwycić się za ręce i razem powoli je podnosić, by dopełnić tę część ceremonii.

Nastolatki zajmują teraz swoje miejsca w kręgu. George, który stoi w części zachodniej, jako pierwszy uwolni swój żywioł, gdyż wcześniej na zachodzie zakończyło się przyzywanie żywiołów. Odwraca się twarzą do zewnętrznej granicy kręgu i rozkłada ramiona. Inni zwracają się w kierunku zachodnim. George powoli składa ramiona na swej klatce piersiowej, mówiąc:

Duchy zachodu, żywiole wody,
dziękuję za wasz udział w dzisiejszym rytuale.
Jeśli musicie, odejdźcie lub zostańcie ze mną, jeśli taka wasza wola.
Witam was i żegnam!

Grupa odpowiada:

Witamy was i żegnamy!

Teraz Julia staje twarzą w stronę południa, pozostali zaś zwracają się w kierunku dziewczyny. Julia powoli składa otwarte ramiona, wypowiadając przy tym słowa:

Duchy południa, żywiole ognia,
dziękuję za wasz udział w dzisiejszym rytuale.
Jeśli musicie, odejdźcie lub zostańcie ze mną, jeśli taka wasza wola.
Witam was i żegnam!

Grupa odpowiada:

Witamy was i żegnamy!

Tom staje twarzą w kierunku wschodnim z otwartymi ramionami. Powoli składa je na swej klatce piersiowej, mówiąc:

Duchy wschodu, żywiole powietrza,
dziękuję za wasz udział w dzisiejszym rytuale.
Witam was i żegnam!

Grupa odpowiada:

Witamy was i żegnamy!

Na koniec Annette, skierowana ku północy, staje z otwartymi ramionami. Składa je powoli, mówiąc:

Duchy północy, żywiole ziemi,
dziękuję za wasz udział w dzisiejszym rytuale.
Witam was i żegnam!

Grupa odpowiada:

Witamy was i żegnamy!

Annette robi krok do przodu. Skoro to ona nakreśliła krąg, musi go teraz usunąć. Obchodzi więc go dookoła w kierunku przeciwnym do ruchu wskazówek zegara, trzymając palec wskazujący swej dominującej ręki skierowany w dół i wyobrażając sobie energię zbierającą się w jej dłoni. Kiedy Annette kończy tę czynność, umieszcza zgromadzoną energię na ołtarzu w jakimś narzędziu magicznym lub w ziemi. Następnie uderza dłonią o podłogę bądź też tupie nogą i mówi:

Krąg ten jest otwarty, lecz nie został przerwany.

Grupa odpowiada:

Jesteśmy ludźmi, jesteśmy mocą, jesteśmy zmianą!
W radości spotkanie, w radości pożegnanie, aż znów w radości nastąpi spotkanie!
Niechaj tak się stanie!

Ze śmiechem i wesołą rozmową grupa przystępuje do uczty.

Niektóre rytuały, o których przeczytasz w różnych książkach, są o wiele ściślej zaplanowane niż ten powyższy. Tu jednak uczysz się dopiero podstaw oraz schematu rytuału, który potem możesz rozwijać, dając upust swej pomysłowości. W niektórych tradycjach wiccańskich tak się nie dzieje, gdyż grupowe esbaty oraz sabaty mają ściśle określone schematy, wymagające nieraz zapamiętywania długich fragmentów tekstu oraz przestrzegania surowych zasad.

Rytuał sabatu

W przypadku sabatu schemat rytuału wygląda mniej więcej tak:

1. Przygotowanie uświęconej przestrzeni.
2. Poświęcenie ołtarza.
3. Nakreślenie kręgu.
4. Wezwanie żywiołów.
5. Sprowadzenie Księżyca lub wezwanie Boga i Bogini.
6. Rytuał odegrania danego święta.
7. Wykonanie czynności magicznej (święto ognia).
8. Taniec w kręgu lub gromadzenie mocy.
9. Komunia.
10. Podziękowanie Duchowi za uczestnictwo w rytuale.

11. Uwalnianie żywiołów.
12. Usuwanie kręgu.
13. Uczta.
14. Sprzątanie.

Zauważ, że między rytuałami sabatu i esbatu istnieją pewne różnice. Po pierwsze, magiczna czynność (jeśli taką przewidzieliśmy) podczas sabatu następuje po odegraniu święta. Po drugie, czarownice zazwyczaj wykonują czynności medytacyjne jedynie podczas rytuałów ogólnych i esbatów. Poza tym wiele elementów sabatu, wymagających aktywności całej grupy, nie zawsze ma miejsce w nocy. Sabaty wiążą się z energią słoneczną, więc wiele grup obchodzi je w ciągu dnia, zwłaszcza podczas ciepłych miesięcy, gdy seminaria, bębnienie i pikniki zajmują nieraz cały dzień. Niekiedy takie spotkania zaczynają się rytuałem sabatu, a czasem rytuał ten odprawia się na koniec.

Kiedy tworzysz rytuał sabatu lub esbatu, pozwól dojść do głosu swoim emocjom. Wsłuchaj się w nie uważnie. Rytuał powinien wyrażać ciebie, wraz ze wszystkimi niuansami twojej osobowości oraz wiary w Ducha. Jeśli mówimy o walce między umierającym Królem Dębowym a zwycięskim Królem Ostrokrzewu, możemy pozwolić sobie na to, by tłumione emocje, stworzone przez nasze lęki, samopoświęcenie i gniew, znalazły ujście w słowach i zostały zwyciężone przez inne emocje: towarzyszące naszym zwycięstwom i osiąganiu celów. Jeżeli mówimy o miłości Bogini, jej szczodrości i umiłowaniu życia, możemy wnieść do naszego rytuału emocje związane z pragnieniem poczucia spełnienia w miłości oraz naszą miłością do innych. Najlepiej obmyślony i przeprowadzony rytuał to ten własnego autorstwa, nie zaś znaleziony w jakiejś książce. Tak, istnieje wiele publikacji zawierających pogańskie i wiccańskie rytuały. Przez jakiś czas sama korzystałam z ich pomocy. Niemniej jednak sugeruję, by traktować opisane w nich ceremonie jedynie jako wskazówki, by nauczyć się samodzielnego układania rytuałów i zrozumieć różne przekazy teologii wiccańskiej. Rytuał powinien wyrażać ciebie. Właśnie to czyni go wyjątkowym. Nie ma „nieprawidłowego" sposobu układania rytuałów, jeżeli tylko obrzędy te nie przyniosą nikomu krzywdy i będą skupiać się na afirmacji i celebracji życia.

Rytuał spontaniczny

Ten typ rytuału nie posiada żadnego narzuconego schematu. Możesz więc puścić wodze fantazji. Rytuał spontaniczny jest darem, jaki składasz Duchowi. Ceremonia ta zazwyczaj wymaga nakreślenia magicznego kręgu i przyzwania żywiołów. I od tego momentu dalsza część rytuału zależy wyłącznie od ciebie, jednak pod warunkiem że masz czyste intencje i prosisz o błogosławieństwo Ducha. Przykład: Michelle, bardzo utalentowana i obiecująca artystka, lubi nakreślać magiczny krąg, przyzywać żywioły, a następnie odprawiać magię w intencji swych projektów. Nie ma w tym absolutnie nic złego. Kiedy jest zmęczona, po prostu uwalnia żywioły i usuwa krąg.

Krąg magiczny może z tobą podróżować. Donny, świetny fotograf, błogosławi i napełnia mocą swój aparat oraz kliszę na ołtarzu, zanim wyjedzie na sesję zdjęciową. Nakreśla także wokół siebie mentalny krąg magiczny, będąc już na miejscu. Prosi wtedy Ducha, by pomógł mu zrobić jak najlepsze zdjęcia.

Kerri, która jest czirliderką, modli się na swym ołtarzu przed każdym meczem lub zawodami, prosząc Ducha, by pomógł jej dać z siebie wszystko. Podczas meczu dziewczyna nakreśla wokół siebie i swego zespołu mentalny krąg, by dał im siłę, ochronę i świetny występ, ponieważ Bogini przemawia: „Wszelkie akty miłości i przyjemności są moimi rytuałami". Kerri zaś uwielbia występować i dedykuje swe dary Matce.

Większość czarownic rzuca zaklęcia podczas rytuałów ogólnych, esbatów lub właśnie rytuałów spontanicznych. Tak naprawdę nie ma znaczenia, który z tych rytualnych schematów wybierzesz, pod warunkiem że czujesz się z nim pewnie.

Listy od nastoletnich wyznawców związane z zagadnieniem rytuałów

W tej części rozdziału przedstawię kilka pytań i wątpliwości, jakie przez wiele lat mojej praktyki mieli nastoletni wyznawcy. Wszystkie dotyczą kwestii związanych z rytuałami.

1. Boję się przeprowadzać rytuały, bo wydaje mi się, że mogę wywołać coś, czego nie powinnam. Co robić?

Nie da się wyczarować nic, czego się nie wzywało. Na pewno żaden demon nie wyłoni się z ciemności. Nie będzie żadnych unoszących się w powietrzu naczyń, wirujących zabawek czy latających mebli, czekających aż sprowadzisz je na ziemię. Żadne uderzenia, stukanie czy odbijający się echem śmiech nie dojdą do twoich uszu i nie wystraszą twego psa. Wszystkie te efekty można zobaczyć tylko w filmach. Nigdy zaś nie będą miały miejsca w twoich rytuałach. By zyskać pewność, że nie będziesz miała czego się bać, przyzywaj tylko to, co znasz i rozumiesz. Na przykład załóżmy, że wpadła ci w ręce książka o rytuałach, w której znajdujesz jednak niezrozumiały dla ciebie bełkot. Nie wiesz, jak odczytać zapisane tam imiona, i nie rozumiesz, jakiego rodzaju energie może przywołać zawarta w tej książce inwokacja. W takim wypadku jej nie stosuj. Nigdy nie posługuj się materiałem, którego do końca nie rozumiesz. Jeżeli jesteś osobą nerwową, zawsze odprawiaj rytuały w obecności swego Anioła Stróża, zapraszając go głośno przed ich rozpoczęciem.

2. Przeczytałam już wiele książek na temat magii, ale nigdy nie próbowałam jej praktykować. Bardzo chciałabym zostać czarownicą, ale nie wiem, od czego zacząć.

Ułóż rytuał podstawowy i go wykonaj. Czarostwo jest jak jazda na rowerze. Kiedy uczysz się jeździć, na początku chwiejesz się i przewracasz, ale jak to zwykle bywa – z czasem nabierasz doświadczenia i idzie ci coraz lepiej. Musisz zdobyć się na odwagę, by zacząć coś nowego. Z czarostwem jest tak samo. Czas i nauka tej dziedziny będą dla ciebie testem, który pomoże podjąć decyzję, czy czarostwo jest dla ciebie.

3. Mam problemy z utrzymaniem w myślach danego obrazu przez jakiś czas, czasami zaś miewam też problemy z wyobrażeniem sobie czegoś.

Nie narzucaj sobie szybkiego tempa. Nie spiesz się. W ramach ćwiczenia popatrz na jakiś obrazek z czasopisma, potem zamknij oczy i postaraj się odtworzyć go w wyobraźni. Nie martw się, jeżeli nie będziesz w stanie utrzymać go w swojej głowie zbyt długo. Pamiętaj, że praktyka czyni mistrza. Czynność ta, zwana wizualizacją, wymaga wielu ćwiczeń.

4. Nie zabieram się jeszcze za przeprowadzanie rytuałów, bo obawiam się, że mogę to zrobić nieprawidłowo. Czuję, że potrzebuję nauczyciela, że książki nie są w stanie mi pomóc.

Jeśli czujesz, że potrzebny ci nauczyciel, nie rozumiesz założeń czarostwa. Najbardziej doświadczeni wyznawcy nie podejmą się nauczania innych, chyba że potencjalni uczniowie mają za sobą przynajmniej kilka lat nauki o czarostwie. Przyjęcie kogoś nowego i wprowadzenie go w tajniki naszej wiary wymaga od nauczyciela poświęcenia znacznej ilości czasu i energii.

Większość wiccańskich nauczycieli nie chce uczyć kogoś przez kilka miesięcy, by odkryć potem, że uczeń stracił zainteresowanie czarostwem, gdyż wymaga ono zbyt wiele pracy. Główne założenie filozofii czarostwa zmusza do tego, by wyznawcy stawali na własnych nogach. W czarostwie wierzymy, że kiedy ktoś jest duchowo gotowy na nauczyciela, wszechświat ześle takiego, który będzie najbardziej danej osobie odpowiadał.

5. Chcę wstąpić do kowenu. Czy może mi Pani podać informacje, kto w mojej okolicy mógłby uczyć mnie czy też przyjąć do swego kowenu?

W związku z prawem opiekuńczym, 95% dorosłych wyznawców czarostwa nie podejmie się nauczania osób nieletnich, chyba że będą to dzieci z magicznych domów. Twoi rodzice, czy ci się to podoba, czy nie, mają coś do powiedzenia w kwestii tego, z jakimi dorosłymi osobami utrzymujesz kontakty oraz w jakie czynności się angażujesz. Jeżeli twoi rodzice nie rozumieją czarostwa lub nie podoba im się, że chcesz je zgłębiać, mają zdolność prawną, by cię powstrzymać. To dotyczy wszystkich sfer twego życia. Jeśli mama nie chce, by jej dziecko grało w koszykówkę, nie może ono dołączyć do profesjonalnej, sponsorowanej drużyny bez jej zgody.

Większość czarownic uważa także, że jeśli nie pochodzisz z magicznego domu, już jako dorosła osoba potrzebujesz czasu, by poznać otaczający cię świat i znaleźć w nim rodzaj duchowości, jaka najbardziej do ciebie przemawia. Nawet jeśli masz więcej niż osiemnaście lat, może być tak, że nie od razu spotkasz się z akceptacją w kowenie.

6. Wraz ze znajomymi chcemy założyć kowen. Jak się do tego zabrać?

Nie polecam formowania jakiegokolwiek zarządu kowenu wśród osób nieletnich. Krąg przyjaciół praktykujących magię i odprawiających rytuały – owszem, czemu nie. Uważam jednak, że działanie kowenu z prawdziwego zdarzenia wymaga obecności doświadczonej osoby dorosłej. Każdy kowen powinien mieć nestora – kogoś, kto posiada duże doświadczenie w praktykowaniu magii i rytuałów, kto rozumie mechanizmy relacji międzyludzkich i ma za sobą jakąś formę szkolenia, związanego z pracą w grupie i doradztwem. Nikt – bez względu na to, czy jest to osoba dorosła, czy nieletnia – nie może stać się Wysokim Kapłanem lub Wysoką Kapłanką z dnia na dzień, ani przeczytać książki o magii i nagle postanowić, że jest to rola, jaką chce odgrywać w swoim życiu. Większość znanych mi wyznawców samodzielnie studiuje czarostwo przez wiele lat oraz przechodzi szkolenie w grupie, zanim zacznie ubiegać się o założenie kowenu. Wszyscy wiemy, że młodzi ludzie w okresie nastoletnim bywają zmienni. Moim zdaniem zamykanie siebie i znajomych w schemacie kowenu nie jest najlepszym pomysłem.

7. **Rodzic(-e) nie pozwala(-ją) mi odprawić rytuału. Jak mam praktykować czarostwo, skoro nie mogę przeprowadzać rytuałów?**

Możesz się za to modlić. Możesz przeprowadzać rytuały w swojej głowie (w wyobraźni). Możesz medytować. Jest trudniej, jeśli ktoś nie pozwala ci używać dzwoneczków czy gwizdków, ale jest to możliwe.

Ceremonia poszukiwania

Bez względu na to, jaką wyznajesz religię, możesz ułożyć i przeprowadzić rytuał uwzględniający ceremonię poszukiwania swojej wiary. Chociaż napisałam tę książkę z myślą o młodych adeptach czarostwa, każdy może poświęcić swą energię na zapoznanie się z nową religią. Nie musisz od razu zestrajać się z Bogiem i Boginią, by praktykować w ramach czarostwa. Możesz zechcieć popracować najpierw z różnymi jego aspektami na przykład przez rok, a nawet dłużej, zanim zdecydujesz się podjąć jakiekolwiek dalsze kroki. Nikt nie może mówić ci, kiedy musisz przeprowadzić ten typ ceremonii oddania. Decyzja ta należy tylko i wyłącznie do ciebie. W mojej książce pt. *To Ride a Silver Broomstick* (która jest następnym, po niniejszej publikacji, krokiem w procesie uczenia się czarostwa) znajdziesz opis rytuału oddania. Tymczasem ułożyłam rytuał poszukiwania dla nastoletnich wyznawców, mający pomóc ci w poszukiwaniu duchowego oświecenia.

Rytuał poszukiwania dla nastoletnich wyznawców

CZAS: kiedy tylko poczujesz się do tego gotowy. Może chcesz wybrać określony dzień, na przykład swoje urodziny, jakieś wiccańskie święto (Beltaine będzie odpowiednie) czy też inny termin istotny dla ciebie z tego czy innego powodu. Niektóre nastolatki wolą poczekać do pełni Księżyca, nowiu lub niedzieli. Termin nie ma tak naprawdę znaczenia. Ważna jest za to twoja decyzja o przeprowadzeniu rytuału poszukiwania.

MIEJSCE: gdzie zechcesz. Niektórzy wybierają plażę, las, ulubioną fontannę itp. Możesz też zostać na własnym podwórku lub przeprowadzić rytuał w swoim pokoju.

NARZĘDZIA: będzie to w znacznej mierze zależało od tego, czy twoi rodzice wyrażą zgodę na odprawienie tego rytuału. Tak naprawdę nie potrzebujesz żadnych specjalnych narzędzi, by powiedzieć Duchowi, iż czujesz gotowość do wkroczenia na ścieżkę duchowego oświecenia, ale ludzie lubią stosować różne przedmioty, mające symbolizować ważne momenty ich życia. Możesz postawić na swym ołtarzu niewielki kociołek i włożyć do niego świecę herbacianą bądź też jakiś szczególny rodzaj kadzidełka. Wybór rekwizytów należy tylko do ciebie. Możesz też kupić sobie niewielki symbol tej ceremonii – naszyjnik, bransoletkę lub jakiś inny mały przedmiot, który będziesz nosić w kieszeni.

CO MÓWIĆ, CO ROBIĆ: to również zależy tylko do ciebie. Chociaż opisuję tu ogólne wytyczne rytuału, radzę wypowiadać dowolne słowa płynące prosto z serca – to najlepszy sposób rozmowy z Duchem, bez względu na to, czy wybierzesz rytuał poszukiwania, czy też rytuał uzdrawiający w intencji przyjaciela.

DZIEŃ CEREMONII: zbierz wszystkie swoje rekwizyty, takie jak: kadzidełko, ubranie, które chcesz mieć na sobie, wybrany przez siebie symbol rytuału, wszelkie przedmioty, jakie zamierzasz ułożyć w poszczególnych częściach kręgu lub na ołtarzu itd., umieść wszystko na ołtarzu i poproś o błogosławieństwo żywiołów. Możesz odłożyć kadzidełko do części wschodniej, czerwoną świecę do południowej, wodę święconą – do zachodniej i odrobinę soli – do północnej, mówiąc:

Oczyszczam i poświęcam te przedmioty
w przygotowaniu do ceremonii poszukiwania.
Niech nie zamieszkuje w nich zło ani negatywna energia.
Niech błogosławieństwo Boga i Bogini (lub Ducha)
spłynie na ten ołtarz i te przedmioty.
Niechaj tak się stanie!

Jeżeli zamierzasz przetransportować swoje rekwizyty w inne miejsce, zapakuj je ostrożnie w koszyk piknikowy, worek marynarski, plecak itp. Weź też coś do jedzenia i jakiś napój na komunię, ale uważaj, żeby nic się po drodze nie wylało.

RYTUAŁ: przygotuj miejsce rytuału oraz ołtarz. Jeżeli zamierzasz odprawiać swój rytuał pod gołym niebem, nie zapomnij obejść wybranego miejsca i poprosić zamieszkujące je wróżki oraz dewów o przyjęcie cię i ochronę podczas rytuału. Pamiętaj, że ołtarz może być tymczasowy. Kiedy poczujesz, że nadszedł odpowiedni moment, poświęć ołtarz, a następnie nakreśl krąg, mówiąc przy tym:

Zaklinam cię, o wielki kręgu mocy,
byś stanowił moją granicę
między światem ludzi a królestwem potężnych duchów –
miejscem, gdzie spotykają się: idealna miłość, zaufanie, pokój i radość.
Wzywam żywioły wschodu, południa, zachodu i północy,
by wspierały mnie w tym wyświęceniu i pomogły mi
zgromadzić i utrzymać energię wewnątrz kręgu.
W imię Boga i Bogini
zaklinam cię,
wielki kręgu mocy!

Pamiętaj, że możesz nakreślić krąg, obchodząc trzy razy wybraną przestrzeń w kierunku zgodnym z ruchem wskazówek zegara i recytując powyższe słowa, lub też obchodząc dane miejsce tylko raz.

Następnie uderz w ziemię i powiedz:

Krąg jest przypieczętowany.

Przejdź do północnej ćwierci kręgu i powiedz:

Strażnicy północy, żywiole ziemi,
witam was na mojej ceremonii poszukiwania.
Anioły ziemi, podarujcie swą siłę i stabilność temu rytuałowi,
obdarzcie mnie swymi szczególnymi mocami.
Przybądźcie, by towarzyszyć mi w tak podniosłym wydarzeniu.

Przejdź do wschodniej ćwierci kręgu i powiedz:

Strażnicy wschodu, żywiole powietrza,
witam was na mojej ceremonii poszukiwania.
Anioły powietrza, podarujcie swą mądrość i intelekt temu rytuałowi,
obdarzcie mnie swymi szczególnymi mocami.
Przybądźcie, by towarzyszyć mi w tak podniosłym wydarzeniu.

Przejdź do południowej ćwierci kręgu i powiedz:

Strażnicy południa, żywiole ognia,
witam was na mojej ceremonii poszukiwania.
Anioły ognia, podarujcie swą pasję i kreatywność temu rytuałowi,
obdarzcie mnie swymi szczególnymi mocami.
Przybądźcie, by towarzyszyć mi w tak podniosłym wydarzeniu.

Przejdź do zachodniej ćwierci kręgu i powiedz:

Strażnicy zachodu, żywiole wody,
witam was na mojej ceremonii poszukiwania.
Anioły wody, podarujcie swą zdolność przeistaczania się i miłość temu rytuałowi,
obdarzcie mnie swymi szczególnymi mocami.
Przybądźcie, by towarzyszyć mi w tak podniosłym wydarzeniu.

Na koniec stań na środku kręgu i powiedz:

Święta Matko, Boski Ojcze,
Zapraszam was do tego kręgu nakreślonego z okazji mego rytuału poszukiwania.
Przybądźcie do mnie i pobłogosławcie mnie w tym podniosłym wydarzeniu.
Proszę, obdarzcie mnie swymi szczególnymi mocami.
Przychodzę do was dzisiaj (dzisiejszego wieczoru), by ogłosić
moje zainteresowanie Mocami Mądrego Człowieka.

Teraz uklęknij, połóż obie dłonie na swym ołtarzu i powiedz:

Ja, (imię i nazwisko), uroczyście przysięgam na pochodzenie mej matki
i wszystko, co uznaję za święte,
że będę czcić i szanować Ducha
oraz braci i siostry w Mocach Mądrego Człowieka.
Dołożę wszelkich starań, by służyć Duchowi w każdy możliwy sposób
oraz postaram się zgłębić wiedzę o wszystkich aspektach Sztuki.
Nie użyję tej wiedzy do wyrządzania krzywdy
ani nie będę pobierać opłat pieniężnych, materialnych lub w postaci usług
za modlitwę lub odprawianie magii w intencji innych ludzi,
poza uczciwą wymianą energii. Kiedy nauczę się dość wiele,
być może zapragnę poświęcić się Bogu i Bogini,

bądź też odejdę i wybiorę inną ścieżkę duchową.
Postaram się zawsze postępować w harmonii ze sobą i z innymi.
Okażę szacunek innym religiom tak, jak szanuję własną.
Duch niech będzie świadkiem mej przysięgi.
Dzisiejszego dnia, (podaj datę), przyzywam swą moc.
Niechaj tak się stanie.

Wstań i zapal świecę herbacianą w swoim kociołku. Weź symboliczny przedmiot, zakupiony lub znaleziony na tę okazję, i wznieś go nad ołtarz, mówiąc:

Pobłogosławcie ten symbol mojej wiary,
o Boże, o Bogini.

Zanieś ten przedmiot do każdej ćwiartki kręgu, za każdym razem prosząc energię danego żywiołu o pobłogosławienie go i naenergetyzowanie. Następnie wróć do ołtarza, ponownie wznieś symboliczny przedmiot i powiedz:

Ten przedmiot symbolizuje moje dzisiejsze świadectwo.
Będę nosić go ku czci Boga i Bogini.
Niechaj tak się stanie.

Zakładając tę rzecz na siebie, powiedz:

W tym momencie odradza się moje ciało, mój umysł i duch!
Niechaj tak się stanie!

Teraz przypieczętuj swą ceremonię osobistą komunią. Wznieś dłonie nad napój, mówiąc:

Z Księżyca na ziemię,
z ziemi do winorośli,
z winorośli do owoców,
z owoców do soku,
poświęcam ten napój w imię Boga i Bogini.
Niech ich błogosławieństwo spływa na mnie po wszystkie czasy.
Niechaj tak się stanie.

Napij się trochę soku, następnie wylej resztę na ziemię (lub do miski) jako ofiarę dla Ducha. Miska wykorzystywana do tego celu nazywa się misą ofiarną.

Wznieś teraz dłonie nad ciastem (lub ciasteczkami, pieczywem) i powiedz:

Ze Słońca na ziemię,
z ziemi do łodygi,
z łodygi do ziaren,
z ziaren do tego ciasta,
poświęcam te pokarmy w imię Boga i Bogini.
Niech ich błogosławieństwo spływa na mnie po wszystkie czasy.
Niechaj tak się stanie.

Zjedz kawałek ciasta, resztę zaś upuść na ziemię lub wrzuć do miski jako ofiarę dla Ducha.

Poświęć parę chwil na medytację. Następnie przejdź na środek kręgu i powiedz:

Wielka Matko, Boski Ojcze,
Dziękuję wam za udział w mej ceremonii poszukiwania.
Chrońcie mnie i prowadźcie, aż postanowię
stać się częścią społeczności wyznawców Mocy Mądrego Człowieka
lub zdecyduję podążać inną ścieżką.
Pomóżcie mi wykonywać powierzoną mi boską posługę,
pomagajcie mi we wszystkich moich wyborach.
Niechaj tak się stanie!

Przejdź do zachodniej ćwierci swego kręgu i powiedz:

Strażnicy zachodu, żywiole wody,
dziękuję wam za uczestnictwo w moim rytuale poszukiwania.
Niech pokój będzie z wami i nikomu nie stanie się z waszej strony krzywda.
Anioły wody, dziękuję wam za wasze szczególne dary.
Jeśli musicie, odejdźcie lub zostańcie ze mną, jeśli taka wasza wola.
Witam was i żegnam!

Przejdź do południowej części kręgu i powiedz:

Strażnicy południa, żywiole ognia,
dziękuję wam za uczestnictwo w moim rytuale poszukiwania.
Niech pokój będzie z wami i nikomu nie stanie się z waszej strony krzywda.
Anioły ognia, dziękuję wam za wasze szczególne dary.
Jeśli musicie, odejdźcie lub zostańcie ze mną, jeśli taka wasza wola.
Witam was i żegnam!

Przejdź do wschodniej ćwierci swego kręgu i powiedz:

Strażnicy wschodu, żywiole powietrza,
dziękuję wam za uczestnictwo w moim rytuale poszukiwania.
Anioły powietrza, dziękuję wam za wasze szczególne dary.
Niech pokój będzie z wami i nikomu nie stanie się z waszej strony krzywda.
Jeśli musicie, odejdźcie lub zostańcie ze mną, jeśli taka wasza wola.
Witam was i żegnam!

Przejdź do północnej części kręgu i powiedz:

Strażnicy północy, żywiole ziemi,
dziękuję wam za uczestnictwo w moim rytuale poszukiwania.
Anioły ziemi, dziękuję wam za wasze szczególne dary.
Niech pokój będzie z wami i nikomu nie stanie się z waszej strony krzywda.
Jeśli musicie, odejdźcie lub zostańcie ze mną, jeśli taka wasza wola.
Witam was i żegnam!

Zaczynając od strony zachodniej, usuń krąg. Kiedy skończysz tę czynność, uderz dłonią w podłogę/ziemię i wypowiedz następujące słowa:

Krąg ten jest otwarty, lecz nie został przerwany.
W radości spotkanie, w radości pożegnanie, aż znów w radości nastąpi spotkanie!
Jesteśmy ludźmi, jesteśmy mocą i jesteśmy zmianą!
Niechaj tak się stanie!

W ten sposób kończy się jedna z najważniejszych ceremonii w twoim życiu.

* * *

Teraz już wiesz, że za wiarą wiccańską nie kryje się nic złego, zdradzieckiego czy niepokojącego. Nauczyłam cię najpierw rytuału przed przystąpieniem do odprawiania magii, gdyż magia nic nie jest warta bez obecności Ducha. Wielu ludzi ma zwyczaj sięgania do operacji magicznych, nie rozumiejąc duchowych energii, które wspomagają te czynności. Nie chcę, by moi czytelnicy popełniali ten błąd. Bez religii magia słabnie i umiera. Bez wiary magia nie jest niczym innym, jak tylko procesem zajmującym nasz umysł, garstką rozproszonych myśli, ulatujących z silnym, jesiennym wiatrem.

Rozdział 4

Magia!

Podręcznikowa definicja „magii” brzmi mniej więcej tak: „wykorzystywanie woli do tworzenia form”. Magia wymaga wiary w wyższą moc oraz wiary w siebie. Przeczytałam setki książek o magii i sama napisałam o niej wiele materiałów. Myślałam o magii, mówiłam o magii i praktykuję ją od przeszło dwudziestu lat. Odkryłam, że rodzajów magii jest tyle, ile religii na świecie, więc uczeń zgłębiający tajniki czarostwa ma spory wybór. Zrozumiałam też, że podobnie jak żadna religia nie może być lepsza od drugiej, tak i żaden system magii nie może przewyższać innego. Wiem, że cały system magii nie ma żadnej wartości, jeżeli nie jest połączony z jakąś religią.

Magia dzieli się na dwie kategorie: magię ludową i magię ceremonialną. Czasami czarownice nazywają te rodzaje czarów magią niską i wysoką, ale ja nie uznaję takiego podziału. Słowo „niska” sugeruje, że mamy do czynienia z czymś gorszym, a to nie ma zastosowania w przypadku magii. Zazwyczaj uczniowie sztuki czarostwa zaczynają od przyswajania tajników magii ludowej, po czym przechodzą do form ceremonialnych. W magii ludowej wykorzystuje się mniej narzędzi, słów i etapów, niż w przypadku magii ceremonialnej. Większość ksiąg zaklęć obecnych na rynku traktuje o zastosowaniu form magii niskiej. Gdy uczeń opanuje oba systemy, może wybrać, który z nich bardziej mu odpowiada.

Niezależnie od tego, czy praktykujecie magię ludową czy ceremonialną, oba systemy wykorzystane w pozytywny sposób mają określone wspólne cechy: każdy typ magii zawiera modlitwy, oba związane są z boskością, każdy z nich ma na celu wywołanie pozytywnych zmian. Nie jest ważne, który typ magii wykorzystujesz – ważne, w jaki sposób to robisz.

Gdy masz już wiedzę, zdolności i pewność siebie, wykonanie czynności magicznej może trwać nie więcej niż trzydzieści sekund. Na przykład zatamowanie krwotoku z nosa zajmuje mi mniej niż pół minuty (technika magii ludowej), ale nauczenie się odpowiedniego do tej czynności zaklęcia wymagało wiele nauki i wielu ćwiczeń. Do obecnego poziomu umiejętności docierałam etapami. O to właśnie chodzi. Czarownice często skarżą się, iż współczesne książki o magii nie opisują zaawansowanych zaklęć. Wiele młodych czarownic nie zdaje sobie sprawy, iż stopień skomplikowania procedury nie jest tak istotny, jak finezja w jej stosowaniu.

Umiejętności danej czarownicy klasyfikują ją w kategorii czarownic początkujących lub zaawansowanych.

Gdy czarownice zaczynają trening, szybko poznają dwa istotne aspekty: po pierwsze – teologię i praktykę czarostwa, a po drugie – sposoby na podniesienie samooceny. Nie można czynić wielkiej magii, jeżeli nie wierzy się w Ducha i w siebie. Tak, wiem, że na rynku dostępnych jest wiele wspaniałych ksiąg zaklęć, ale dopóki nie zrozumiesz podstaw samej magii, będą one dla ciebie nic niewarte. Magia to podejmowany przez ciebie wysiłek na rzecz odpychania lub przyciągania energii. Negatywne energie odpychamy jak najdalej od siebie, a pozytywne – przyciągamy ku sobie. W związku z powyższym czarownice zajmują się dwoma rodzajami magii pozytywnej – **tworzeniem*** lub **wypędzaniem****. Tworzenie to po prostu sprawianie, iż wydarzy się coś przez nas pożądanego. Wypędzanie natomiast to sprawienie, że coś, czego nie chcemy, zniknie.

By zrozumieć ten konkretny aspekt czarostwa, spróbuj wykonać następujące ćwiczenie. Zrób głęboki wdech i wyobraź sobie, jak przyciągasz hojność wszechświata. Teraz wypuść powietrze z płuc i wyobraź sobie, jak opuszczają cię wszystkie negatywne aspekty twojego życia. Wykonuj to proste ćwiczenie codziennie tak często, jak się da, a przekonasz się, jak szybko zaczniesz opanowywać podstawowe praktyki magiczne.

---

* Magia twórcza – wykorzystywanie woli do tworzenia sytuacji (przyp. aut.).

** Magia wypędzania – wykorzystywanie woli do odsuwania od siebie określonych sytuacji (przyp. aut.).

Przyjrzyj się teraz kilku wykorzystywanym przez czarownice praktykom magicznym, a przy okazji dowiedz się co nieco o zasadach rządzących magią.

Modlitwa

Modlitwa ma w sobie więcej magii, niż jesteś sobie w stanie wyobrazić. Podczas modlitwy mówisz bezpośrednio do Boga. Mówisz mu o tym, co cię dręczy. Popularne religie nie uprzedzają jednak, iż nie wystarczy po prostu opowiedzieć Bogu o swoich problemach i czekać na odpowiedź. Istnieją określone sposoby modlitwy.

Naucz się rozmawiać z Duchem każdego dnia. Po prostu otwieraj usta i mów. Jeżeli wydaje ci się, że ludzie będą się na ciebie dziwnie patrzeć, módl się mentalnie. Nie wyżalaj się jednak Duchowi. Wszystko, co nas spotyka, zdarza się, ponieważ: (a) sami stworzyliśmy problem i borykamy się z jego konsekwencjami; lub (b) Duch pragnie, byśmy czegoś się nauczyli. Rozmawiaj z Duchem tak, jakbyś rozmawiała ze swoim najlepszym przyjacielem. Ja rozmawiam z Duchem (i ze swoim Aniołem Stróżem) nieustannie. Czasami mówię na przykład:

Proszę, pomóż mi zrozumieć, jaką naukę niesie za sobą ta sytuacja.
Proszę, pomóż mi dać z siebie wszystko, co najlepsze.
Proszę, pomóż mi wypowiadać i pisać odpowiednie słowa
pomocne w otwieraniu serc innych ludzi.

Nie tup nogami ze złości i nie mów: „jeżeli mi nie odpowiesz, nigdy więcej w ciebie nie uwierzę". Składanie gróźb pod adresem Ducha to niczym łamanie swojej miotły i oczekiwanie, iż będzie w stanie latać. Z Duchem nie zawiera się układów. Nie wolno mówić: „jeżeli Jagiellonia wygra z Wisłą, obiecuję, że przez rok nie będę się umawiać z chłopcami". Czasami trzeba uważać, o co się prosi. Tak było w moim przypadku. W razie prób targowania się z Duchem należy być przygotowanym na konsekwencje takich negocjacji.

Niezwykle istotne jest rozmawianie z Duchem przed podejmowaniem decyzji. Tak, to prawda, że mamy wolną wolę i czasami po prostu bardzo czegoś pragniemy. Mimo że zdajemy sobie sprawę, iż to, czego pożądamy, może nie być dla nas korzystne, czasem pożądanie wygrywa z logiką. To często bywa przyczyną licznych problemów. Wiele lat zajęło mi zrozumienie, że rozmawiać z Duchem należy nieustannie. Gdy rano wstaję, odmawiam codzienną modlitwę i rozmawiam z Duchem. W ciągu reszty dnia często zadaję Duchowi szeptem pytania i wypowiadam stwierdzenia. Ważne jest, by pytania, stwierdzenia i wątpliwości sformułowane były pozytywnie. Zdaję sobie sprawę z tego, że nie zawsze jest to łatwe, ale ta technika naprawdę się sprawdza. Ciągle proszę Ducha, by pomógł mi zamienić słowa w czyny. Po co nam ta ciągła wymiana zdań? Ludzie posiadają dar wolnej woli. Wszystko, co robimy i mówimy, zmienia kształt naszej przyszłości (oraz przyszłości innych osób) na lepsze lub gorsze. Zamiast iść ślepo przez życie, będąc przekonanym, że wie się wszystko tylko dlatego, że dysponuje się darem wyboru, należy raczej poprosić Ducha, by na każdym kroku wskazywał drogę do wypełnienia powierzonej nam misji, aby pomóc sobie i innym.

Moja córka Angelique rozmawia z Duchem każdego ranka przed lustrem. Wstaje o 6.30 rano i przygotowując się do szkoły, odmawia „w biegu" codzienną modlitwę, po czym udaje się do łazienki, by nałożyć makijaż. Robiąc się na bóstwo, rozmawia z Duchem. W pewnych sytuacjach modlitwa może być prośbą o pomoc lub podziękowaniem za (jakże istotną) otrzymaną pomoc. Może trwać dziesięć minut lub pięć sekund. Liczą się intencje, a nie czas trwania. Możesz modlić się w rytm muzyki, stworzyć modlitwę w formie rysunku lub napisać wiersz. Kreatywne modlitwy tworzą harmonię ze wszechświatem i niosą za sobą więcej mocy. Ja sama często przelewam swe modlitwy na papier. Czarownice nazywają tego typu modlitwy magią błagalną. W rytuale ogólnym, opisanym w poprzednim rozdziale, widziałaś przykład właśnie takiej magii. Czy już rozumiesz, w jaki sposób wszystkie elementy łączą się ze sobą?

Każda praktyka magiczna, niezależnie od tego, czy mówimy o zaklęciach, rytuałach, bębnieniu, śpiewaniu itp., zawiera w sobie element modlitwy. Składanie prośby do Ducha, oddawanie mu czci czy celebrowanie istnienia Boga – to wszystko wiąże się z boskością. Każdy magiczny akt rozpoczyna się od pragnienia... i modlitwy.

Śpiewanie i instrumenty muzyczne

Muzyka – śpiewanie, gra na flecie czy uderzanie w bębny – to tworzenie dźwięków. Wysyłając te dźwięki ku Duchowi, także tworzymy pewną formę modlitwy. Rytm wprowadza nasz mózg w coś, co nazywa się stanem alfa. Jest on czymś naturalnym dla wszystkich ludzi. Jedząc, oglądając telewizję, prowadząc samochód, czytając, marząc itp., twój mózg automatycznie wkracza w fazę alfa. To właśnie z tej fazy płynie nasza najlepsza magia. Ujmę to w ten sposób: powiedzmy, że suniesz po magicznej autostradzie życia. Jeżeli napotykasz na drodze wiele blokad, możesz spodziewać się, że twoja magia będzie dość chaotyczna i zdezorganizowana. Blokady symbolizują twoje zmartwienia, gniew, zazdrość i tym podobne uczucia. Czyniąc magię, musimy się odprężyć, uspokoić i opanować. Czarownice nigdy nie czarują, kiedy są rozzłoszczone. Najpierw zawsze odprężają się, porządkują swoje myśli i odpychają od siebie wszelkie negatywne emocje, by upewnić się, że działają w najlepszej intencji. Nie wolno jednak mylić tego ze zwlekaniem. Nie odkładaj magii na później, kiedy masz wrażenie, że w późniejszym terminie pójdzie ci lepiej. Nie ma mowy. To tylko wymówka. Z drugiej strony nie próbuj naprawiać wszystkiego za pomocą magii tylko dlatego, że nie potrafiłaś skupić się na tyle, by załatwić sprawy jak należy za pierwszym razem. Traktowanie magii jako koła ratunkowego, mającego za zadanie wyciągnięcie cię z sytuacji spowodowanej twoim lenistwem, to dolewanie oliwy do ognia. Nie polecam tego. Twoja magia zadziała, ale często będzie się musiało wydarzyć to, co najgorsze, by Duch mógł naprawić wyrządzone przez ciebie szkody. Naucz się działać szybko i unikać nieprzyjemnych sytuacji, zamiast czekać, aż niebo zwali ci się na głowę.

No cóż, troszkę zboczyłam z tematu, nieprawdaż? Nic nie szkodzi. Wskakujemy z powrotem do naszego czarmobilu i wracamy na główną trasę. O czym to ja pisałam? Ach tak – o magii i muzyce. Jak mogłam zapomnieć? Starszym ludziom czasem to się zdarza. Jak długo powinna więc trwać muzyka magiczna? Tak długo, jak tylko chcesz. Możesz zagrać cały dziesięciominutowy utwór na klarnecie lub bębnach albo puścić płytę CD. Słucham??? Oczywiście. Muzykę napisaną i wykonaną przez kogoś innego możesz zadedykować bóstwom. Dlaczego nie? W moim domu nauczyłam wszystkie dzieci gry na bębnach. Mamy tu bębny djembe, bodhran, darbuki i bębny szamańskie. Jest także kolekcja grzechotek i tamburynów. Kluczem do wprowadzenia się w trans za pomocą bębnów jest powolne rozpoczęcie, a następnie stopniowe zwiększanie energii i tempa do momentu, aż będziesz w stanie uwolnić tę energię. Jeżeli działasz razem z przyjaciółmi, wyznacz kogoś, kto rozpocznie i skończy jeden segment utworu, mówiąc: „raz, dwa, trzy, cztery, pięć!". Wtedy na sygnał „pięć" wszyscy przestają grać i uwalniają energię. Zazwyczaj bęben o najgłębszym brzmieniu nadaje ton danemu segmentowi, stając się rytmem magii. Nie martw się, jeżeli nie masz bębnów. Możesz wziąć plastikowy pojemnik na śmieci i postawić go do góry dnem na drewnianych klockach, by dźwięk mógł wydostawać się dołem. Zdziwisz się, jak wspaniałe dźwięki można w ten sposób tworzyć. Słyszałam o uczestniku festiwalu pogańskiego, który wyciął dno dużego pojemnika na śmieci, zalepił go sporą ilością taśmy pakowej, umieścił między nogami, by nie stłumić dźwięków płynących z otwartej strony i wykorzystał skonstruowany w ten sposób instrument do tworzenia głębokich dźwięków, imitujących bicie serca.

Kiedy bywałam na festiwalach, często przyglądałam się bębniarzom. Zauważyłam, jak żywiołowo na ich muzykę reaguje publiczność. Właśnie wtedy zrozumiałam, że moc muzyki płynie nie ze słów, lecz z rytmu. Dowiedziałam się też, że można być fatalnym bębniarzem i nadal móc uprawiać magię. Tak jak w innych dziedzinach, tu także praktyka czyni mistrza.

Jeżeli chcesz zacząć od bębnów i grzechotek, pomyśl o czymś pozytywnym i dopasuj do tego rytm. Możesz na przykład wypowiedzieć słowa: „Duchu, chroń mnie", „Duchu, ulecz mnie" lub „Zdam ten test" itp. Oczywiście, do testu musisz się także przygotować, prawda? Zacznij powoli, dopasowując rytm do słów, a potem zacznij przyspieszać. Graj tak długo, jak chcesz, a gdy uznasz, że masz już wystarczającą ilość energii, przerwij i uwolnij energię (a potem zacznij się uczyć!).

Inwokacja i ewokacja

W rozdziale traktującym o rytuałach mówiliśmy o inwokacjach i przyzywaniu Ducha (lub Boga i Bogini), mającym pomóc nam w pracy. Inwokacja i modlitwa mogą oznaczać to samo, gdyż podczas modlitwy przyzywamy Boga na pomoc. Możemy też wzywać naszych Aniołów Stróżów, czyli prosić o pomoc duchowych posłańców. Wzywamy także energię żywiołów, przodków i zwierząt totemicznych. Te trzy przypadki nie powinny być jednak traktowane tak samo. Nie możemy przecież rozkazywać zmarłym przodkom lub zwierzętom totemicznym. Niezależnie od tego, kogo lub co przyzywasz, zawsze wykazuj się kulturą!

Ewokacja* to sprowadzenie energii lub siły z głębi nas samych do wszechświata. Możemy dokonać ewokacji energii miłości, by obdarzyć nią ludzi w potrzebie. Możemy sprowadzić leczniczą energię, by pomóc naszym dzieciom i innym bliskim osobom. Dokonując ewokacji, musimy jednak uważać, by nie przesadzić i się nie wypalić. Czarownice szkolą się w sztuce inwokacji, by nie narażać się na niepotrzebne zużywanie cennej energii życia. Jeżeli czujesz zmęczenie po zakończonym rytuale, modlitwie lub rzucaniu zaklęć, była to ewokacja, nie zaś inwokacja. Po wykonaniu wymienionych wyżej czynności, powinniśmy

* Ewokacja – czynność wykonywana przez czarownice – projekcja energii od wewnątrz ku wszechświatowi (przyp. aut.).

czuć się odnowieni i zsynchronizowani ze wszechświatem, a nie wyczerpani czy drażliwi.

Magiczne sny na jawie

We wcześniejszej części niniejszej książki pisałam co nieco o magicznych snach na jawie. Ta ścieżka mocy jest jedną z moich ulubionych, ponieważ by nią podążać, nie trzeba być geniuszem. Sny na jawie to naturalne, mentalne ujście dla nadmiaru energii. Zwykle bardzo często śnimy na jawie, zwłaszcza gdy jesteśmy młodzi. Magiczne sny na jawie symbolizują mentalną modlitwę do Ducha i jest to technika, którą można zastosować zawsze i wszędzie. Jedynym narzędziem do tego potrzebnym jest twój twórczy umysł. Podobnie jak w przypadku innych zastosowań magii, możesz wykorzystać tylko sny na jawie lub połączyć je z innymi ścieżkami mocy. Podczas tego ogólnego rytuału poznanego wcześniej zastosowaliśmy magiczne sny na jawie, jako jeden z etapów ogólnej procedury rytuału.

Wypróbujmy teraz magiczne sny na jawie. Wymień pięć rzeczy, których desperacko pragniesz. Może to być wszystko – od znalezienia dobrej pracy do opanowania umiejętności prowadzenia samochodu. Magicznym fantazjowaniem, tak jak innymi rodzajami magii, rządzą określone zasady:

1. Zawsze fantazjuj o rzeczach pozytywnych. Unikaj fantazji negatywnych.
2. Wyobrażaj sobie, że masz już to, czego ci trzeba, to znaczy fantazjuj w czasie teraźniejszym.
3. Nie fantazjuj o niczym, co należy do kogoś innego. Świat jest pełen darów. Musisz jedynie po nie sięgnąć. Nie musisz niczego nikomu zabierać. To nic innego jak kradzież.
4. Sny na jawie muszą być jasno określone. Niezdecydowanie jest niedopuszczalne.

Wybierz rzecz, którą zapisałaś jako pierwszą na swojej liście, i napisz coś pozytywnego o tym, czego pragniesz. To pozytywne świadectwo czarownice nazywają afirmacją intencji. Twórz pisemne (i ustne, poprzez powtarzanie w umyśle tak często, jak się da) afirmacje dotyczące twoich pragnień. Moim pierwszym snem na jawie było pragnienie bycia mądrą i silną czarownicą. Zapisałam więc na kartce słowa: *Jestem mądrą i silną czarownicą.* Codziennie powtarzałam w duchu to zdanie, szczególnie wtedy gdy czułam się przygnębiona lub nieszczęśliwa. Do afirmacji dołączałam sen na jawie – wyobrażałam sobie, że jestem szczęśliwa i silna. Ćwiczyłam w ten sposób codziennie przez dwa lata i jak widzisz, udało mi się znaleźć tam, gdzie chciałam być. Czasami wciąż zdarza mi się zrobić coś głupiego, ale przecież jestem tylko człowiekiem. By nie zboczyć z odpowiedniej ścieżki, nadal wykorzystuję technikę snów na jawie. Robię to już od czternastu lat.

Moją drugą fantazją było posiadanie taniego, bezpiecznego samochodu, który byłby na tyle duży, by pomieścić moją liczną rodzinę. Urzeczywistnienie tego snu zajęło mi sześć lat, ale w końcu weszłam w posiadanie dokładnie takiego auta, o jakim marzyłam. Do czego zmierzam? Magia nie działa błyskawicznie, czasem stworzenie czegoś trwa latami, ponieważ magia, podobnie jak prąd, płynie po linii najmniejszego oporu. Właśnie dlatego musimy uważać na to, o co prosimy i niezależnie od tego, ile może to trwać, nie wolno nam rezygnować z marzeń. Czasem dużo musi się zmienić w naszym życiu, byśmy w końcu zrealizowali swoje pragnienia. Nauka cierpliwości to istotny element studiowania tajników czarostwa. Wiele czarów zadziała w ciągu trzydziestu dni, zazwyczaj w okresie od jednej do drugiej pełni lub od jednego do drugiego nowiu, ale jeżeli Duch uzna, że nie nadszedł jeszcze odpowiedni czas, by spełnić twą prośbę (zwłaszcza gdy chodzi o coś większego), cały proces może potrwać kilka miesięcy (lub nawet lat, tak jak było w przypadku mojego samochodu).

Nie myśl jednak, że możesz po prostu o czymś pofantazjować, a to urzeczywistni się bez żadnego wysiłku z twojej strony. Na przykład, gdy nadszedł odpowiedni moment, by kupić mój wymarzony samochód, musiałam sama go poszukać i poprosić Ducha, by pomógł mi wybrać najkorzystniejszą ofertę. Odwiedziłam cztery miasteczka, rozmawiałam z wieloma sprzedawcami i dokładnie sprawdziłam samochód przed podpisaniem umowy. Masz wiele umiejętności i otrzymujesz od losu wiele darów, magia może stać się jednym z nich, ale nigdy nie zastąpi pozostałych.

Najgorszą przeszkodą w magicznym fantazjowaniu jest sytuacja, gdy nie wiemy dokładnie, czego chcemy. Wahasz się między jednym marzeniem a drugim. Tak właśnie było w przypadku mojego samochodu. Miałam w głowie określoną markę pojazdu, ale potem mój mąż wspomniał o innej i wszystko zaczynało mi się mieszać w głowie. Dręczyła mnie obawa, że moje marzenie się nie spełni, bo cały proces trwa już zbyt długo. Gdy zrozumiałam, że problem po części tkwi także w moim niezdecydowaniu, mój sen mógł nareszcie się ziścić. To samo dotyczy wszystkich praktyk magicznych. Jeżeli nie skupisz się na tym, czego ci potrzeba, będziesz bezładnie kręcić się w kółko. Staniesz się nieporadną czarownicą, tkwiącą w martwym punkcie i nieudolnie rozniecającą wokół siebie iskierki, które nigdy nie zapłoną.

Medytacja

Od nastolatków najczęściej słyszy się skargi na to, że gdy rozpoczynają ćwiczenia medytacyjne, technika ta wydaje im się zbyt trudna. Medytacja nie jest skomplikowana – wyzwanie stanowi twoja własna cierpliwość. Medytacja to magiczne sny na jawie wzniesione na kolejny etap wtajemniczenia. Podczas medytacji wyznaczamy sobie określoną porę dnia i przeznaczamy od dziesięciu minut do pół godziny na ćwiczenia. Nie sposób wyszkolić się w sztuce medytacji w ciągu kilku dni. W przypadku niektórych osób opanowanie medytacji może trwać nawet rok lub jeszcze dłużej. Najtrudniejsze w medytacji jest przyzwyczajenie się do długiego pozostawania w bezruchu. Drugie wyzwanie to nauka łagodnego skupienia uwagi. Trzecim problemem może się okazać wyczucie momentu, w którym należy uwolnić wyobraźnię.

W teorii wyróżniamy dwa rodzaje medytacji – ten, który koncentruje się na konkretnym przedmiocie lub wartości (albo jej braku, jak w przypadku czystej tablicy), oraz ten, który wykorzystuje wyobraźnię. Obie techniki wzmacniają umysł i uczą, jak skupić się bez przemęczania organizmu. Z medytacją wiąże się nauka **wizualizacji*** – „dostrzegania" w umyśle obrazu określonego przedmiotu (lub jego braku, jak w przypadku tablicy). Podczas nauki medytacji moi podopieczni najpierw ćwiczą magiczne sny na jawie, a dopiero potem przechodzą do bardziej restrykcyjnych procesów medytacyjnych.

Jednym z największych błędów, jakie popełniają niedoświadczeni uczniowie, jest scenariusz typu „zbyt wiele, zbyt szybko". Chcą oni usiąść, pomedytować przez pół godziny podczas pierwszych zajęć i odnieść sukces. Oto ich zaangażowanie w magię. Błąd.

Gdy medytujemy po raz pierwszy, przez dłuższy czas siedząc nieruchomo i nie skupiając się na niczym (lub skupiając się na jednej, z góry określonej rzeczy), nasze ciała zaczynają się buntować. Coś nas swędzi, chcemy się poruszyć. Różne głupie myśli chodzą nam po głowie, niezależnie od tego, jak mocno chcemy skupić się na tym określonym „czymś" lub „niczym". Nie martw się, to nor-

---

* Wizualizacja – ćwiczenie umysłu wykonywane tak, by „dostrzegł" dany przedmiot w myślach, co ma pomóc ci zdobyć go w sferze fizycznej (przyp. aut.).

malne. Twoja świadomość nie lubi być oszukiwana, a właśnie to staramy się osiągnąć poprzez naukę medytacji. Medytacja służyć ma obejściu pełnej bełkotu świadomości i dotarciu do swoich talentów, które tkwią głęboko w podświadomości. Świadomość lubi płatać figle i będzie starała się zniweczyć twoje plany. Jednak w końcu ci się uda. Kluczem są ćwiczenia.

Kiedy uczyłam swoje dzieci medytować, najpierw włączałam jakąś przyjemną muzykę (nic głośnego, na przyjemności przyjdzie czas później), potem kazałam im usiąść wygodnie i jak najdłużej skupić się na jednej myśli. Gdy komuś z nich myśl umknęła, musiał wybrać sobie inny obiekt. Jednorazowo ćwiczenia takie trwały tylko pięć minut. Pod koniec lata, dzięki ćwiczeniom, mogli już utrzymać w głowie jeden obraz przez pięć minut. Uwierz mi, nawet tyle czasu stanowić może nie lada wyzwanie.

Skoro jednak medytacja nie jest prosta, po co w ogóle uczyć się tego procesu? Po pierwsze, nauka medytacji daje twojemu ciału przewagę w postaci zdrowia. Medytacja stanie się dla ciebie umiejętnością, którą będziesz mogła wykorzystywać przez resztę swojego życia, niezależnie od tego, jaką wiarę będziesz wyznawać. W dzisiejszych czasach panowanie nad stresem jest o wiele ważniejsze, niż ci się wydaje, bowiem dziś wiemy już, że wszystkie choroby mają swój początek w umyśle, a umysł, ciało i dusza łączą się ze sobą. Zdaję sobie sprawę, że dla młodych ludzi tematy typu stres czy choroba mogą wydawać się odległe, ale to nieprawda. Nawet ludzie znajdujący się w przedziale wiekowym od trzynastu do osiemnastu lat doświadczają wielu rodzajów stresu: oceny w szkole, presja ze strony rówieśników, ulotne emocje, poczucie utraty przyjemnej części życia w wyniku dorastania czy podniecenie na myśl o przyszłości. Co prawda stres w niewielkich dawkach działa motywująco, ale nie zawsze. Młodzi ludzie nie zwracają uwagi na stres, ponieważ ich organizmy są silne, zdrowe i musi minąć trochę czasu, zanim zaczną uginać się pod jego ciężarem. Stres o wiele szybciej wywołuje choroby u osób starych niż u młodych. Medytacja pomaga uwolnić się od gniewu, samotności i strachu, byśmy mogli stać się pozytywnie nastawionymi do życia i zdrowymi ludźmi. Jeżeli chorujesz, medytacja pomoże ci wyzdrowieć dzięki skoncentrowaniu się na zdrowym umyśle i ciele.

Czarownice wykorzystują medytację, by skoncentrować się na określonej myśli, co pomaga podczas modlitwy, rytuałów i czarowania. Gdy skupimy się na wizualizacji, nasza magia będzie szybsza i lepsza.

Kierowana medytacja pełni rolę podobną do magicznych snów na jawie, z tym że postępujemy według instrukcji. Możesz zaplanować ją samodzielnie lub kupić jedną z wielu płyt z medytacjami kierowanymi. Najpierw przesłuchaj ją w sklepie, a zakupu dokonaj dopiero wtedy, gdy zobaczysz, że podoba ci się głos lektora i następstwa wizualizacji. Do medytacji zachęć także swoich rodziców. Uwierz – im także przyda się trochę spokoju.

Magia błagalna

W niniejszej książce pisałam już o magii błagalnej. Jest to zdecydowanie najłatwiejsza z pomniejszych form magii. Do jej uprawiania potrzebna ci będzie kartka papieru i trochę czasu. Czarownice korzystają z magii błagalnej do pojedynczych procedur albo w postaci dodatku do bardziej skomplikowanych zaklęć lub rytuałów. Magię błagalną zastosować możesz zarówno wtedy, gdy twój problem jest dość błahy, jak i wówczas, gdy znajdziesz się w poważnych tarapatach. Skala problemu nie przekłada się na stopień skomplikowania zaklęcia. W zależności od natury twojej prośby ten typ magii wykonywać możesz w uświęconej przestrzeni lub w magicznym kręgu.

Magia zgodności

Czarownice działają w oparciu o zasadę „podobieństwa się przyciągają". To uniwersalne prawo nazywamy **zgodnością***. Jeżeli na przykład chcesz pomóc swojej koleżance wyzdrowieć, możesz umieścić jej zdjęcie na środku ołtarza. Ta fotografia stanie się wtedy centralnym punktem twoich modlitw i magii. Będzie ona symbolem twojej przyjaciółki, więc w grę zaczną wchodzić reguły magii zgodności. Jeżeli nie masz zdjęcia tej osoby, poszukaj czegoś, czego niedawno dotknęła lub jeszcze lepiej – czegoś, co do niej należy. Dotykając przedmiotów, pozostawiamy na nich wibracje swojej energii. Najlepsze są przedmioty, których używała osoba charakteryzująca się chwilowym wzmocnieniem emocji, ale jeżeli nie masz innego wyjścia, jakakolwiek rzecz dotknięta przez koleżankę również spełni swoje zadanie. Czarownice wywołują też relację zgodności, wykorzystując pukle włosów należące do danej osoby.

Co jednak zrobisz, gdy nie dysponujesz zdjęciem, włosami przyjaciółki ani też przedmiotami, których niedawno dotykała? Nie martw się, zastosuj magię lalek – odpraw rytuał, wykorzystując lalkę lub przedmiot symbolizujący daną osobę (czy zwierzę). Czarownice robią lalki przy użyciu różnych materiałów, takich

---

* Zgodność – uniwersalne prawo, które przyciąga podobieństwa (przyp. aut.).

jak glina czy filc. Czasami do tego celu wykorzystują także ziemniaki, ogórki czy jabłka. Widywałam również lalki stworzone z wykałaczek i oliwek albo cukierków i kijków do fondue (a co tam – ważne, że zadziałało)!

Magia kolorów

Uwielbiam magię kolorów, ponieważ – podobnie jak magia błagalna – technika ta nie wymaga zbyt wielu narzędzi. Potrzebna ci jedynie podstawowa wiedza na temat kolorów. Kolory i magia świec to dziedziny powiązane, gdyż barwy wykorzystane do czynienia magii kolorów sprawdzają się także w przypadku magii świec. Magia kolorów działa w oparciu o zasadę wibracji barw i o wpływ takiej wibracji na ludzi.

Większość czarownic wykorzystuje magię kolorów podczas wypowiadania zaklęć i odprawiania rytuałów. Moja grupa, klan Black Forest, naucza naszych podopiecznych, by wykorzystywać kolory, które współgrają z ich osobistą energią. Takie podejście będzie od ciebie wymagać przeprowadzenia paru eksperymentów. Jeżeli będziesz mieć wątpliwości, skorzystaj z zamieszczonej poniżej listy, ale nie traktuj tych informacji jako ostatniego słowa w dziedzinie magii kolorów.

LISTA ZGODNOŚCI MAGII KOLORÓW

KOLOR	CEL
Czarny	powrót do nadawcy, wróżbiarstwo, negatywne emocje, ochrona
Granatowy	zraniona duma, złamane kości, anielska ochrona
Ciemna purpura	używana do przyzywania starożytnych mocy, pieczęcie/runy, rząd
Lawenda	wzbudzenie w sobie ducha sprawiedliwości, przysługi na rzecz innych
Ciemnozielony	przyzywanie bogini odnowy, rolnictwo, kwestie finansowe
Miętowa zieleń	zysk natury finansowej (wykorzystywane w przypadku złota oraz/lub srebra)
Zielony	leczenie lub zdrowie, północny kierunek geograficzny
Zieleń awokado	początki
Jasnozielony	poprawa pogody
Błękit indygo	odkrywanie tajemnic, ochrona na poziomie astralnym, obrona
Ciemnoniebieski	dezorientacja (w celu wytworzenia musi być wykorzystana razem z barwą białą, w przeciwnym przypadku zdezorientujesz siebie)
Niebieski	ochrona
Błękit królewski	moc i ochrona
Bladoniebieski/ jasnoniebieski	ochrona domu, budynków, potomstwa itp. (dzieci płci męskiej)
Czerwień rubinowa	namiętna miłość lub płomienny gniew
Czerwony	miłość, romantyczna atmosfera, energia, południowy kierunek geograficzny
Jasnoczerwony	głębokie uczucie niemające podłoża seksualnego

Ciemnoróżowy	harmonia i przyjaźń w domu
Różowy	harmonia i przyjaźń z ludźmi, magia wiążąca
Bladoróżowy	przyjaźń, młode kobiety
Żółty	uzdrawianie, wschodni kierunek geograficzny
Ciemnozłoty	dobrobyt, magia Słońca
Złoty	przyciąganie
Bladozłoty	pomyślność i zdrowie
Ciemnopomarańczowy	okazje
Pomarańczowy	zyski materialne, przypieczętowywanie zaklęć, przyciąganie
Ciemnobrązowy	przywoływanie mocy ziemi w celu osiągnięcia korzyści
Brązowy	spokój w domu, magia ziół, przyjaźń
Jasnobrązowy	materialne zyski dla domu
Srebrny	szybkie źródło dochodów, hazard, przywoływanie Księżyca, magia księżycowa
Złamana biel	spokój umysłu
Liliowo-biały	świeca Matka (palona przez pół godziny podczas każdej fazy Księżyca)
Biały	prawość, czystość, wschodni kierunek geograficzny
Szary	urok, blask

Biała świeca może zastąpić każdy inny kolor.

KOLORY ODPOWIADAJĄCE DNIOM TYGODNIA:

poniedziałek	biały
wtorek	czerwony
środa	purpurowy
czwartek	zielony
piątek	niebieski
sobota	czarny
niedziela	żółty

Magia świec

Posługiwanie się świecami może być zarówno proste, jak i skomplikowane, w zależności od odprawianego obrządku lub rytuału. Z magii świec korzystać można osobno w uświęconej przestrzeni lub w połączeniu z inną formą magii ludowej lub ceremonialnej. Magia świec sprawdza się w praktycznie każdej sytuacji związanej z ludźmi. Oto najważniejsze aspekty magii świec:

- kolor świecy,
- rodzaj olejku wykorzystywanego do przybierania świecy,

- pieczęcie (magiczne symbole) wyryte (lub niewyryte) na świecy,
- typ bóstwa wzywanego podczas zapalania świecy,
- zioła rozsypane u podstawy świecy.

Jeżeli nie chcesz, nie musisz korzystać z pieczęci lub ziół. Wiele czarownic wkłada zioła bezpośrednio do świec, po wydrążeniu otworu w ich podstawie, lub – w przypadku świec zamkniętych w szklanej obudowie – robi otwór po jednej stronie świecy, a następnie wkłada do niego zioła oraz wlewa olejek przez nacięcie.

Jeśli masz ochotę, możesz nieco skomplikować sobie rytuały z użyciem magii świec. Masz do dyspozycji szereg kolorów, bóstw i olejków. Możesz także określić astrologiczne ramy czasowe i zależności innego typu. Do magii świec czarownice wykorzystują zaklęcia pięciodniowe, siedmiodniowe, dziewięciodniowe, tarotyczne, runiczne, astrologiczne i planetarne. Zaklęcia czasowe wymagają użycia określonej liczby świec w danym dniu lub przez dany okres, w którym świece powinny być palone każdego dnia o tej samej porze. Wokół zaklęcia związanego z magią świec rozbudować można cały rytuał. Mówiąc krótko, w przypadku magii świec ogranicza cię tylko twoja wyobraźnia. Ten typ magii daje dużo radości, jest niedrogi i co najważniejsze – działa.

Polecana literatura z dziedziny magii świec:

Praktyczna magia świec, autorstwa Raymonda Bucklanda (wydawnictwo Filar).

Advanced Candle Magick: More Spells and Rituals for Every Purpose, autorstwa Raymonda Bucklanda (wydawnictwo Llewellyn).

Magia sznurków

Magia z użyciem sznurków to kolejna prosta dziedzina magii, którą praktykować można oddzielnie lub razem z innymi procedurami magicznymi, takimi jak magia świec czy magia błagalna. Najważniejsze aspekty magii z wykorzystaniem sznurków to:

- dobór koloru sznurka,
- dobór długości sznurka,
- wybór sznurka jednorazowego lub wielokrotnego użytku,
- wybór bóstwa.

Zazwyczaj magiczne sznurki są kolorów: czerwonego, białego lub czarnego (podstawowe kolory z wczesnej epoki kultu Bogini), mają 13 cali* długości i po rytuale są oddawane lub niszczone. Możesz naturalnie używać sznurków we wszystkich kolorach tęczy lub wybrać jeszcze inne barwy – wszystko zależy od twojej wyobraźni i gotowości do eksperymentowania.

Magia z użyciem sznurków wymaga magicznej procedury naładowania węzłów energią, przy pomocy powtarzania mantry lub rzucenia uroku. Czarownica pieczętuje każdy węzeł poprzez nakreślanie nad nim równoramiennego krzyża i skropienie go olejkiem lub (tak!) śliną. Sposób pozbycia się sznurka zależy od intencji zaklęcia. Jeżeli pragniesz wypędzić negatywną energię, musisz natychmiast zakopać sznurek z dala od domu. Jeżeli chodzi o uzdrawianie lub przyciąganie jakiegoś rodzaju energii, trzymaj sznurek przy sobie, dopóki twoja prośba się nie spełni, po czym uwolnij magię i spal sznurek. Magię uwalniamy poprzez nakreślenie nad sznurkiem gwiazdy przy jednoczesnym wyobrażeniu sobie, jak energia magiczna z niego ulatuje.

Podobnie jak w przypadku magii błagalnej i magii świec, czarownica musi najpierw dokładnie określić, co chce osiągnąć, i stworzyć w umyśle obraz pozytywnego zakończenia całego przedsięwzięcia. Podczas wiązania węzłów należy skupić się na wizji sukcesu.

Węzły wiąż w następującej kolejności:

1—6—4—7—3—8—5—9—2

wypowiadając jednocześnie poniższe słowa:

Z węzłem pierwszym zaklęcie zaczynam,
Z węzłem drugim w słowach prawdę zaklinam,
Z węzłem trzecim magia się rodzi,
Z węzłem czwartym moc do mnie przychodzi,
Z węzłem piątym zaklęcie ożywa,
Z węzłem szóstym magia napływa,
Z węzłem siódmym odpowiedź zdobywam.
Z węzłem ósmym z mym losem się łączę,
Z dziewiątym węzłem sukcesem czar kończę!

* 33 centymetry (przyp. tłum.).

Magia żywiołów

Tego typu magia wykorzystuje pięć żywiołów, takie jak definiują je czarownice, czyli ziemię, powietrze, wodę, ogień i Ducha. Symbolizuje je pentakl, dzięki któremu niektóre czarownice potrafią zawładnąć czterema żywiołami. Nikt nie może jednak rozkazywać Duchowi ani bóstwom. Magia umysłu, ciała i ducha jest powiązana z pentaklem i czterema żywiołami. Zarówno umysł, ciało, jak i duch muszą być czyste i pracować ze sobą w zgodzie, by magia mogła być skuteczna.

Czarownice bardzo często pracują z żywiołami. Mają one swoje własne symbole na ołtarzach, w kapliczkach i wewnątrz naszych uświęconych przestrzeni, a podczas rytuałów przyzywamy ich energię.

Magia żywiołów potrafi ujawnić się zarówno w postaci fizycznej, jak i mentalnej. W pow-wow (chodzi tu o niemiecką magię ludową, a nie o rytuały indiańskie) żywioł ognia przybiera postać leczniczego lub boskiego kamienia, który należy sobie znaleźć. Kamień ten nie powinien być kamieniem szlachetnym, lecz zwykłym, mieszczącym się w dłoni kamieniem o gładkiej powierzchni. Po oczyszczeniu, uświęceniu i naładowaniu go mocą, czarownica przenosi płomień świecy i zaklętą w nim energię na kamień. Gdy naładujesz boski kamień energią, nie będziesz potrzebować prawdziwego ognia. Czarownice wykorzystują boski kamień (lub kamień błyskawicy) do uśmierzania bólu, gojenia ran i innych celów leczniczych. Po naładowaniu kamień staje się boskim symbolem żywiołu ognia, mającym lecznicze właściwości.

Każde: staw, obłok, góra, jezioro, kamień, kometa, studnia, drzewo, kwiat czy gwiazda i roślina mają swoje własne wibracje i nie inaczej jest ze zwierzętami i z ludźmi. Współbrzmiące wibracje łączą się, tworząc zbiorową nieświadomość. W świecie żywiołów tego typu zbiorowe formy energii zwane są sylfami, gnomami, salamandrami i undynami*.

sylfy	powietrze
salamandry	ogień
undyny	woda
gnomy	ziemia

* Istnieje pogląd, iż te więzi z żywiołami pochodzą z czasów średniowiecznych i zostały stworzone w oparciu o zapiski dotyczące tradycji greckich (przyp. tłum.).

Podobnie jak jesteśmy w stanie połączyć siły wewnątrz grupowego seansu uzdrowicielskiego lub podczas rytuału, tak samo możemy zjednoczyć się ze zbiorową nieświadomością i współczującą energią każdego z żywiołów. Nauka dostrajania się do energii żywiołów stanowi dla czarownic podstawę nauki magii.

Żywioły (tak jak ludzie) zawierają w sobie energie pozytywną i negatywną. Ziemia na przykład daje nam podłoże pod nasze domy, ale może być też nieustępliwa niczym górski szczyt. Powietrze potrafi dodać skrzydeł, ekscytować lub dodać energii, ale pod postacią tornada może niszczyć wszystko na swojej drodze. Ogień ogrzewa nasze serca i zwalcza tkwiącą w nas ciemność, ale jeżeli nie będziemy ostrożni, może on równie dobrze niszczyć i pochłaniać. Woda ułatwia transformację i otacza nas spokojem i miłością, ale może też nami zawładnąć, zmywając nasze domy z powierzchni ziemi. Woda może także występować w postaci stojącej lub zamarzać, tworząc lodowce. Tego typu wibracje żywiołów przenikają naszą planetę każdego dnia, choć my praktycznie tego nie zauważamy. Energia żywiołów była z nami od zawsze, dlatego też uznajemy ją za coś oczywistego i zapominamy o jej potędze.

Czarownica poznaje potęgę każdego z żywiołów, często z nimi obcując. Pomimo iż czarownice podczas rytuałów i czynienia magii „przyzywają" elementale, to z uwagi na ich moc i potencjał nauczyłyśmy się grzecznie prosić je o pomoc.

Skrócony opis odpowiedników magii żywiołów wygląda następująco:

ziemia – pieniądze, dobrobyt, płodność, uzdrawianie, zatrudnienie
powietrze – moce mentalne, wizje, moce parapsychiczne, mądrość
ogień – pożądanie, odwaga, siła, ochrona, zdrowie
woda – sen, medytacja, oczyszczenie, sny prorocze, uzdrawianie, miłość, przyjaźń, wierność

Wiele zaklęć zawartych w tej książce zawiera powiązania z żywiołami. Jeżeli chcesz dalej uczyć się o religii Wicca, **polecam następujące książki**:

Moc żywiołów: magia naturalna dla zaawansowanych, autorstwa Scotta Cunninghama (wydawnictwo Astrum).

Moc Ziemi: rytuały i zaklęcia w magii naturalnej, autorstwa Scotta Cunninghama (wydawnictwo Astrum).

Zioła, kadzidła i olejki

Czarownice korzystają z wielu rodzajów ziół, kadzideł, magicznych proszków i olejków, w celu wzbogacenia potencjału swojej pracy. Zmysł powonienia wysyła do twojej podświadomości sygnały, które pozwalają ci się odprężyć, co wzmaga sprawność mentalną. Każde wykorzystane przez ciebie zioło, kadzidło, olejek czy magiczny proszek charakteryzuje się właściwościami magicznymi, takimi jak: płeć, odpowiedniki astrologiczne czy związek z danym żywiołem. Jeżeli interesuje cię zgłębianie tego typu właściwości, poświęć czas, by poznać różnorodne magiczne i medyczne zastosowania każdego z wymienionych wyżej środków. Większość czarownic zaczyna od poznania roślin występujących w ich miejscu zamieszkania, a dopiero potem zgłębia właściwości egzotycznej flory.

W tym miejscu muszę cię ostrzec. Organizacja American Medical Association* zabrania rozpowszechniania ziół w celach spożywczych bez posiadania odpowiedniej licencji. Nie możesz hodować roślin, by za ich pomocą leczyć swoich przyjaciół – możesz stosować je wyłącznie na sobie.

Czarownice wykorzystują zioła (zarówno świeże, jak i suszone) do sporządzania magicznych sakiewek, lalek, poduszek, do produkcji kadzideł, a także podczas rytuałów magii świec i w celach medycznych. Potrzebne ci będą także pojemniki do przechowywania ziół oraz moździerz, tłuczek i woreczki. Czarownice łączą magię ziołową z innymi rodzajami magii, na przykład z paleniem świec, ze skandowaniem, z urokami, prośbami czy medytacją (zioła są wtedy palone, a nie spożywane).

Zdaję sobie sprawę z tego, że nastolatki mogą mieć problemy z uzyskaniem dostępu do ziół i roślin, wymienionych w książkach o magii. Cudowny nauczyciel, autor książek i wykładowca, Leo Buscaglia, powiedział pewnego razu: „Jeżeli drzwi są zamknięte, poszukaj otwartego okna". Leo nie zajmował się, co prawda, czarostwem, ale był bardzo mądrym człowiekiem. Nie martw się, jeżeli nie jesteś w stanie znaleźć tego „wyjątkowego" magicznego zioła. Po długiej dyskusji z moimi dwiema nastoletnimi czarownicami udałyśmy się do sklepu spożywczego, uzbrojone w książkę Scotta Cunninghama zatytułowaną *Encyklopedia magicznych roślin* oraz w naszą wspólną wiedzę w tym temacie (oraz, rzecz jasna, w moją książeczkę czekową). Z czasem zauważysz, że w swoich książkach nigdy nie zamieszczam zastosowań magii, rytuałów ani zaklęć, których wcześniej oso-

* Amerykańskie Towarzystwo Medyczne (przyp. tłum.).

biście nie wypróbowałam. Niekiedy podobne próby odbywają też członkowie klanu Black Forest, by upewnić się, że to, co ma się wydarzyć, naprawdę będzie miało miejsce.

Nasz szał zakupów zaowocował zrobieniem przez nas listy, którą zaprojektowałyśmy specjalnie dla nastoletnich adeptów czarostwa. Niektóre składniki spotkasz w zaklęciach dla nastolatków, opisanych w kolejnym rozdziale. Doszłyśmy do wniosku, że jeżeli nie masz dostępu do sklepu magicznego lub nie masz pieniędzy na drogie, egzotyczne zioła, znajdziemy materiały, które mogą równie dobrze się sprawdzić. Pozycje z zamieszczonej poniżej listy potraktuj jako substytuty ziół lub przedmiotów, których nie możesz dostać. Ty także jesteś w stanie stworzyć własne mieszanki, co zresztą gorąco polecam. Wiele supermarketów ma stoiska z kwiatami, więc zamieściłam tu również kilka popularnych rodzajów kwiatów.

MAGICZNE PRZEDMIOTY ZE SKLEPU SPOŻYWCZEGO

Agrafki	ochrona
Ananas	szczęście, pieniądze, cnota
Aloes	ochrona, szczęście
Awokado	miłość, piękno
Banan	płodność, potencja, dobrobyt
Bazylia	miłość, egzorcyzmy, bogactwo, latanie (samolotami), ochrona, współczucie
Borówka amerykańska	ochrona
Brzoskwinia	miłość, odpędzanie negatywnego nastroju, długowieczność
Cebula	ochrona, egzorcyzmy, uzdrawianie, pieniądze, sny prorocze
Cedr	uzdrawianie, oczyszczanie, pieniądze, ochrona, powstrzymywanie molestowania seksualnego
Chleb świętojański	ochrona, zdrowie
Chrzan	oczyszczenie, egzorcyzmy
Cukierki piankowe	uzdrawianie, przyjaźń
Curry	ochrona
Cykoria	pożądanie, miłość
Cynamon	duchowość, sukces, uzdrawianie, moc, moce parapsychiczne, ochrona, miłość
Cytryna	długowieczność, ochrona, miłość, przyjaźń
Cząber	moce mentalne
Czosnek	ochrona, uzdrawianie, egzorcyzmy, pożądanie, zapobieganie kradzieży, uwalnianie od koszmarów
Eukaliptus	uzdrawianie, ochrona
Fasola	ochrona, egzorcyzmy, zaklinanie kurzajek, pojednanie, wigor, miłość
Figa	wróżenie, płodność, miłość
Gałka muszkatołowa	szczęście, pieniądze, zdrowie, wierność, uwolnienie od koszmarów

Golteria	ochrona, uzdrawianie
Goździk	ochrona, egzorcyzmy, miłość, pieniądze
Goździk ogrodowy	ochrona, siła, uzdrawianie
Granat	wróżenie, szczęście, życzenia, bogactwo, płodność
Groszek	pieniądze, miłość
Gruszka	miłość
Herbata	bogactwo, odwaga, siła, zdrowie
Imbir	miłość, pieniądze, sukces, moc
Jabłko	miłość, uzdrawianie, magia ogrodnicza, nieśmiertelność
Jajka	uzdrawianie, usuwanie negatywności, płodność
Jemioła	ochrona, miłość, polowania, płodność, zdrowie, oddalanie negatywnej energii
Jeżyna	uzdrawianie, pieniądze, ochrona
Jęczmień	miłość, uzdrawianie, ochrona
Kaktus	ochrona, cnota
Kapusta	szczęście
Kasztan	miłość
Kieszonkowe lusterko	wypędzanie negatywnych emocji
Klon	miłość, długowieczność, pieniądze
Kmin rzymski	zapobieganie kradzieży
Kminek zwyczajny	ochrona, pożądanie, zdrowie, zapobieganie kradzieży, moce parapsychiczne
Kocimiętka	magia związana z kotami, miłość, piękno, szczęście
Kolendra	miłość, zdrowie, uzdrawianie
Kolorowe kredki	magia kolorów
Koper	ochrona, pieniądze, pożądanie, miłość
Koper włoski	ochrona, uzdrawianie, oczyszczanie
Korzennik lekarski	pieniądze, szczęście, uzdrawianie
Kozieradka	pieniądze
Kredki pastelowe	magia kolorów
Kukurydza	ochrona, szczęście, wróżenie, pieniądze
Kulki na mole	powstrzymywanie molestowania seksualnego
Lawenda	miłość, ochrona, sen, cnota, długowieczność, oczyszczenie, szczęście, spokój
Lipa	uzdrawianie, miłość, ochrona
Liść laurowy	ochrona, moce parapsychiczne, uzdrawianie, oczyszczanie, siła
Lucerna	dobrobyt, walka z głodem, pieniądze
Lukrecja	pożądanie, miłość, wierność
Majeranek	ochrona, miłość, szczęście, zdrowie, pieniądze
Majonez	dobrobyt, oczyszczenie
Malina	ochrona, miłość
Marchewka	płodność, pożądanie
Mięta	pieniądze, pożądanie, uzdrawianie, podróże, egzorcyzmy, ochrona
Mięta kłosowa	uzdrawianie, miłość, moce mentalne
Mięta pieprzowa	oczyszczenie, sen, miłość, uzdrawianie, moce parapsychiczne
Migdał	pieniądze, dobrobyt, mądrość
Morela	miłość
Musztarda	płodność, ochrona, moce mentalne
Nerkowiec	pieniądze, komunikacja

Oczar wirginijski	ochrona, cnota
Ogórek	cnota, uzdrawianie, płodność
Oliwka	uzdrawianie, spokój, płodność, potencja, ochrona
Orzech kokosowy	woda, oczyszczanie, ochrona, cnota
Orzech włoski	zdrowie, moce mentalne, bezpłodność, życzenia
Orzechy (różne)	płodność, dobrobyt, miłość, szczęście, komunikacja
Orzesznica wyniosła	miłość
Ostrokrzew	ochrona, ochrona przed piorunami, szczęście, magia snów
Owies	pieniądze
Palma, daktyl	płodność, potencja
Papaja	miłość, ochrona
Paproć	sprowadzanie deszczu, ochrona, szczęście, bogactwo, młodość (fizyczna), zdrowie, egzorcyzmy
Pekan	pieniądze, zatrudnienie
Persymona	uzdrawianie, szczęście
Pieprz	ochrona, pozbywanie się negatywnej energii
Pietruszka	pożądanie, ochrona, oczyszczenie
Pistacja	łamanie zaklęć miłosnych
Pomarańcza	miłość, wróżenie, szczęście, pieniądze
Pomidor	dobrobyt, ochrona, miłość
Por	miłość, ochrona, egzorcyzmy
Prażona kukurydza	życzenia, szczęście, dobrobyt
Precle	sukces, ochrona (precle muszą być całe i mieć kształt węzła; proste precle nie będą działać)
Pszenica	płodność, pieniądze
Rabarbar	ochrona, wierność
Rozmaryn	ochrona, miłość, pożądanie, moce mentalne, egzorcyzmy, oczyszczenie, uzdrawianie, sen, młodość
Róża	miłość, moce parapsychiczne, uzdrawianie, wróżby miłosne, szczęście, ochrona
Rumianek	pieniądze, sen, miłość, oczyszczenie
Ryż	ochrona, deszcz, pieniądze, płodność
Rzepa	ochrona, kończenie związków
Rzodkiew	ochrona
Sałata	cnota, ochrona, wróżby miłosne, sen
Sarsaparilla	miłość, pieniądze
Sasafran	zdrowie, pieniądze
Seler	moce mentalne, pożądanie, moce parapsychiczne
Sezam	pieniądze, pożądanie
Sępolia	duchowość, ochrona
Słonecznik	płodność, życzenia, zdrowie, mądrość
Sznurowadła	zaklęcia magii sznurów i węzłów
Śliwka	miłość, ochrona
Truskawka	miłość, szczęście
Trzcina cukrowa	miłość, pożądanie, współczucie
Tykwa	ochrona
Tymianek	zdrowie, uzdrawianie, sen, moce parapsychiczne, miłość, oczyszczenie, odwaga
Tytoń	uzdrawianie, oczyszczenie

Tuńczyk	dobrobyt, dostatek
Waciki bawełniane	szczęście, uzdrawianie, ochrona, deszcz, magia wędkarska, komunikacja
Wanilia	miłość, pożądanie, moce mentalne
Winogrono	płodność, magia ogrodnicza, moce mentalne, pieniądze
Wiśnia	miłość, wróżenie, zwycięstwo
Zboże	ochrona
Ziele angielskie	miłość
Ziemniak	magia obrazów, uzdrawianie, rozdzielenie
Żeń-szeń	miłość, życzenia, uzdrawianie, piękno, ochrona, pożądanie
Żyto	miłość, wierność

Alfabety magiczne

W niektórych tradycjach czarostwa adepci pierwszego stopnia muszą nauczyć się jednego alfabetu magicznego, by mogli przepisać całą Księgę Cieni w tym tajemnym języku. Alfabety, takie jak pismo runiczne, są dość głęboko zakorzenione w praktyce magicznej, a ich opanowanie wymaga wiele czasu. Nigdy nie wykorzystuj run jako „alfabetu" do tłumaczenia słów z języka polskiego na pismo runiczne, ponieważ każda runa charakteryzuje się własnymi, unikalnymi właściwościami magicznymi. Po prostym przetłumaczeniu słów na runy, otrzymasz magiczny bełkot. Czarownice wykorzystują alfabety magiczne także do magii błagalnej, magii świec czy programowania mentalnego. Zamieszczony obok alfabet tebański możesz spróbować wykorzystać do zaklęć z kolejnego rozdziału.

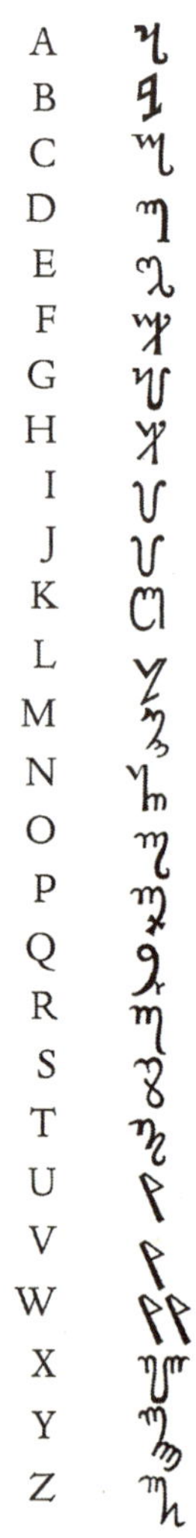

Większość ludzi sądzi, iż czarownice po prostu wrzucają rzeczy do kotła i wypowiadają dziwne kwestie, jak w tym fragmencie z Szekspira:

Dalej żwawo! hasa! hej!
Buchaj, ogniu! kotle, wrzej!
(...) Żabie oko, łapki jeża,
*Psi pysk i puch nietoperza (...)**.

Jak już wiesz, nie jest to prawdziwy obraz czarownic. Jeśli przyjrzysz się ostatnim dwóm wersom i przypomnisz sobie, o czym pisałam we wcześniejszej części książki, zrozumiesz, że chodzi tu o ludowe nazwy roślin, występujących w miejscu pochodzenia Szekspira. Hmm, ciekawe, co też on tak naprawdę knuł?

* William Szekspir, *Makbet* w przekładzie Józefa Paszkowskiego, Wydawnictwo ARCANUM, Bydgoszcz 1991 (przyp. tłum.).

Czy są jeszcze inne formy magii? Owszem. Ta niewielka lista aplikacji magicznych to tylko nieznaczny fragment zagadnień, które możesz zgłębiać, jeśli tylko poświecisz im trochę uwagi.

Sprawdzanie ścieżki

Przed rozpoczęciem pracy większość czarownic dokonuje sprawdzenia swojego ulubionego narzędzia do wróżenia, by upewnić się, że dokonały one wyboru odpowiedniego do danej sytuacji. Nie martw się, jeżeli nie masz jeszcze narzędzia do wróżb. Znajdź po prostu dwa kamienie o jak najbardziej zbliżonych do siebie rozmiarach. Jeden z nich pomalować możesz na biało, a drugi na czarno. Czarny kamień będzie symbolizować odpowiedź „nie", zaś biały – „tak". Włóż kamienie do niewielkiej torebki. Gdy zechcesz dowiedzieć się, czy warto zdecydować się na taki czy inny plan, unieś dłoń nad torebkę i powiedz:

Duchu wiedzy,
pokieruj moją ręką i pozwól wybrać prawidłową odpowiedź,
czy mogę (w tym miejscu powiedz, co zamierzasz), czy nie?

Następnie wyciągnij kamień (oczywiście, zrób to bez zaglądania do torebki). Jeżeli odpowiedź brzmi „nie", porzuć swe plany. Pomyśl o alternatywnych rozwiązaniach i spróbuj ponownie kiedy indziej. Jeśli odpowiedź brzmiała „tak" – możesz działać. Jeżeli boisz się zadać pytanie Duchowi wiedzy, o odpowiedź poproś swojego Anioła Stróża.

Jak opracować plan duchowy

Kiedy Autumn odprawiała czary, by zmienić swoje nawyki i poprawić oceny w szkole, opracowała plan duchowy. Musisz wiedzieć, że odpowiadanie czarami na problem lub trudny do osiągnięcia cel to nie najlepsze wyjście. Czarownice długo zastanawiają się nad wyborem odpowiedniej techniki magicznej i obmyślają wcześniej całościowy plan działania. Czary stanowią tu tylko jeden z elementów. To prawda, że wypowiedzenie zaklęcia trwa zaledwie chwilę, a modlitwa zajmie niewiele dłużej, ale bez konkretnego planu to wszystko będzie przypominało porywanie się z motyką na słońce. Kompletny plan duchowy to:

- Logiczne przemyślenia dotyczące celu lub spornej sytuacji.
- Zastanawianie się nad tym, w jaki sposób twoje czyny, zarówno magiczne, jak i te zwyczajne, wpłyną na rozwiązanie trapiącego cię problemu i na związanych ze sprawą ludzi.
- Zbudowanie wokół siebie aury pokrzepienia.
- Przeprogramowanie umysłu za pomocą myśli, słów i czynów tak, by zaakceptował sukces.
- Uwzględnianie w swoich czynach Ducha w tak znacznym stopniu, jak jest to możliwe.

Wiem, że brzmi to trochę zawile jak na zwykłe zaklęcie, ale jeżeli nauczymy się mądrze planować przyszłość, zyskamy większe szanse na sukces we wszystkich dziedzinach życia.

Dlaczego magia nie zawsze skutkuje

Każda doświadczona czarownica poczuła gorycz porażki. W ten sposób uczymy się i rozwijamy. Nie myśl sobie, że wypowiadaniem zaklęć na lewo i prawo sprawisz, że wszystko potoczy się zgodnie z oczekiwaniami. Pamiętaj, że magia podąża po linii najmniejszego oporu, więc jeżeli nie zachowasz ostrożności i dokładnie nie sprecyzujesz swoich próśb, może czekać cię porażka.

Duch kieruje zarówno naszymi sukcesami, jak i porażkami. Załóżmy, że tak bardzo chcesz mieć czerwony samochód, iż jesteś w stanie zrobić niemal wszystko, ale Duch wie, że jeśli go dostaniesz, będziesz jeździć nieostrożnie, co może przyczynić się do wypadku, w wyniku którego mogłaby zginąć jedyna osoba, która jest w stanie wynaleźć lekarstwo na raka (w porządku, może trochę dramatyzuję, ale czytaj dalej). Duch może wkroczyć do akcji i powstrzymać moc twojej magii lub sprawić, że poczekasz na samochód jeszcze kilka lat. Niestety, ponieważ otrzymaliśmy dar wolnej woli, Duch nie zawsze jest w stanie powstrzymać niekorzystne wydarzenia. Jeżeli jednak przestaniesz iść beztrosko przez życie, bez uwzględnienia w swoich planach Ducha, i zaczniesz ściśle z nim współpracować przez cały czas, poprawisz swoje szanse na uniknięcie życiowych pułapek.

Oto kolejny przykład. Laurie chciała pracować w pewnym sklepie odzieżowym, znajdującym się w centrum handlowym. Podążała według duchowego planu, miała pozytywne myśli zarówno podczas składania podania, jak i podczas rozmowy o pracę oraz uprawiała czary, mające pomóc jej w zdobyciu wymarzonej posady. Nie dostała jej. Rozczarowana Laurie zastanawiała się, czy nie popełniła czasem jakiegoś błędu przy planowaniu lub podczas odprawiania czarów. Tydzień później zakwalifikowała się do programu wymiany studenckiej. Gdyby dostała pracę i tak zaraz musiałaby z niej zrezygnować. Duch wie lepiej, co będzie dla nas dobre. Zawsze powtarzałam uczniom (i swoim dzieciom), że gdy magia nie działa lub duchowy plan zawodzi, nie należy tracić wiary w siebie. Duch wie, czego nam potrzeba, a czego nie, i czasami, gdy najmniej się tego spodziewamy, wkracza do akcji, niwecząc wszystkie nasze plany. Niekiedy czyni to, by nas chronić, a czasem po prostu wie, że powinniśmy brać udział w ważniejszych przedsięwzięciach i wypełniać o wiele bardziej znaczące plany.

Nauczyłam swoje dzieci, by podczas uprawiania magii prosiły Ducha o „najlepszy rozwój wydarzeń". W ten sposób będzie on mógł wspomagać je w pracy i podczas zabawy.

Dowiedziałam się jeszcze jednej istotnej rzeczy. Jeżeli wokół ciebie zaczną się dziać dziwne rzeczy, nie szukaj dowodów na działanie sił czarnej magii – szukaj śladów działalności Ducha. Wszechświat z pewnością stara ci się coś powiedzieć. Być może jesteś na nieodpowiedniej ścieżce, może w którymś miejscu zdarzyło ci się źle skręcić, a twoi przyjaciele są inni, niż myślisz, i wprowadzają do twojego życia negatywną energię lub to ty tracisz czas na coś, co nie przyczynia się do zrealizowania przeznaczonego ci planu. Niekiedy Duch musi zdzielić nas po głowie ogromną miotłą, by sprawić, że zaczniemy uważać na to, co dzieje się wokół nas. Gdy już oprzytomniejemy, będziemy mogli zmienić tok działania, skupić się na tym, co dla nas najlepsze, i porzucić iluzje, którym poświęcaliśmy naszą uwagę.

Narkotyki i alkohol nie idą w parze z magią

Nauczając moich podopiecznych, rzadko uderzam pięścią w pentakl, ale gdy rozmowa schodzi na temat narkotyków lub alkoholu w rytuałach magicznych i życiu codziennym, staję się prawdziwą Złą Czarownicą z Zachodu (tak naprawdę ze Wschodu, bo mieszkam na wschodnim wybrzeżu). Narkotyki i alkohol nie powinny być kojarzone z magią. Mam dość słuchania wyświechtanych wymówek o plemiennych poszukiwaniach wizji. W dzisiejszych czasach dokładnie wiemy, jak wprowadzić nasz umysł w stan transu w sposób bezpieczny i bez użycia zakazanych substancji. Jeżeli ktoś próbuje ci wmówić co innego, to opowiada bzdury. Narkotyki i alkohol to nic innego jak kula u nogi. Leki przepisane przez lekarza to już zupełnie inna sprawa.

Wiccańskie prawo wymusza przestrzeganie praw ustanowionych w danym kraju. Owszem, mamy także własne zasady, ale nie tolerujemy lekceważenia nakazów obowiązujących w miejscu naszego zamieszkania. Jeżeli w szkole przyłapią cię na braniu narkotyków lub spożywaniu alkoholu, grozi ci zawieszenie w prawach ucznia lub nawet wyrzucenie ze szkoły. Nie koniec na tym. W zależności od okoliczności, możesz trafić do zakładu poprawczego lub nawet do więzienia. Zaufaj mi, nawet jeżeli „spróbujesz tylko raz", szkoła, rodzice i policja nie wezmą tego pod uwagę. Będzie po tobie. Zepsujesz sobie reputację i popadniesz w konflikt z prawem. Branie narkotyków i picie alkoholu w celu odegrania się na rodzicach to jedna z najgłupszych rzeczy, jakie możesz zrobić. Owszem, ich to zaboli, ale narkotyki i alkohol zrujnują życie *tobie*, a nie im. Nie wierzę, że ktokolwiek dobrowolnie chce żyć w uzależnieniu od narkotyków czy alkoholu. Tego typu używki pogarszają zdolność logicznego myślenia. Twoja osobowość z pewnością na tym ucierpi. Zaczniesz kłamać, zapominać o różnych rzeczach, a najsmutniejsze jest to, że nie będziesz nawet zdawać sobie z tego sprawy. Kiedy będzie już za późno, być może ktoś z twojego otoczenia zmądrzeje, widząc, w jakim bagnie żyjesz.

Jeżeli jesteś nastolatkiem i śmiejesz się, czytając moje słowa, bardzo mi ciebie żal, ponieważ już tracisz rozsądek. Może ci się wydawać, że jest inaczej, ale to złudzenie.

Problem narkotyków wśród dzisiejszej młodzieży jest bardzo poważny. Uzależnienie to zagrożenie wszechobecne, które dotyka zarówno biednych, jak i bogatych. Co przykre, często to właśnie zamożne rodziny z klasy średniej nie chcą uświadomić sobie, że ich dziecko może mieć problem, ponieważ sądzą, że ich środowiska to nie dotyczy. Błąd.

Pozwól, że podzielę się z tobą historią mojej koleżanki, która również pisze książki.

Siennę i jej męża można by uznać za małżeństwo z klasy średniej. Radzą sobie, opłacają rachunki i dają swoim córkom wszystko, co tylko mogą. Ani Sienna, ani jej mąż nie biorą narkotyków. Są małżeństwem od ponad dwudziestu lat. Tak naprawdę nawet nie piją alkoholu. W rodzinie nie ma przemocy ani zdrady. To po prostu typowa amerykańska rodzina, ale wszystko, co dobre, szybko się kończy.

Sienna ma dwie córki, obie chodzą do liceum. Jedna z córek uczęszcza do pierwszej klasy, a druga do trzeciej. Obie są urocze. Matce zdawało się, że wszystko idzie zgodnie z planem, mimo iż dziewczęta często kłóciły się ze sobą o drobne sprawy, typu makijaż, ubrania i inne podobne problemy nastolatek. Pewnego dnia, na trzy dni przed zakończeniem roku szkolnego, gdy Sienna kończyła właśnie pisanie książki, którą musiała pilnie przekazać wydawcy, otrzymała telefon od młodszej córki.

– Chcą przeszukać mój plecak – powiedziała Cindy – ale ja im na to nie pozwolę.

Sienna pochyliła się i odsunęła od siebie klawiaturę, próbując oderwać myśli od historii, którą opisywała, i skupić się na nagłym i realnym problemie.

– O co chodzi? Dlaczego ktoś chciałby przeszukiwać twój plecak?

– Bo myślą, że mam przy sobie narkotyki – odparła zapłakana Cindy.

Serce Sienny na chwilę stanęło, a dłoń zacisnęła się mocniej na słuchawce. Jeden z najczarniejszych koszmarów wyrwał się właśnie z ust jej szlochającej córki i wbił się prosto w jej serce. Mimo to nie straciła nadziei. Może córka po prostu bała się, że ktoś chce naruszyć jej prawa? Może chodziło tylko o to.

– Niech więc szukają.

W słuchawce zapanowała cisza.

– Cindy? Pozwól im przeszukać plecak.

Milczenie przerwał stłumiony szloch.

Koszmar złapał Siennę za gardło i uderzył ją prosto w brzuch.

– Czy masz w plecaku narkotyki? – zapytała szeptem Sienna.

Nadeszła cicha odpowiedź – Tak.

Sienna stłumiła w sobie chęć rzucenia telefonem o ścianę pokoju dziennego. Zamiast tego powiedziała:

– Pozwól im przeszukać plecak. Będę tam za trzy minuty.

Koszmar narastał minuta po minucie, wydarzenie za wydarzeniem. Starsza siostra Cindy, Alexis, stała się bardzo popularna wśród kolegów ze swojej niewielkiej szkoły. Znała uczniów z każdej klasy, z każdego przedziału wiekowego i każdej grupy społecznej – w tym także tych biorących narkotyki. Znała dzieci z bogatszych rodzin, deskorolkowców, chłopców uprawiających sport – dla Alexis pochodzenie nie miało żadnego znaczenia. Uważała, że każdy zasługuje na przyjaźń. Nie miała pojęcia, że zadawanie się z ludźmi, którzy zatracili szacunek do samych siebie i zaczęli sięgać po narkotyki, może okazać się dla niej szkodliwe – ona przecież nie brała.

W chwili gdy Cindy stała się ofiarą prawdziwego tornada emocji, które rozszalało się podczas wizyty rodziców w gabinecie dyrektora, Alexis siedziała w domu nieświadoma fali problemów, która wkrótce miała w nią uderzyć. Cindy nie wskazała bowiem palcem na przyjaciół – przyjaciele nie zachowują się tak wobec siebie. Cindy, jako winną, wskazała Alexis.

Niecałe dwadzieścia cztery godziny wcześniej Sienna miała szczęśliwą rodzinę – tak jej się przynajmniej wydawało. Teraz rozpętała się burza, która miała trwać przez kolejne kilka miesięcy. Kochająca rodzina rozpłynęła się w mgnieniu oka niczym plastik topiący się w ogniach piekielnych.

Sienna zadzwoniła do Alexis ze szkoły:

– Nigdzie nie wychodź. Twoja siostra ma poważne kłopoty.

– Chciałam spędzić wieczór z Lisą.

– O tym pomówimy później. Na razie zostań w domu.

– Jakie kłopoty? – zapytała Alexis.

– Chodzi o narkotyki. Nigdzie nie wychodź, rozumiesz?

– Co? Nie! To niemożliwe. Nie Cindy!

– Nie ruszaj się z domu, dobrze?

Biedna Cindy. Dwie dziewczyny, które się na nią zezłościły, nie zachowały się uczciwie. To przykra prawda. Nie obchodził ich los Cindy. Chciały się odegrać na Alexis. Nienawidziła jej jedna z nich, uczennica ostatniej klasy. Skoro nie mogła dopiec starszej siostrze – tej, której naprawdę nie znosiła, postanowiła przynajmniej zniszczyć młodszą. Podczas swoich ostatnich godzin w szkole wzięła za rękę przyjaciółkę i razem poszły zniszczyć życie siostrze Alexis. Druga dziewczyna, gruba i nieszczęśliwa, była ofiarą okrutnych docinek ze strony przyjaciół Cindy, a ona, choć zawsze była przy tym obecna, nie zrobiła nic, by ich powstrzymać. Nadszedł więc czas na zemstę.

Po niemal roku wciąż dokładnie nie wiadomo, w jaki sposób Cindy weszła w posiadanie narkotyków. Dziewczyna twierdzi, że miesiąc wcześniej znalazła je w pokoju Alexis. Mówiła, że zostawiła je tam jedna z jej przyjaciółek biorących narkotyki (która u niej nocowała). Alexis przypominała sobie, że jakiś czas później przyjaciółka odwiedziła ją ponownie, chcąc za wszelką cenę dostać się do jej pokoju. Gdy Alexis odmówiła, przyjaciółka szybko się ulotniła. Okazało się, że fałszywa przyjaciółka zostawiła w jej pokoju narkotyki.

Cindy nie była tak niezależna (pamiętaj, że miała dopiero czternaście lat), Sienna nie mogła więc ustalić, skąd tak naprawdę wzięły się narkotyki. Wiedziała jedynie, że jej dotychczasowe życie się rozsypało. Alexis była wściekła za to, że Cindy zrzuciła winę na nią, a więc odsunęła się od rodziny. Wkrótce miała skończyć osiemnaście lat i miała przed sobą cały świat, zdecydowała się więc na opuszczenie domu i spędzanie czasu poza nim. Kiedy policja zaczęła przesłuchiwać dziewczyny, najpierw rozmawiali z Alexis. Nie pytali jej o narkotyki, lecz o inny incydent, który miał miejsce w szkole. Gdy wieść o problemach Cindy się rozeszła, dzieci, które nie przepadały za jej starszą siostrą, powiedziały policjantom, że Alexis była odpowiedzialna za przypadki wandalizmu w szkole. Było to kłamstwo, ale dziewczyna musiała radzić sobie z oskarżeniami. Na szczęście okazało się, że miała alibi, bo była wtedy na zajęciach. W przeciwnym wypadku byłaby w o wiele większych kłopotach niż Cindy.

Dlaczego w ogóle Cindy miała przy sobie narkotyki? Dobre pytanie. Sienna odkryła w końcu, że Cindy trudno było naśladować zachowaniem jakże popularną starszą siostrę. Alexis była starsza, a co za tym idzie bardziej niezależna, stała się więc zagrożeniem dla Cindy i jej samooceny. Sienna dowiedziała się, że Cindy z pomocą przyjaciół skontaktowała się, a potem związała z szesnastoletnim szkolnym dilerem. Przyjaciółkom Cindy chłopak się spodobał, więc ułatwiały jej spotkania. Wszystko to działo się bez wiedzy Sienny. Chłopak pochodził z domu, w którym stosowano przemoc. W ciągu kolejnych miesięcy nadszarpnął on samoocenę Cindy, wmawiając jej, że jest brzydka, głupia i nisko urodzona. Powiedział jej, że musi zasłużyć na jego szacunek. By to zrobić, dziewczyna musiała wziąć narkotyki.

Na szczęście dla Cindy przyłapano ją. Musiała, co prawda, przeżyć spore upokorzenie i nieomal rozpad rodziny, ale mogła wreszcie porzucić swoje błędne przekonania, dotyczące rywalizacji z siostrą, i uświadomić sobie, że znęcała się nad sobą oraz była obiektem znęcania (więcej na ten temat przeczytasz później). Cindy bardzo chciała być taka, jak jej rówieśnicy. Chciała stać się częścią grupy i pragnęła być zauważona, przez co zetknęła się ze światem narkotyków i poważnie podkopała fundamenty swojej rodziny. To wszystko przez dwa małe źdźbełka marihuany, zamknięte w niewielkim plastikowym opakowaniu. Tyle wystarczyło, by Cindy zawieszono w prawach ucznia (później karę zniesiono) i skierowano na przymusowy program odwykowy. Stało się tak, ponieważ w chwili znalezienia u niej narkotyków była już na etapie uzależnienia. Gdy sprawy zabrnęły za daleko, dziewczyna nie wiedziała, jak powstrzymać to błędne koło. Nie zdawała sobie sprawy, że mogła zwrócić się o pomoc do rodziców. Właśnie w taki sposób znęcanie się i narkotyki potrafią zmienić twój mózg.

Wszechświat postanowił więc na chwilę przestać się kręcić i zainterweniować.

Matka Cindy powiedziała córce: „Jeżeli zmierzasz w nieodpowiednim kierunku, jeżeli Bóg ma w stosunku do ciebie wyjątkowe plany, a ty go nie słuchasz, wszechświat wkroczy do gry i da ci wycisk, jakiego byś się nie spodziewała. To, iż zostałaś przyłapana, oznacza, że Bóg ma dla ciebie wyjątkowy plan i nie chce, byś nawaliła. Bądź wdzięczna, że masz coś ważnego do zrobienia. Pomyśl o tym".

Na szczęście Cindy nie przysparzała wcześniej zbyt wielu kłopotów, a jej rodzice bardzo ją kochali. Być może, jeżeli przypominasz Cindy, zechcesz się trochę zastanowić nad tym, co robisz. Może to ocalić ci życie.

Narkotyki i alkohol osłabią także twoje zdolności magiczne. Jeżeli zażywasz narkotyki lub pijesz alkohol, twoje doświadczenie w magii staje się nic niewarte. Rytuały zawiodą, zaklęcia obrócą się przeciwko tobie, a twój plan duchowy wyglądać będzie jak szwajcarski ser.

Jeżeli chcesz poważnie traktować czarostwo, zapomnij o narkotykach i alkoholu.

Ciemna strona – czarownice się tam nie zapuszczają

Czarownice nie uprawiają magii, by krzywdzić kogokolwiek. Wiemy także, że zło nie ma w sobie żadnej prawdziwej mocy. Spotkałam nastolatki, które interesowały się ciemną stroną, myśląc, że czarownice działające w służbie dobra są istotami słabymi, a dobro nie ma szans w starciu ze złem. To nieprawda. Czarownice, co prawda, zdają sobie sprawę z tego, iż świat składa się z porządku i chaosu, a obie energie współpracują, tworząc nasz świat, ale chaos nie oznacza przecież zła, a czarownice nigdy, przenigdy nie parają się złą magią.

Jakiś czas temu zetknęłam się z osiemnastolatkiem o imieniu Jefferson. Miał on przy sobie jakieś fałszywe materiały dotyczące okultyzmu. Nie interesowała go prawda, fascynował się mrokiem. Jefferson chodził po mieście i straszył ludzi. Opowiadał rówieśnikom i młodszym dzieciom, że ma w sobie moc, gdyż uprawia czarną magię. Młodzież wierzyła mu, gdyż była podatna na tego typu wpływy i nie miała pojęcia o prawdziwych rytuałach okultystycznych. Jefferson nie mógł jednak zrozumieć, że wywoływanie strachu to słabość, a nie potęga. Jego przechwałki świadczyły o niskiej samoocenie. To dość smutne, ale pomimo tego, co mu mówiono, wciąż straszył ludzi, groził im i zachowywał się irytująco – jak wrzód na magicznym wiadomo czym. Dzień po dniu Jefferson roztaczał wokół siebie negatywną energię, aż pewnego dnia dogonił go strach, który sam rozsiewał. Do gry wkroczył Duch, a Jefferson trafił do więzienia. Nareszcie.

Czy Jefferson zrozumiał nauczkę? Prawdopodobnie nie. Gdy ludzie tacy jak on uwierzą w to, że zło daje moc, uświadomienie ich, że jest inaczej, trwa bardzo długo, a czasem jest to wręcz niemożliwe. Jeżeli ktokolwiek będzie groził ci czarną magią, po prostu go wyśmiej. Wykorzystanie czarnej magii wymaga strachu, w przeciwnym razie czary nie zadziałają. Gdy się nie boisz, negatywna energia nie ma na ciebie wpływu. Tak jak uczą nas w filmie *Diuna* – „strach zabija umysł". Śmiech potrafi zniweczyć działanie negatywnej energii, ponieważ stanowi on część Ducha.

Magia to równowaga

Wszystkie działania magiczne i rytuały tworzą energię, która ma za zadanie przywrócenie równowagi w życiu. Czasami, zwłaszcza wtedy gdy dopiero zaczynamy odprawiać czary, w naszym życiu pojawiają się problemy, których nigdy się nie spodziewaliśmy i których z pewnością wolelibyśmy uniknąć. Uprawiając magię, mówisz wszechświatowi, iż wyrażasz gotowość na równowagę w swoim życiu. By ją osiągnąć, twoje życie i nawyki muszą ulec zmianie.

Otrzymałam listy od kilku nastolatków, którzy pisali, że nigdy więcej nie wezmą się za magię, ponieważ stało się coś, czego nie chcieli. Wydawało im się, że gdyby nie zajmowali się magią, wszystko byłoby dobrze.

To nieprawda.

Rzeczy i tak same uległyby zmianie i najprawdopodobniej na jeszcze gorsze.

Nasze życie, od momentu urodzin aż po śmierć, pełne jest zmian. Jeżeli nic by się nie zmieniało, popadlibyśmy w stagnację. Stagnacja to śmierć. Zmiana to istotny element twojego bytu, a czarownice uczą się akceptować równowagę i szanować zmiany.

W niniejszym rozdziale zawarłam dużo materiału, który z pewnością dał ci do myślenia. Mam nadzieję, że teraz już rozumiesz, jak wiele wysiłku wiąże się z praktykowaniem czarostwa. Wysiłek ten jest niezwykle ważny, gdyż pracujesz dla siebie i na rzecz tych, których kochasz. Niniejszy, poświęcony magii rozdział to dopiero czubek naszej miotły – chcąc być czarownicą, musisz nauczyć się jeszcze o wiele, wiele więcej.

Powtórzmy jeszcze raz podstawowe zasady magii, zanim przejdziemy do kolejnego rozdziału (wiem, że nie możesz się doczekać – ja też, ale musimy upewnić się, że zaczniesz, mając ku temu solidne podstawy).

PODSTAWOWE ZASADY MAGII

- Wszelka magia powinna stanowić część planu duchowego.
- Wszelka magia powinna uwzględniać obecność Ducha.

- Zanim podejmiesz się jakichkolwiek działań magicznych, odpraw wróżbę przy pomocy kamieni „tak/nie".
- Pamiętaj, że każdy twój czyn powoduje reakcje, które wpłyną na ciebie i innych.
- Zasada czarownic nr 1: „Czyń co chcesz, ale nie krzywdź nikogo".
- Zasada czarownic nr 2: „Pamiętaj o prawie trójpowrotu – nie czyń drugiemu, co tobie niemiłe".
- Zasada czarownic nr 3: „Nigdy nie wykorzystuj magii, by wpłynąć na czyjąś wolną wolę".
- Zasada czarownic nr 4: „Niech za słowami idą czyny".
- Zasada czarownic nr 5: „Zawsze miej w zanadrzu plan awaryjny".
- Zasada czarownic nr 6: „Działaj zarówno w świecie rzeczywistym, jak i magicznym".
- Ucząc się, uprawiaj magię zawsze wewnątrz magicznego kręgu lub uświęconej przestrzeni.
- Zasada czarownic nr 7: „Trzymaj się z dala od narkotyków i alkoholu".
- Zasada czarownic nr 8: „Nigdy nie strasz nikogo magią".
- Zasada czarownic nr 9: „Akceptuj równowagę – szanuj zmiany".

To tyle. Niektóre czarownice powiedzą ci, że ucząc się o czarostwie, musisz dowiedzieć się o wiele więcej. Zawarłam tu tyle informacji, by mój czytelnik mógł rozpocząć swą przygodę. Przejdźmy teraz do przyjemniejszych rzeczy!

Rozdział 5

Zaklęcia specjalnie dla ciebie

Domyślam się, że być może trzymasz w ręku tę książkę tylko ze względu na zaklęcia i zgaduję, że niektórzy czytelnicy zignorowali poprzednie rozdziały, przechodząc od razu do tej części. Jeśli ty także należysz do tej grupy, proszę, wróć do początku i przeczytaj wszystko uważnie. Jeżeli tego nie zrobisz, twoje zaklęcia prawdopodobnie nie będą skuteczne. Potrzebujesz podstaw zawartych we wcześniejszych rozdziałach, by móc z powodzeniem rzucać zaklęcia, które poznasz w tej części i kolejnych. Tym z was, którzy uczciwie przebrnęli przez dotychczasową część mojej publikacji, chcę powiedzieć, że jestem z was dumna! Teraz dopiero zaczyna się prawdziwa zabawa!

Podobnie jak nauka, również sztuka rzucania zaklęć ma swoje zasady. Jeśli je złamiesz, możesz zapłacić cenę wyższą, niż myślisz. Wyróżniamy pięć podstawowych kategorii zaklęć: miłosne, o zdrowie, o pieniądze, o ochronę oraz inne (czyli wszystkie te, które nie należą do pozostałych czterech kategorii). Każda z tych grup ma swój własny system zasad. Pisząc te słowa, myślę o moich własnych dzieciach i wspominam z czułością, jak przez te wszystkie lata uczyłam je technik rzucania zaklęć. Trochę tego, trochę tamtego – aż wypracowały całkiem rozbudowany repertuar własnych technik czarowania. Wierz mi, kiedy moje dzieci naprawdę się przyłożą, są w stanie pokonać w bitwie na zaklęcia każdego obeznanego w sztuce czarownika na tej planecie. Jeżeli zastosujesz się do instrukcji zawartych w tej książce, ty także osiągniesz podobny sukces. Wiem, że potrafisz. Zgłębienie każdej nowej techniki wymaga czasu, ale ćwiczenia prowadzą do perfekcji. Wszystkie zaklęcia w tym rozdziale zaliczają się do kategorii docelowych, co oznacza, że każde z nich zostało stworzone po to, aby osiągnąć konkretny cel, było wypróbowane i sprawdzone. Możesz stosować każdą z podstawowych technik zaklęć wymyślonych przeze mnie w zaklęciach własnego autorstwa. Najskuteczniejsze zaklęcia płyną z serca i umysłu rzucającej je osoby. Pamiętaj, by stosować się do obowiązujących zasad.

W poprzednim rozdziale omówiłam pewne podstawowe reguły rządzące magią. Pamiętasz je? Mam nadzieję, że przy każdym zaklęciu będziesz przestrzegać duchowego planu i nie zapomnisz o uprzednim skorzystaniu z kamieni do wróżenia, by upewnić się co do celowości rozpoczynania swej magicznej pracy. Podczas ćwiczenia każdej z technik rzucania zaklęć radzę ci także stosować schemat rytuału ogólnego lub spontanicznego – oba opisane zostały we wcześniejszych rozdziałach. Mam tu na myśli poświęcenie ołtarza, nakreślenie kręgu i wezwanie żywiołów. Jeżeli nie pamiętasz tych informacji, wróć do poprzednich części książki i ponownie się z nimi zapoznaj, aż poczujesz się pewnie w znajomości tych technik. Stwórz własną Księgę Cieni, by zapisywać w niej swe postępy i doświadczenia. Proszę, nigdy nie odczytuj zaklęcia ani nie wykonuj całej operacji tylko dla zabawy. Nie rezygnuj też z przeprowadzenia rytuału po podjęciu decyzji o użyciu jakiegoś zaklęcia. Moje dzieci powiedzą ci, że odprawianie magii jest poważnym zajęciem. Sztuka rzucania zaklęć nie powinna przeobrazić się w „piżama party", na którym każdy z uczestników chce zrobić coś niecodziennego. Jeżeli będziesz traktować swą magiczną pracę z powagą i szacunkiem, uzyskasz wspaniałe rezultaty.

Po zrozumieniu, na czym polega rzucanie zaklęć, możesz ułożyć operację magiczną na każdą okazję. Samodzielnie sformułowane zaklęcia mają w sobie większą moc, niż te znalezione w jakiejś książce. Dlaczego? Zaklęcia i operacje magiczne ułożone przez ciebie łączą twoją kreatywną energię z siłami wszechświata. Skąd o tym wiem? Na podstawie obserwacji moich dzieci.

Jamie, mój dziesięcioletni syn, potrzebował pieniędzy, żeby pojechać na wycieczkę szkolną do Filadelfii. Z jakiegoś powodu uznał, że nie dostanie ich od nas. Postanowił więc przeprowadzić własną operację magiczną, bez powiadamiania o niej kogokolwiek. Pewnego wieczoru Jamie napełnił niewielką butelkę wodą i syropem na kaszel (środkiem wykrztuśnym). Myśląc o potrzebnych pieniądzach, zapalił czerwoną świecę (ponieważ lubi ten kolor), potrząsnął butelką i pozwolił świecy płonąć przez mniej więcej pięć minut. Potem postawił zakorkowaną buteleczkę na swoim ołtarzu. Dlaczego właśnie tak zrobił? Woda symbolizować miała przypływ pieniędzy, zaś syrop wykrztuśny miał spowodować, że wszechświatowi „odkaszlnie się" potrzebna suma.

Pamiętaj, że nie wiedziałam wtedy o jego rytuale. Domyślałam się, że ktoś w domu odprawiał magię, gdyż czułam przepływ energii, ale nie wiedziałam, kto to był ani dlaczego to zrobił. Zapytałam swoje dzieci: „Kto z was ostatnio czarował"? Nikt się jednak nie przyznał. Podejrzewałam dziewczęta, gdyż one pobrały więcej nauk w zakresie odprawiania czarów. Ale się nie przyznawały. Dla porządku zapytałam też Jamiego, ale nie podejrzewałam go, gdyż bardziej lubi bębnienie w kręgu, niż uczenie się zasad magii. Tak mi się przynajmniej wydawało. Kilka razy przeszłam obok czerwonej buteleczki, podziwiając jej kształt i zgadując, kto i po co ją w tym miejscu postawił. Ponieważ jednak byłam zbyt zajęta innymi sprawami, wkrótce zapomniałam o sprawie.

Nadszedł dzień wycieczki szkolnej. Położyłam na stole dwadzieścia dolarów dla Jamiego na drobne pamiątki, jakie dzieciaki lubią kupować, kiedy jeżdżą na wycieczki. Jego najstarsza siostra przeszła obok stołu, dorzucając pięć dolarów. Druga siostra dała mu trzy dolary. Tata zabrał go do sklepu spożywczego i kupił to, co chłopiec chciał zapakować sobie do jedzenia na podróż. Już w trakcie wycieczki jakiś rodzic zapłacił za przejazd Jamiego bryczką.

Jamie wrócił zadowolony, przywożąc podarunki dla każdego. Wciąż nie wiedziałam o jego wcześniejszym rytuale. Tej nocy zebraliśmy się w kręgu. Postanowiliśmy przeprowadzić bębnienie w transie, używając bębnów i grzechotek, by doprowadzić do realizacji naszych celów. Kiedy rozmawiałam ze starszymi osobami o tym, jak powinny koncentrować się na swoich celach, zapewniałam je, że mogą przeprowadzić operację magiczną z użyciem najzupełniej dowolnych przedmiotów. Wtedy Jamie wtrącił: „No pewnie! Ja użyłem syropu na kaszel i wody, dzięki czemu zdobyłem dużo, dużo pieniędzy!". Chłopiec opisał swój rytuał i całe grono zebranych wyniosło z tego wydarzenia naukę – oraz salwy śmiechu!

Jamie zastosował się do złotej zasady czarostwa: w swojej magii nigdy nie zwracaj się z prośbą o coś do konkretnej osoby – tylko do wszechświata.

Czas

Wiele początkujących czarownic ma wątpliwości co do różnych kwestii czasowych, związanych z odprawianiem magii. Ile czasu upłynie, zanim zaklęcie zadziała? Jak długo trzeba czekać, aż coś się wydarzy? Należy po prostu czekać tyle, ile trzeba. No, co to za smutna mina? Zaraz wyjaśnię kilka kwestii związanych z czasem:

- Magia podąża ścieżką najmniejszego oporu, więc jeśli nie masz wyraźnego powodu, by kierować ją na określoną drogę myśli, pozwól, by poruszała się we własnym zakresie. Im więcej przeszkód postawisz na tej drodze, tym dłużej poczekasz na realizację swego zaklęcia.

- Nieduże cele realizowane są szybciej niż te większe. Oto przykład: poprosiłam moich studentów, by wybrali sobie dziesięć celów. Potem z tych dziesięciu mieli wybrać trzy. Pracowaliśmy nad wskazanymi trzema przez sześć tygodni. Ci studenci, którzy postawili sobie mniej ambitne cele, doczekali się realizacji swych pragnień już po czterech tygodniach lub nawet wcześniej. Zazwyczaj manifestacja niewygórowanego celu następuje w przeciągu tygodnia do trzydziestu dni (czyli mniej więcej pełnego cyklu Księżyca). Jeżeli twój mały cel nie urzeczywistni się po trzydziestu dniach, należy ponownie przeprowadzić rytuał. Czarownice nazywają tę technikę „Księżyc do Księżyca", gdyż cykl od pełni do pełni (lub od nowiu do nowiu) trwa około 28 dni.

- Bardziej ambitne cele wymagają wypracowania magicznych technik. Moi studenci, którzy stawiali przed sobą wyższe cele, musieli pracować nad nimi nawet do sześciu miesięcy, zanim doczekali się realizacji swych zamierzeń. Każdego tygodnia wykonywaliśmy inny rodzaj magicznych aplikacji, by dodać zaklęciom nowe pokłady energii. W jednym tygodniu puszczaliśmy bańki życzeń, wyobrażając sobie nasze cele pod postacią tych baniek. Innym razem robiliśmy magiczny popcorn. Ładowaliśmy energią ziarna kukurydzy przed przygotowaniem i gdy ziarenka pękały podczas podgrzewania, wykrzykiwaliśmy nasze cele. W kolejnym tygodniu zaplataliśmy sznurki, wplatając w nie nasze pragnienia. Studenci mieli zachować swoje sznurki do czasu realizacji swoich zamierzeń. Następnie rysowaliśmy obrazki, przedstawiające to, jak wyglądalibyśmy po urzeczywistnieniu naszych celów. Jeszcze innym razem robiliśmy łańcuch z makaronu, napełniając energią każdy element podczas nawlekania go na sznurek. W domu uczniowie mieli ułożyć te łańcuchy na swoich ołtarzach. Każda magiczna kategoria w niniejszym rozdziale zawierać będzie kilka zaklęć, które możesz wypróbować. Wybierz jedno i wykonaj je, a potem użyj swojej wyobraźni, by stworzyć inne magiczne formy ekspresji, mające prowadzić do osiągnięcia wyznaczonych przez siebie celów.

- Starzy nauczyciele mówią: „Rzuć zaklęcie i zapomnij o nim". Chodzi o to, by rzucić zaklęcie, a potem się nim nie przejmować. Wnoszenie negatywnych myśli do czarowania sprawi, że twój cel się nie urzeczywistni. Jeżeli martwisz się o to, czy twoje pragnienie się spełni, tworzysz blokadę na ścieżce do jego realizacji.

- Nie staraj się zbyt szczegółowo formułować swego zaklęcia. Powiedzmy, że potrzebujesz pieniędzy, ale twoje próby zdobycia ich wszelkimi dostępnymi w materialnym świecie sposobami spełzły na niczym. Chcesz więc spróbować magii. Nie powiedzie ci się, jeśli założysz z góry, że masz już za sobą wszelkie prawdopodobne formy zdobycia pieniędzy. Mądry czarownik pozostawia Duchowi wybór sposobu, w jaki pieniądze do niego przyjdą. Podobnie jest ze ścieżkami miłości, ochrony itd. Nie oznacza to, że nie musisz próbować osiągnąć celu w „realnym świecie", by wspomóc manifestację swoich pragnień. Jeśli zachorujesz, idź do lekarza ORAZ odpraw rytuał uzdrawiający. Jeżeli chcesz, by w twoje życie wkroczyła miłość, staraj się być bardziej sympatyczną osobą i nie zamykać się w domu, oczekując, aż Kupidyn dostanie się do ciebie przez komin, ciągnąc za sobą na linie twoją upragnioną miłość. Jeśli potrzebujesz ochrony, porozmawiaj z rodzicami o swojej sytuacji oraz o tym, dlaczego odczuwasz strach. Jeśli z jakichkolwiek powodów uważasz, że nie możesz z nimi porozmawiać, zwróć się do innej odpowiedzialnej osoby dorosłej (głęboko w swoim sercu na pewno wiesz, kto będzie godny zaufania, a kto okaże się zwykłym kretynem). Jeśli rzucasz zaklęcie w sprawie zdobycia pieniędzy, zawsze staraj się szukać sposobów ich pozyskania, uruchamiając swą wyobraźnię.

Pamiętając o powyższych wskazówkach, możesz przejść do królestwa zaklęć. Przy każdym z nich znajdziesz fazę Księżyca, podczas której należy je odprawić, a także odpowiedniki planetarne, kolorystyczne i związki z dniami tygodnia. Postaraj się jak najlepiej dostosować do tych odpowiedników. Pamiętaj też, że twoja kreatywność oraz potrzeby są bardzo ważnymi czynnikami podczas rzucania zaklęć. Jeżeli jest niedziela, zaś zaklęcie powinno być rzucone w poniedziałek, ty zaś czujesz, że naprawdę musisz zająć się nim JUŻ DZIŚ, zrób tak. Jeśli zaklęcie wymaga użycia akcesoriów, których nie posiadasz, nie przejmuj się tym. Zastąp je czymś innym.

Każda z poniższych kategorii (miłość, zdrowie, dobrobyt i ochrona) ma swoje określone, odrębne zasady. Proszę, przeczytaj je uważnie, zanim przystąpisz do pracy z jakimikolwiek zaklęciami.

Miłość

Zasady odprawiania magii miłosnej

Zarówno młodym, jak i dorosłym ludziom wydaje się, że za pomocą czarów mogą zdobyć partnera swoich marzeń. Te złudzenia są podsycane przez popularne współczesne piosenki *Witchie Woman, That Old Black Magick* czy *Season of the Witch**, według słów których każda czarownica to uwodzicielka, posiadająca wielką moc. Cóż, można za pomocą magii zastawić na kogoś miłosne sidła, ale nie w sposób, o jakim prawdopodobnie myślisz. Czarostwo narzuca określone reguły dla miłosnej magii:

- Nigdy, przenigdy nie próbuj z pomocą czarów zdobyć uczucia jakiejś osoby wbrew jej woli. Często otrzymuję listy od ludzi, którzy chcą zmusić kogoś do pokochania siebie. Czarownice tak nie postępują. Jeżeli podoba ci się jakiś Harold czy jakaś Sally, nie możesz tak po prostu rzucić na tę osobę zaklęcia, by *zmusić* ją do miłości, i spodziewać się, że będziecie żyli długo i szczęśliwie. Jeżeli nawet takie zaklęcie zadziała, odczujesz jego konsekwencje na własnej skórze. Mówisz, że zrobisz wszystko, aby tylko zdobyć miłość tej osoby? Jeszcze to przemyśl. Rozstania wywołane magicznymi zaklęciami wciąż uważane są za najbardziej burzliwe, druzgocące i krzywdzące ze wszystkich form pozytywnej magii, która przeistoczyła się w negatywną. Tylko głupcy próbują czarami zdobyć w ten sposób czyjąś miłość.

- Nigdy, przenigdy nie próbuj odebrać komuś męża, żony albo partnera – czy to za pomocą magii, czy innymi sposobami. Zabawa na czyimś podwórku może ściągnąć na ciebie kłopoty. Dobre czarownice starają się

* Odpowiednio: *Czarownica, Ta stara czarna magia, Sezon czarownicy* – tłumaczenie własne (przyp. tłum.).

trzymać z daleka od związków bez przyszłości. Nigdy nie zaznasz szczęścia z partnerem odebranym innej osobie poprzez użycie magii.

- Nie możesz *posiadać* innej osoby. Drugi człowiek nie może *należeć* do ciebie, jak jakaś rzecz. Czarownice nigdy nie oddają swoich „tarcz ochronnych" innym ludziom. Zawsze więc zachowujesz swoją osobistą moc.

Myślisz pewnie teraz, że właśnie pozbawiłam magii i uroku całej zabawie, ale zapewniam cię, że czarownice mają w zanadrzu wiele zdumiewających trików, wzbogacających życie uczuciowe bez wpływania na czyjąś wolną wolę.

MIŁOSNE ODPOWIEDNIKI

Znasz stare porzekadło: „podobieństwa się przyciągają"? Czarownice używają swojej kreatywności, by znaleźć przedmioty i energie, które wibrują z tą samą „miłosną" częstotliwością. Przyjrzyjmy się niektórym z tych odpowiedników, by dać ci szansę przyzwyczajenia się do myślenia w ten sposób podczas przygotowywania zaklęć.

Najlepiej przewodzącymi miłosną energię fazami Księżyca są dni od nowiu do pełni (symbolizują wzrastanie uczucia miłości w sercu) oraz sama pełnia. Skąd można dowiedzieć się, jaka będzie faza Księżyca? Najlepiej sprawdzić w kalendarzu, kanale pogodowym w telewizji, w prognozie pogody zamieszczonej w lokalnej gazecie lub w astrologicznym almanachu.

Ciałem niebieskim, najczęściej kojarzonym z magią miłosną, jest Wenus, chociaż zaklęcia związane z energią Słońca (oznaczającą sukces) lub Merkurego (związaną z komunikacją) także dobrze wpasowują się w operacje magiczne tego typu.

Kolorami miłości są: czerwony (symbolizuje pasję), biały (czystość), złoty (ciepło rodzinne), brązowy (przyjaźń) i różowy (oczarowanie). Uważaj jednak z różowym, gdyż mieszanka czerwieni i bieli może dać skutek odwrotny do zamierzonego, zwłaszcza jeśli połączysz intencje lub nie będziesz czuć się pewnie w swoim czarowaniu. Radzę używać koloru różowego w odniesieniu do miłości własnej, ale z innymi rodzajami zaklęć miłosnych – już nie. Inne kolorystyczne powiązania znajdziesz w tabeli, jaką zamieściłam w poprzednim rozdziale.

Akcesoria związane z miłością mogą być przeróżne. Na przykład owocami i warzywami „miłosnymi" są: jabłka, wiśnie, morele, buraki, cykoria, figi, cytryny, awokado, brzoskwinie, gruszki, groszek, śliwki, rzodkiewka, maliny i pomidory.

Zioła i inne „miłosne" rośliny to: aster, chaber, melisa, jęczmień, bazylia, cynamon, goździk, podbiał, kolendra, krokus, żonkil, stokrotka, koper, wiąz, cykoria, gardenia, pelargonia, korzeń żeń-szenia, hibiskus, lawenda, klon, majeranek, mirt, orzechy, orchidea, bratek, mięta, pierwiosnek, róża, rozmaryn, żyto, trzcina cukrowa, tymianek, tulipan, waleriana, wanilia, werbena i wierzba.

W miłosnych zaklęciach możemy też wykorzystać cztery żywioły: powietrze jako symbol czystości i komunikacji, ogień – by rozbudzić pasję, ziemię – by „posiać" w niej naszą miłość i patrzeć, jak rośnie, wodę – by energia naszej miłości mogła swobodnie krążyć w nas i wokół nas oraz by przeistoczyć się w bardziej kochającą osobę.

Symbole miłości to: biała lub czerwona róża, czerwone serce, łabędzie, koronka, obrazki aniołów, krzyżyki i kółka (oznaczające uściski i całusy), ciasteczka czekoladowe, jemioła, pierścionek, tęcza, jednorożec, czerwone i białe paciorki, złoty kielich i czerwony łuk. Na pewno znasz jeszcze inne symbole miłości, o których zapomniałam.

Mając wszystkie te odpowiedniki w małym palcu, możemy układać nieskończony zbiór zaklęć, zwłaszcza jeżeli uruchomimy naszą wyobraźnię.

* * *

Zaklęcie miłosne „Przyjdź do mnie"

Zaklęcie to nie jest skierowane do określonej osoby, lecz wysyła się je ku wszechświatowi, by ten połączył nas z osobą, która będzie dla nas najbardziej odpowiednia w danym momencie życia. Trzeba zaznaczyć, że chodzi o człowieka, bo kiedyś mój znajomy rzucił to zaklęcie i otrzymał kota. Jeżeli szukasz zwierzątka-ulubieńca – takiego, który pasowałby do twego stylu życia i poziomu energii, po prostu zastąp słowo „osoba" wyrazami „zwierzę" lub „ulubieniec".

Zanim rzucisz zaklęcie, użyj swych kamieni do wróżenia. Powiedzą ci, czy jest to odpowiedni czas w twoim życiu na takie czary. Jeśli decydujesz się zmienić słowa zaklęcia, upewnij się za pomocą kamieni, że twoje zmiany nie wyrządzą krzywdy tobie czy komuś innemu.

To zaklęcie możesz rzucić tylko wtedy, kiedy jesteś w obrębie magicznego kręgu. Nie zapomnij poświęcić swego ołtarza.

FAZA KSIĘŻYCA: od nowiu do pełni

DZIEŃ: piątek

CIAŁO NIEBIESKIE: Wenus

KOLORY: czerwony i biały

AKCESORIA: dwie świece, jedna czerwona i jedna biała; kłębek czerwonej przędzy; białe i czerwone płatki róż; biały cukier; twoje imię wypisane czerwonym atramentem na białej kartce; niewielka miska; igła lub pinezka

Umieść wszystkie potrzebne akcesoria na ołtarzu. Dokonaj ich oczyszczenia, poświęcenia i napełnienia energią tak, jak opisałam to we wcześniejszych rozdziałach. Jeśli chcesz, możesz poprosić Afrodytę lub Wenus (obie są boginiami miłości) o błogosławieństwo magicznej operacji, jaką planujesz przeprowadzić. Możesz także zwrócić się do Ducha lub swego Anioła Stróża. Unieś dłonie nad zgromadzonymi przedmiotami i przytrzymaj je tak długo, aż ich wewnętrzne części zaczną swędzić lub się rozgrzewać.

Zapal czerwoną świecę. Umieść biały cukier, płatki róż i kartkę ze swoim imieniem w niewielkiej misce. Delikatnie zmieszaj te składniki siedem razy, mówiąc:

Mieszam,
zmieniam,
manifestuję.
Miłość wysłanej przez wszechświat osoby,
która będzie dla mnie najbardziej odpowiednia.

Końcem igły lub pinezki wyryj słowo „miłość" oraz swoje imię na białej świecy. Przytrzymaj ją mocno w dłoniach i wypowiedz powyższe zaklęcie siedem razy.

Wyjmij kartkę z miski i umieść ją pod świecznikiem na środku ołtarza. Usyp wokół podstawy świecy kształt serca z mieszanki cukru i płatków róż.

Skup swoje spojrzenie na płomieniu świecy. Pomyśl, że jesteś osobą szczęśliwą i bezpieczną w ramionach kogoś, komu na tobie zależy. Nie myśl, powtarzam: nie myśl o żadnej konkretnej osobie. Zatrzymaj tę myśl w swojej głowie jak najdłużej. Kiedy ci umknie, otwórz oczy i powiedz:

Duchu, proszę wszechświat, by przysłał do mnie osobę,
która będzie dla mnie najbardziej odpowiednia.

Jeśli chodzi ci tylko o przyjaciela, wyraź to. Jeżeli pragniesz głębszej więzi, powiedz dokładnie, o jaki rodzaj relacji ci chodzi. Weź kłębek przędzy, przytrzymaj luźny koniec w swojej dominującej ręce i – powtarzając powyższe słowa – zacznij rozwijać nić, aż dojdziesz do jej drugiego końca. Przyciągając nić w swoją stronę, wyobraź sobie, że jesteś osobą kochaną i szczęśliwą. Następnie zwiń kłębek z powrotem, powtarzając zaklęcie i wyobrażając sobie, że jesteś szczęśliwym, kochanym człowiekiem. Kiedy kłębek będzie już zwinięty, odłóż przędzę na bok (nie wyrzucaj kłębka, dopóki nie pojawi się w twoim życiu miłość, o którą się zwracasz). Podziękuj Duchowi, potem zgaś świece specjalną przykrywką. Usuń krąg. Przez siedem kolejnych dni powtarzaj część zaklęcia, w której zapalasz świecę. Zawsze czyń to w magicznym kręgu. Po tych siedmiu dniach włóż do woreczka foliowego pozostałość świecy i kartkę, wsyp tam także ułożoną na kształt serca mieszankę płatków róż i cukru. Trzymaj woreczek w bezpiecznym miejscu, dopóki nie spotkasz miłości, o jaką prosisz. Wtedy rozsyp mieszankę z woreczka na swoim podwórku. Poproś Ducha, by sprawił, żeby miłość w twoim życiu wzrastała w miarę rozkładania się cukru i płatków róż.

* * *

Zaklęcie „Trzymaj się z daleka, kotku"

Wcześniej, przy omawianiu miłosnych zasad, wspomniałam, że nie można *posiadać* drugiego człowieka oraz że decyzja o tym, kogo chce, a kogo nie chce on kochać, zależy od niego samego. Co robi czarownica, gdy jakiś człowiek niszczący związki depcze po piętach bliskiej jej osoby, planując ją zwieść kłamstwami i oszustwem? Czy będzie stała z boku, mówiąc: „No cóż..." i odwracając oczy? Absolutnie nie! Chociaż kontrolowanie czyichś myśli lub uczuć jest niedozwolone, mamy prawo chronić nasze własne uczucia przed chciwymi szponami pustych oportunistów. Niekiedy wszechświat wiedzie ukochaną przez nas osobę ścieżką, która odłącza się od naszej, niezależnie od naszych potrzeb i pragnień. Jeżeli masz do czynienia z taką sytuacją, poniższe zaklęcie okaże się nieskuteczne i nie pozostanie ci nic innego, jak zaakceptować mądrość wyboru dokonanego przez wszechświat. Rozumiem, że pozwolenie na to, by ktoś od nas odszedł (czy też uciekł lub wyślizgnął się niepostrzeżenie z naszego życia), może niekiedy uwolnić wulkan gorących emocji (nawet jeśli nie jest się już nastolatkiem). Możesz myśleć, że dana osoba jest dla ciebie idealna, a w istocie może być zupełnie odwrotnie. Stare powiedzenie: „Miłość jest ślepa, ale sąsiedzi nie" jest może nieprzyjemne, niemniej jednak trafne. Jeżeli ktoś chce od ciebie odejść, pozwól mu na to. Motyle oraz ludzie są wolni.

Poniższa operacja magiczna to ułożone przeze mnie zaklęcie ogólnej ochrony oraz wierności. Prosimy w nim, by wszyscy ludzie, których kochamy (lub tylko nasza sympatia), zostali uchronieni od wszelkiego chaosu, jaki może pojawić się (poprzez działanie siły przeznaczenia) na ich drodze. Mam tu na myśli osoby, które nie dokonały wyboru misji do wypełnienia, zanim pojawiły się na ziemi. Jestem święcie przekonana, że jeszcze zanim przyjdziemy na świat, mamy coś do powiedzenia w wielu kwestiach i możemy wybrać, czego doświadczymy, a czego nie. Czasami mylimy się i zmieniamy nasze przeznaczenie za życia, gdyż posiadamy dar wolnej woli.

Możesz także zastosować to zaklęcie dla siebie, jeśli uważasz, że masz tendencje do niewierności, a nie chcesz rzucać się w objęcia innej osoby.

FAZA KSIĘŻYCA: pełnia
DZIEŃ: wtorek
CIAŁO NIEBIESKIE: Mars
KOLORY: czerwony i biały
AKCESORIA: goździk (symbolizuje wierność); gałka muszkatołowa (stałość w uczuciach); jeden czerwony cukierek lukrecjowy zwijany (wierność); mały kawałeczek czekolady (miłość); czerwona wstążka o długości 33 centymetrów oraz biała – o tej samej długości; kwadratowy skrawek białego lub czerwonego materiału (o wymiarach mniej więcej 13 x 13 centymetrów); niewielka miska; pinezka lub igła

Zapytaj swoje narzędzie do wróżenia „tak/nie", czy rzucenie tego zaklęcia w tym momencie twego życia będzie dla ciebie odpowiednie. Jeśli uzyskasz odpowiedź przeczącą, nie przystępuj do niego.

Nakreśl krąg i poświęć swój ołtarz. Połóż wszystkie potrzebne akcesoria na środku ołtarza. Oczyść, poświęć i pobłogosław je w imię Ducha. Możesz też uwzględnić w swoim rytuale boginię Anę (Pierwszą Matkę).

Zmieszaj w swojej misce goździka, gałkę muszkatołową i posiekane kawałeczki cukierka lukrecjowego. Pomieszaj tę miksturę trzynaście razy, mówiąc:

Niech wszyscy, którzy mnie otaczają, będą mi wierni, lecz wolni,
jeśli taka jest wola Ducha.

Wsyp mieszankę na środek białego kawałka materiału. Weź pinezkę lub igłę i wydrap słowa: „wierny, ale wolny" na czekoladzie. Następnie połóż czekoladę na mieszankę.

Zwiń lub spleć ze sobą czerwoną i białą wstążkę, zabezpieczając oba końce supłami. Wiążąc supły, wypowiadaj następujące słowa:

Niech wszyscy, którzy mnie otaczają, będą mi wierni, lecz wolni,
jeśli taka jest wola Ducha.

Następnie chwyć wszystkie rogi materiału tak, by uzyskać coś na kształt sakiewki. Zawiąż czerwoną i białą wstążkę wokół rogów sakiewki, by ją zamknąć. Mocno ściśnij, by zabezpieczyć ją przed utratą zawartości.

Następnie, trzymając sakiewkę w dłoniach, zamknij oczy i powtarzaj powyższe słowa. Możesz przy tym pochylać się do przodu i odchylać do tyłu, śpiewać – to nie ma znaczenia; ważne jest tu nieustanne powtarzanie zaklęcia do momentu, aż twój umysł zacznie wędrować myślami gdzieś indziej. Pomocne może być wypowiadanie słów miękkim, monotonnym głosem. Pozwól sobie odpłynąć w rytm własnego głosu. Kiedy skończysz, powiedz:

Bez niczyjej szkody,
niech wszystkie astrologiczne odpowiedniki okażą się poprawne
dla tego rytuału i niech to zaklęcie nie zostanie odwrócone
ani żadna klątwa niech mnie nie dosięgnie.
Niechaj tak się stanie!

Podziękuj Duchowi za pomoc i usuń swój magiczny krąg. Noś ze sobą stworzoną podczas rzucania zaklęcia sakiewkę, dopóki nie poczujesz, że „niebezpieczeństwo" minęło. Jeśli chcesz jeszcze przez jakiś czas nosić przy sobie tę sakiewkę, napełniaj ją energią za pomocą tego samego zaklęcia, podczas każdej pełni, oczywiście, w magicznym kręgu. Kiedy poczujesz, że ta torebeczka nie jest ci już potrzebna, zakop ją na swoim podwórku, prosząc Ducha, by utrzymał w twym sercu miłość przez całe twoje życie.

* * *

Zaklęcie wspaniałości

Aby wszyscy dookoła postrzegali cię jako wspaniałą osobę, sama musisz zacząć myśleć o sobie w ten sposób. Jesteśmy w końcu sumą naszych myśli. Bycie nastolatką nie jest proste. Twoje ciało wciąż się zmienia, buntuje, staje się za duże bądź też wcale nie chce rosnąć – sprawia, że czujesz frustrację i złość wobec siebie. Presja grupy rówieśniczej wcale tu nie pomaga. Przekonuję się, jak okrutne nieraz bywa dorastanie, kiedy moje własne dzieci wracają do domu nieszczęśliwe, ponieważ ktoś złośliwie skomentował ich ubranie, fryzurę, buty, okulary czy cokolwiek innego. I nie chodzi tu tylko o inne nastolatki. Słowa wychodzące z ust nauczycieli również mnie zdumiewają. Nie wszyscy nauczyciele są źli, ale niektórzy zdecydowanie nie powinni pracować w szkole. Często mówiłam moim dzieciom, że jeśli ktoś się z nich naśmiewa, robi to dlatego, że on sam ma niskie poczucie własnej wartości i że stara się skierować uwagę na jakieś dziecko, bo wstydzi się za samego siebie.

Kiedy chodziłam do szkoły średniej, miałam zajęcia związane z wartościami rodzinnymi, w tym na temat zdrowia i seksualności. Nauczycielka poruszyła też temat interakcji między nastolatkami. Ta wspaniała kobieta nauczyła mnie jednej, bardzo cennej rzeczy, której nigdy nie zapomniałam. Powiedziała: „Nigdy nie patrz na osobę wytykaną palcami – spójrz raczej na tego, kto to robi".

Nastolatki nazbyt często zmieniają coś w sobie, by przypodobać się innym. Dzieje się to także w życiu dorosłym, kiedy z jakiegoś powodu spada nam poczucie własnej wartości. Firmy produkujące kosmetyki do koloryzacji włosów lub do robienia makijażu zbijają miliony dolarów na nastolatkach – młodzi ludzie chcą wyglądać lepiej, ponieważ ktoś powiedział im, że ich wygląd nie jest dostatecznie atrakcyjny. Ubrania ze sportowym logo lub reklamowane przez sportowców migają na szkolnych korytarzach niczym wielobarwna fala, a zaprojektowano je po to, by zadać bolesny cios rodzinnym budżetom. Dlaczego? Ponieważ kupujący czują, że aby dobrze wyglądać, muszą być tacy, jak wszyscy dookoła, chociaż główna maksyma każdej nastolatki brzmi: „Jestem inna".

Jeśli chcesz wyglądać lepiej, gdyż inni ludzie się z ciebie śmieją– przemyśl to. Co z tego, że nie stać cię na modne ubrania? Stwórz własny styl. Obecnie mamy nieograniczone możliwości przerabiania starych ubrań tak, by wyglądały oryginalnie, atrakcyjnie. Każdy może nauczyć się zszywania porwanych ubrań i obsługi pralki. Zrób uczciwy przegląd własnej osoby. Jak się mają sprawy twojej higieny osobistej? Czy nie potrzebujesz czasem czegoś ulepszyć w tej dziedzinie? Czy myjesz zęby? Utrzymujesz włosy w czystości? Ja sama przez wiele lat skracałam sobie włosy, ponieważ nie było mnie stać na fryzjera (wciąż nie zawsze mogę sobie na to pozwolić). Z czasem osiągnęłam wprawę w układaniu fryzury na wzór tych widzianych w czasopismach. Czy używasz dezodorantu? Możesz się śmiać, ale naprawdę czasami rodzice dzieci w wieku gimnazjalnym nie chcą przyjąć do wiadomości, że ich pociechy rosną, więc nie uczą ich zasad higieny osobistej. To nie żart, sama często spotykam się z takimi sytuacjami. Jeżeli ktoś śmieje się z ciebie, bo niełądnie pachniesz, może rzeczywiście tak jest. Staraj się zawsze mieć czysty strój na zajęcia sportowe. Używaj specjalnego odświeżacza do butów, w których ćwiczysz. Nie ma się czego wstydzić. Jesteś przecież człowiekiem, zaś ludzie są także po części zwierzętami.

Kiedyś znałam pewnego młodego mężczyznę, którego ubrania zawsze miały kwaśny zapach. Ohyda! Nigdy nie mogłam zrozumieć, dlaczego te ubrania tak brzydko pachną. Wszyscy trzymali się od chłopaka z daleka (miał wtedy siedemnaście lat). Kiedy wiele lat później robiłam duże pranie, zostawiłam pokaźną stertę ubrań w pralce i zapomniałam je wyjąć. Dwa dni po tym wydarzeniu moja córka pomyślała, że po prostu uprałam te ubrania i włożyła je do suszarki. Myśląc, że w suszarce są ubrania, które moja córka prała tego ranka, zeszłam na dół i zaczęłam je wywieszać. Od razu wyczułam ten charakterystyczny kwaśny odór i przypomniałam sobie owego chłopaka, który „pachniał", jakby właśnie wyszedł z kanału. Albo jego matka nie wiedziała, jak się robi pranie, albo też musiał sam prać, a nikt mu nie powiedział, że należy od razu wyjąć mokre ubrania z pralki i rozwiesić je lub włożyć do suszarki (zwłaszcza latem). Zrobiło mi się smutno, ponieważ coś tak prostego, jak odpowiednia dbałość o ubrania, mogło zmienić życie tego chłopaka na lepsze – gdyby tylko wiedział, jak należy je prać.

Teraz, kiedy robimy pranie (ja i moje córki), ładujemy energią butelkę lawendowego płynu do zmiękczania tkanin, by uzyskać harmonię, po czym dolewamy go do każdego prania. Wieszamy także ubrania lub wkładamy je do suszarki, zaraz po wyłączeniu się pralki.

No, a poza tym może dzieciaki naśmiewające się z ciebie są po prostu złośliwe dlatego, że ci zazdroszczą.

Czy to wszytko oznacza, że masz zrezygnować z rzucania zaklęcia wspaniałości? Na pewno nie – ale musisz pragnąć stać się lepszym człowiekiem *dla sie-*

bie, nie zaś z powodu tego, co inni o tobie pomyślą lub powiedzą. Kiedy żyjemy w zgodzie ze sobą i z otoczeniem, czujemy się wspaniali, naładowani energią, silni i gotowi stawić światu czoła. Wspaniały niekoniecznie musi oznaczać idealny i lśniący niczym model lub modelka z okładki jakiegoś magazynu. Wiele lat zajęło mi przekonanie mojego męża, że kobiety nie stroją się, nie układają włosów i nie malują się dla mężczyzn – robią to wszystko dla siebie.

Pierwszy etap tego zaklęcia wymaga z twojej strony pewnych przemyśleń. Wybierz dziesięć osób, które podziwiasz. Wypisz ich imiona na kartce i przy każdym z nich dopisz, co ci się w tej osobie najbardziej podoba. Nie chodzi tu o to, by stać się kimś innym, lecz by spojrzeć na cechy, które podziwiasz u innych, i wpasować je do swojej osobowości.

FAZA KSIĘŻYCA: zacznij podczas nowiu i powtarzaj to zaklęcie przez 30 dni
DZIEŃ: piątek
CIAŁO NIEBIESKIE: Wenus
AKCESORIA: lusterko; lista dziesięciu pozytywnych cech, które chcesz widzieć u siebie

Oczyść, poświęć i naładuj mocą lusterko w uświęconej przestrzeni swego ołtarza. W lustrze poproś o błogosławieństwo Ducha. To zwierciadło wspaniałości symbolizować będzie twój wewnętrzny i zewnętrzny czar, twoje piękno. Nie używaj go do żadnych innych celów – tylko do przeglądania się (oznacza to, że nie możesz używać tego lusterka do zaklęć ochronnych). Radzę też nikomu go nie pożyczać. Czarownice mają niepisaną zasadę, zgodnie z którą nie mogą dotykać magicznych akcesoriów innej osoby, chyba że najpierw zapytają o pozwolenie. Narzędzia magiczne w sposób naturalny przyciągają małe dzieci, więc jeśli masz młodsze rodzeństwo, może lepiej przechowuj swoje zwierciadło w niedostępnym dla brata czy siostry miejscu. Jeśli dotkną oni twego lusterka, nie wpłynie to negatywnie na magię – Bóg i Bogini kochają przecież dzieci. Chodzi o to, że przez przypadek lustro może się stłuc. Jeżeli czujesz, że jakaś cecha na twojej liście wydaje się dyskusyjna (odczuwasz to zabawne uczucie łaskotania czy mrowienia w brzuchu), sprawdź ją za pomocą swoich kamieni do wróżenia. Być może musisz poczekać z wypracowaniem tego przymiotu na bardziej odpowiedni czas albo cecha ta nie jest dla ciebie odpowiednia.

Każdej nocy, zanim się położysz, spójrz w zwierciadło i powtórz dziesięć cech, które chcesz posiadać. Na przykład: „Dostrzegam piękno we wszystkim, co mnie otacza", „Jestem wyjątkową, kochającą osobą" itd. Nie patrz na siebie krytycznie w tym lustrze. Każdy z nas ma w sobie coś pięknego. Może u ciebie są to piękne oczy, ładny uśmiech czy świetne włosy. Następnie zamknij oczy i wyobraź sobie, że jesteś tą wspaniałą, olśniewającą osobą, jaką chcesz być. Poproś Ducha, by pomógł ci stać się lepszym człowiekiem. Zrozum, że autentyczny urok zwykle nie objawia się na zewnątrz – na osobisty czar i doskonałość składają się pozytywne cechy, które płyną z głębi twej duszy i cię opromieniają.

* * *

Zaklęcie pożegnalne

Niekiedy zdarza się, że nie chcemy dłużej utrzymywać kontaktów z osobą, która kiedyś wydawała się cudowna i wspaniała, a potem okazała się nieznośna i nas rozczarowała. Innym razem między bliskimi sobie ludźmi po prostu przestaje się układać tak jak dawniej. Przyjaciele wkraczają w nasze życie, dzielą je z nami, a potem nadchodzi czas, by się oddalili. Jeśli twój przyjaciel lub partner staje się zaborczy, czas pozwolić mu odejść. To zaklęcie pożegnalne ułożyła moja córka Angelique. Stosowała je już z powodzeniem kilkakrotnie. Zaklęcie to nikogo nie krzywdzi. Jego celem jest spowodowanie raczej pasywnej separacji niż aktywnej akcji.

FAZA KSIĘŻYCA: dzień przed nowiem
DZIEŃ: sobota
CIAŁO NIEBIESKIE: Saturn
KOLORY: czarny i biały
AKCESORIA: jedna biała świeca, jedna czarna świeca (jeśli nie możesz użyć świec, przygotuj jeden biały kamyk i jeden czarny wielkości połowy twojej dłoni); własne zdjęcie; zdjęcie osoby, którą chcesz pożegnać; czarna wstążka o długości około 43 centymetrów; pinezka lub igła; czarny marker; biała farba lub korektor w płynie

Zadaj swoim kamieniom do wróżenia pytanie: „Czy powinnam dziś rzucić to pożegnalne zaklęcie, w celu odseparowania mnie od (*imię osoby, którą chcesz pożegnać*)". Jeśli uzyskasz odpowiedź przeczącą, lepiej odłóż zaklęcie na inny termin. Może obecna chwila nie jest ku temu odpowiednia, a może wcale nie musisz rzucać zaklęcia, gdyż sytuacja między tobą a tą osobą wkrótce się wyjaśni, zgodnie z twoimi intencjami i bez ingerencji magicznej pomocy.

Nakreśl magiczny krąg i poświęć swój ołtarz. Wyryj swoje imię na białej świecy za pomocą igły lub pinezki. Jeżeli używasz kamyków, napisz czarnym markerem swoje imię na tym białym. Na czarnej świecy wyryj igłą lub pinezką imię osoby, która ma zniknąć z twojego życia. Jeśli korzystasz z kamyków, podpisz się na czarnym za pomocą korektora w płynie.

Obwiąż jeden koniec czarnej wstążki wokół białej świecy, drugi zaś wokół czarnej. Oddal od siebie świece tak, by wstążka nie zwisała luźno, ale by nie była zbyt naprężona – by świece się nie przewróciły. Swoje zdjęcie oraz fotografię przedstawiającą żegnaną osobę połóż pod wstążką między dwiema świecami.

Zapal białą świecę i powiedz:

Ta świeca symbolizuje mnie.
Proszę Ducha o pomoc w rzuceniu tego zaklęcia.

Zapal czarną świecę i powiedz:

Ta świeca symbolizuje (imię żegnanej osoby).
Proszę Ducha o pomoc w rzuceniu tego zaklęcia.

Weź nożyczki i trzymając je nad wstążką, powiedz:

Tymi oto nożyczkami przetnę wstążkę,
która symbolizuje mentalną i duchową więź
między mną a (imię żegnanej osoby).
Niech żadne z nas nie ucierpi ani nie odczuje niepokoju z powodu tej rozłąki.

Weź głęboki wdech, po czym przetnij wstążkę.

Przesuń oba zdjęcia na środek ołtarza (jeśli wcześniej się tam nie znalazły) i połóż jedno obok drugiego. Następnie na swoim zdjęciu ustaw białą świecę, zaś na zdjęciu osoby żegnanej – czarną. Pozwól świecom palić się przez trzy minuty. W tym czasie zamknij oczy i wyobraź sobie, że ty i osoba, z którą chcesz się rozstać, w zgodzie oddalacie się od siebie. Potem otwórz oczy. Rozsuń obie świece i fotografie tak, by znajdowały się w odległości mniej więcej pięciu centymetrów. Powtórnie wywołaj w myślach podobną wizualizację, jak uprzednio, po czym oddal świece i zdjęcia od siebie o kolejne 2,5 centymetra. Powtórz wizualizację. Zakończ zaklęcie słowami:

Bez niczyjej szkody,
niech wszystkie astrologiczne odpowiedniki okażą się poprawne
dla tego rytuału i niech to zaklęcie nie zostanie odwrócone
ani żadna klątwa niech mnie nie dosięgnie.
Niechaj tak się stanie!

Podziękuj Duchowi za pomoc w czarach, a następnie zgaś świece specjalną przykrywką.

Następnego wieczoru powtórz powyższy proces zapalania świec i odsuwania ich od siebie (niepisana zasada magiczna: nie oddalaj się od płonących świec). Najpierw rozsuń je o pięć centymetrów, potem o 2,5 centymetra, na końcu o kolejne 2,5. Powtarzaj tę procedurę przez trzy do siedmiu dni. Jeżeli żegnana osoba oddali się od ciebie w przeciągu pierwszych trzech dni, ponownie podziękuj Duchowi za pomoc, po czym wyrzuć użyte wstążki i świece. Jeżeli żegnana osoba nie zniknie z twego życia, powtarzaj zaklęcie przez siedem dni, po czym podziękuj Duchowi i pozbądź się akcesoriów używanych podczas rytuału.

Jeżeli żegnana osoba nie odejdzie przez kolejne trzydzieści dni, powtarzaj zaklęcie, dopóki nie zniknie z twego życia. Ostatnim razem, gdy moja Angie rzucała to zaklęcie, świeca reprezentująca żegnaną osobę dosłownie eksplodowała. Nie, ta osoba nie doznała żadnej krzywdy, ale za to wyniosła się z życia mojej córki w mniej niż 24 godziny.

* * *

Zaklęcie „Daj mi spokój"

Czasami chłopcy lub dziewczęta nie chcą się od ciebie odczepić. Być może przyjaciel (który nie jest twoim prawdziwym przyjacielem) rozpuszcza o tobie złośliwe plotki i teraz wszyscy chłopcy interesują się tobą z niewłaściwych powodów. A może, jeżeli jesteś chłopakiem, jakaś dziewczyna (lub dwie!) nie chce przyjąć do wiadomości, że nie jesteś i nigdy nie będziesz nią zainteresowany, i teraz robi z całej tej sytuacji wielki problem. Chociaż zaklęcie to może być uważane za ogólne zaklęcie ochronne, gdyż porusza kwestie seksualne oraz zmian hormonalnych, zaliczam je do kategorii czarów miłosnych.

FAZA KSIĘŻYCA: dzień przed nowiem

DZIEŃ: sobota

CIAŁO NIEBIESKIE: Saturn

KOLORY: zielony i czarny

AKCESORIA: klej; kartka o wymiarach 7,5 x 12,5 centymetrów; plastikowe lub drewniane pudełko; sześć małych lusterek do makijażu lub takich, jakie można dostać w sklepie lub na straganie z rękodziełem (trzeba będzie przykleić je na zewnętrznych ściankach pudełka); twoje zdjęcie; mały plastikowy lub gumowy wąż (zielony lub czarny) – energia węża ma właściwości ochronne i uzdrawiające

Do tego zaklęcia nie będzie ci potrzebne zdjęcie drugiej osoby. Zanim rozpoczniesz tę magiczną czynność, przyklej po jednym lusterku do każdej zewnętrznej ścianki pudełka, także na wierzch oraz spód.

Użyj swoich kamieni do wróżenia, by uzyskać odpowiedź na pytanie, czy przeprowadzenie tego zaklęcia będzie odpowiednie do sytuacji, z którą się aktualnie zmagasz. Jeśli uzyskasz odpowiedź twierdzącą, nakreśl krąg, wezwij żywioły, oczyść i poświęć swój ołtarz, poświęć oraz naładuj mocą zgromadzone akcesoria. Jeśli chcesz, możesz zapalić czarną i zieloną świecę. Nie jest to jednak konieczne.

Trzymając puste pudełko w dłoniach, wypowiedz następujące słowa:

Święta Matko, wykonałam to pudełko luster,
by chroniło mnie przed (imię osoby/imiona osób, od których chcesz się uwolnić).
Niech te lusterka odbiją całą negatywną energię, której chcę się ustrzec.

Zamknij oczy i wyobraź sobie, że otaczają cię lustra skierowane na zewnątrz. Otwórz oczy, włóż do pudełka swoje zdjęcie i powiedz:

Wkładam swoje zdjęcie do pudełka i proszę Ducha, by mnie chronił.

Zamknij pudełko. Przyklej węża do lusterka, które znajduje się na wieczku, i powiedz:

Daj mi spokój!

Powtarzaj to zdanie często – za każdym razem, gdy czujesz taką potrzebę. Im więcej razy je wypowiesz, tym lepiej. Zakończ zaklęcie słowami:

Bez niczyjej szkody,
niech wszystkie astrologiczne odpowiedniki okażą się poprawne
dla tego rytuału i niech to zaklęcie nie zostanie odwrócone
ani żadna klątwa niech mnie nie dosięgnie.
Niechaj tak się stanie!

Podziękuj Duchowi. Uwolnij żywioły. Schowaj swoje pudełko w bezpiecznym miejscu, gdzie nikt nie będzie go dotykał ani zaburzał działania ochronnej magii.

Zaklęcie „Zadzwoń do mnie"

Marzysz czasami, by zadzwoniła do ciebie określona osoba? Oto proste zaklęcie informujące tę osobę, że oczekujemy na jej telefon. Jeżeli ten ktoś postanowi do nas nie dzwonić, nie możemy tego zmienić. Nie chcemy wpływać na wolną wolę drugiego człowieka.

FAZA KSIĘŻYCA: dowolna
DZIEŃ: dowolny
AKCESORIA: kartka papieru; niebieski marker; ponadto – skoro anioły uważane są za posłańców – możesz użyć któregoś z następujących symboli: motyl, samolot, ptak lub anioł

Niebieskim markerem narysuj wybrany przez siebie symbol na środku kartki papieru. Trzymając kartkę w dłoni, powiedz:

Żywiole powietrza, pragnę, by (imię osoby)
zadzwonił(-a) do mnie, jeśli ma taką wolę.
Proszę, pomóż mi przesłać do niej/niego tę wiadomość.

Pod swoim rysunkiem umieść imię osoby, która ma do ciebie zadzwonić, i napisz następujące słowa: „Chcę się z tobą skontaktować. Proszę, zadzwoń do mnie". Podpisz się swoim imieniem i nazwiskiem.

Trzymając kartkę w dłoni, zamknij oczy. Wyobraź sobie, że osoba, z którą chcesz się skontaktować, bierze do ręki telefon i dzwoni do ciebie. Poproś swego Anioła Stróża o przesłanie do niej tej wiadomości, a następnie złóż kartkę trzy razy i połóż ją pod swoim telefonem.

Jeżeli z jakiegoś powodu rozmowa telefoniczna nie może się odbyć, wpisz imię żądanej osoby na białej kopercie w miejscu adresu nadawcy, zaś swoje imię tam, gdzie wpisuje się dane adresata. Napisz do tej osoby list, prosząc ją o odpowiedź. Nie zapomnij nakleić też na kartce swego zdjęcia. Następnie złóż ją i wsuń do koperty. Zaklej ją i odłóż w bezpieczne miejsce. Niech tam leży, dopóki nie otrzymasz odpowiedzi.

* * *

Zaklęcie „Nie dzwoń do mnie"

Susie dzwoniła już dziś do ciebie co najmniej pięć razy, a twoich rodziców denerwuje dźwięk telefonu? Jeżeli jeszcze raz zadzwoni, będziesz miała kłopoty. A może powiedziałaś Haroldowi, że nie chcesz go już więcej widzieć, on zaś wciąż do ciebie wydzwania, mając nadzieję, że może jednak zmienisz zdanie? Jeśli powiedziałaś mu to raz, to tak, jakbyś powiedziała tysiąc razy! Co robić w podobnych sytuacjach? Wypróbuj to proste zaklęcie.

FAZA KSIĘŻYCA: dowolna, ale jeśli masz poważniejszy problem, rzuć zaklęcie dzień przed nowiem

DZIEŃ: dowolny, ale znów: jeżeli twój problem jest poważny, wybierz sobotę

CIAŁO NIEBIESKIE: Saturn

KOLORY: czarny

AKCESORIA: biała kartka; czarny marker; czarny pieprz; nieduża koperta; jeżeli dana osoba naprawdę poważnie cię niepokoi, postaraj się o jej zdjęcie

Napisz na kartce imię niepokojącej cię osoby (jeżeli je znasz – jeśli nie, napisz coś w stylu: osoba, która wydzwania do mnie i od razu się rozłącza). Skreśl to imię dużym znakiem „X", zaś pod spodem napisz: „Proszę, przestań do mnie dzwonić". Następnie, trzymając kartkę w dłoni, powiedz:

Żywiole ziemi, proszę, powstrzymaj (imię tej osoby) przed dzwonieniem do mnie.
Proszę, wznieś wokół mnie ochronny mur.
Obdarz mnie swą mocą.
Obdarz mnie swą magią.
Niechaj tak się stanie!

Posyp pieprzem wypisane na kartce imię niemiłej ci osoby. Na wierzch połóż jej zdjęcie, jeśli takowe posiadasz. Złóż kartkę, by pieprz się nie wysypywał, po czym włóż ją do koperty. Zaklej ją i trzymając w ręku, powiedz:

Aniele Stróżu! (imię niepokojącej cię osoby) wciąż do mnie wydzwania,
ja zaś nie mam ochoty z nim/nią rozmawiać.
Proszę, spraw, by więcej do mnie nie dzwonił(-a).

Zamknij oczy. Wyobraź sobie, że narzucająca ci się osoba bierze do ręki telefon, by znów do ciebie zadzwonić, po czym odkłada go, rezygnując ze swego zamiaru. Wyobraź sobie, że potrząsa głową, jakby chciała sama siebie przekonać, że nie powinna więcej dzwonić. Potem otwórz oczy. Połóż kopertę pod swoim telefonem i trzymając na nim dłonie, powiedz:

Chcę prowadzić tylko pozytywne rozmowy telefoniczne.
Niech te negatywne nigdy mnie nie dosięgną.
Nie dzwoń już więcej do mnie.

Powtarzaj te słowa, aż poczujesz się swobodnie. Im więcej razy je wypowiesz – tym lepiej.

Jeżeli naprawdę masz poważny problem z dzwoniącą do ciebie osobą, wykonaj powyższe zaklęcie, a następnie znajdź kamień wielkości swojej dłoni i pomaluj go na czarno. Napisz na nim imię nękającej cię osoby i jej numer telefonu. Kiedy farba wyschnie, zabierz kamień daleko od swego domu i wyrzuć go tam, gdzie nie zepsuje niczyjej kosiarki ani nie wybije nikomu szyby w oknie. Rzucając go, powiedz:

Aniele Stróżu, oddal ode mnie tę osobę.
Mrugnę, odwrócę się i już jej nie będzie!
Niechaj tak się stanie!

Zaklęcie „Peter, Paul czy Harry?" (dla dziewcząt) / „Diane, Debbie czy Crystal?" (dla chłopaków)

Nadejdzie czas, kiedy trudno ci będzie wybrać sympatię spośród kilku osób. Czy iść za głosem serca, czy rozumu?

FAZA KSIĘŻYCA: bez znaczenia

DZIEŃ: niedziela, poniedziałek, środa lub piątek

CIAŁO NIEBIESKIE: Słońce, Księżyc, Merkury, Wenus

AKCESORIA: kamień wielkości połowy twojej dłoni, znaleziony na twoim podwórku (może to być dowolny kamień, to naprawdę zależy tylko od ciebie); biała farba; czerwona farba; mały pędzel

Użyj swoich kamieni do wróżenia, by upewnić się, czy możesz rzucić to zaklęcie. Następnie, trzymając w dłoni kamień, który masz zamiar pomalować, powiedz:

Żywiole ziemi, dawco stabilizacji.
Obdarz mnie swą mocą.
Pomóż mi dostrzec, która osoba będzie dla mnie najbardziej odpowiednia.

W słoneczną pogodę usiądź na podwórku lub przy oknie, przez które wpada do pokoju słońce, i namaluj małe czerwone i białe serduszka na kamieniu. Nie spiesz się. Poczekaj, aż serduszka wyschną, zanim przewrócisz kamień na drugą stronę – w ten sposób nie ubrudzisz rąk. Podczas malowania mrucz lub szepcz słowa:

(Imiona interesujących cię osób) – kto z nich jest dla mnie odpowiedni?
Aniele Stróżu, Słońce na niebie, ukażcie mi prawdziwą miłość.
Inni niech odejdą w zapomnienie.
Każdego dnia kroczę z Duchem przez świat.

Kiedy skończysz malowanie serduszek, powiedz:

**Niech to zaklęcie nie zostanie odwrócone ani żadna klątwa niech mnie nie dosięgnie.
Niech wszystkie astrologiczne odpowiedniki okażą się poprawne dla tego rytuału.
Niechaj tak się stanie!**

Kiedy farba na kamieniu wyschnie, noś go w kieszeni lub torebce, dopóki twój Anioł Stróż nie wskaże ci odpowiedniej osoby. Skąd będziesz to wiedzieć? Zaufaj swemu aniołowi. On lub ona z pewnością cię nie zawiedzie.

* * *

Zaklęcie „Szczęście rodzinne"

Nawet w najszczęśliwszych domach bywają dni (a nawet miesiące), gdy atmosfera staje się bardzo napięta, zwłaszcza jeśli mieszkający z tobą dorośli nie umieją się porozumieć między sobą lub gdy to krewni stwarzają jakieś problemy. Może twoja mama lub tata mają problemy w pracy i wyładowują swój stres w domu? A może rodzeństwo, starsze lub młodsze, wymknęło się spod kontroli i nikt nie umie sobie z tym poradzić? Czas więc wezwać anioły i poprosić je o pomoc i duchowe oczyszczenie. Oczywiście, możesz rzucić to zaklęcie także wtedy, kiedy między domownikami układa się świetnie, i chcesz, by tak zostało.

FAZA KSIĘŻYCA: jeśli Księżyc jest w trakcie swej wędrówki od nowiu do pełni, starasz się o wprowadzenie w domu atmosfery miłości. Jeżeli zaś Księżyc jest w trakcie przemiany od pełni do nowiu, chcesz odepchnąć wszelką negatywną energię od swego domu.

DZIEŃ: dowolny, ale niedziela, poniedziałek, środa i piątek będą szczególnie odpowiednie

CIAŁO NIEBIESKIE: Słońce, Księżyc, Merkury lub Wenus

KOLORY: biały (symbolizuje czystość), zielony (uzdrawianie), niebieski (duchowość)

AKCESORIA: dzwoneczek; biała świeca; cebula (przekrojona na pół); ząbki czosnku (zmiażdżone – czosnek nie wykazuje żadnych właściwości medycznych ani magicznych, jeżeli nie zmiażdżymy jego ząbków); serce wycięte z białej kartki; czerwony marker.

DODATKOWO: odświeżacz do dywanów (może być w proszku lub w postaci kulek, które wkłada się do komory czyszczącej odkurzacza).

Oczyść, poświęć i napełnij mocą wszystkie swoje akcesoria, będąc w uświęconej przestrzeni. Weź cebulę do ręki, zamknij oczy i powiedz:

Napełniam cię mocą, byś zebrała całą negatywną energię,
jaka nagromadziła się w tym domu.

Wyobraź sobie, że twoja cebula zmienia się w gigantyczny odkurzacz i wysysa całą negatywną energię z twego domu. Nie spiesz się. Następnie umieść cebulę na parapecie w pomieszczeniu, w którym zazwyczaj zbiera się większość członków twojej rodziny. Potem trzymając czosnek w dłoniach, zamknij oczy i ponownie wypowiedz powyższe słowa oraz przywołaj w myślach tę samą wizualizację. Jeżeli to konkretna osoba jest sprawcą problemów w domu, weź kilka zmiażdżonych ząbków czosnku (nie za dużo, by cały pokój nie przesiąknął jego zapachem) i włóż je pod dywan, leżący pod łóżkiem tej osoby. Jeśli w danym momencie nikt nie powoduje żadnego zamieszania, ułóż ząbki czosnku wokół progu przed drzwiami wejściowymi. Rozdrobnij je naprawdę dokładnie, by nikt ich nie zauważył. Następnie odkurz naładowany mocą odświeżacz do dywanu (jeśli twoja mama pozwoli ci go użyć).

Na białym, wykonanym z papieru sercu wypisz imiona wszystkich osób, które kochasz. Otocz je wyraźną obwódką, mówiąc:

Otaczam pozytywną energią, mocą uzdrawiania i spokojem
wszystkich, których kocham.
Niech żadne zło nie wstąpi do naszego domu.

Trzymając papierowe serce w dłoniach, zamknij oczy i wyobraź sobie, że szczęśliwi członkowie twojej rodziny siedzą razem i się śmieją. Potem wypowiedz te oto słowa:

Bez niczyjej szkody,
niech wszystkie astrologiczne odpowiedniki okażą się poprawne

dla tego rytuału i niech to zaklęcie nie zostanie odwrócone
ani żadna klątwa niech mnie nie dosięgnie.
Niechaj tak się stanie!

Podziękuj Duchowi za pomoc. Przyczep to papierowe serce pinezką gdzieś w swoim pokoju. Następnie przejdź przez wszystkie pomieszczenia w domu, trzymając w ręku dzwoneczek. W każdym z nich potrząśnij dzwoneczkiem trzy razy i powiedz:

Aniele Stróżu, proszę, przybądź do mnie
i podaruj mej rodzinie swą miłość oraz ochronę.

Zamknij oczy i wyobraź sobie, że pokój staje się coraz jaśniejszy za sprawą anielskiego światła.

Po zakończeniu tej czynności, we wszystkich pomieszczeniach (nie zapomnij o piwnicy i strychu) podziękuj swemu Aniołowi Stróżowi.

* * *

Zaklęcie „Zwolnij nieco!"

Czy twoja sympatia chce przyspieszyć między wami pewne sprawy? Naprawdę ją/go lubisz, ale nie chcesz się jeszcze zbyt poważnie angażować? Wypróbuj to zaklęcie, by nieco ostudzić zapał swego chłopaka lub swojej dziewczyny.

FAZA KSIĘŻYCA: pełnia
DZIEŃ: piątek
CIAŁO NIEBIESKIE: Wenus
KOLORY: niebieski lub biały
AKCESORIA: lody typu sorbet; niewielka biała kartka; papierowy talerzyk; niebieski marker

Stań w uświęconej przestrzeni i oczyść, poświęć oraz napełnij mocą wszystkie niezbędne do tego zaklęcia przedmioty. Rozpakuj lody. Trzymając je dokładnie nad wypisanym na papierowym talerzyku imieniem swojej sympatii, powiedz:

(Imię sympatii), za bardzo chcesz przyspieszyć nasze sprawy.
Roztapiam te lody, by ostudzić twój zapał.
Niechaj tak się stanie!

Zamknij oczy i wyobraź sobie, że twoja sympatia jest dla ciebie miła i nie stara się niczego ci narzucać. Przytrzymaj dłonie nad lodami, mówiąc:

Żywiole wody, obdarz mnie swą mocą.
Daruj mi swą magiczną moc.
Pomóż mi gładko przebrnąć przez tę sytuację.
Niechaj tak się stanie!

Kiedy lody całkowicie się roztopią, wyrzuć powstałą papkę, mówiąc:

Wielka Matko, pomóż mi podjąć odpowiednie decyzje dotyczące mego życia.
Nie pozwól, by inni zmuszali mnie do czegoś, co do czego nie mam pewności.
Aniele Stróżu, proszę, obdarz mnie swą miłością i prowadź mnie.
Niechaj tak się stanie!

* * *

Zaklęcie „Czy ci się podobam?"

Czasami ktoś nam się naprawdę podoba, ale nie okazujemy tego ze strachu przed tym, że kiedy zrobimy pierwszy krok, zostaniemy odtrąceni. Oto zaklęcie dające ci zielone (lub też czerwone) światło.

FAZA KSIĘŻYCA: pełnia
DZIEŃ: piątek
CIAŁO NIEBIESKIE: Wenus
AKCESORIA: mała czerwona gumowa piłeczka – musi być nowa (nieużywana)

W uświęconej przestrzeni oczyść, poświęć i napełnij mocą czerwoną gumową piłeczkę. Odbijając ją, powtarzaj następujące zaklęcie:

Z ziemi w powietrze,
z powietrza na ziemię
odbijam magię
w tę i we w tę stronę.
Czy mnie lubisz?
Czy mnie kochasz?
Muszę wiedzieć.

Oczy smoka
i anioła skrzydła.
Dotykam teraz
magicznego pierścienia.
Czy mnie lubisz?
Czy mnie kochasz?
Muszę wiedzieć.

Ziemia i powietrze,
ogień i woda.
Moja mała piłka
wzbija się coraz wyżej.
Magia dziś jest moja.
Moc dzisiaj jest moja.
Czas poznać odpowiedź.

Powtarzaj słowa ostatniej linijki, odbijając piłeczkę. Kontynuuj tę czynność przez chwilę, po czym powiedz:

Bez niczyjej szkody, niech stanie się moja wola.
Niech wszystkie astrologiczne odpowiedniki okażą się poprawne dla tego rytuału
i niech to zaklęcie nie zostanie odwrócone ani żadna klątwa niech mnie nie dosięgnie.
Niechaj tak się stanie!

W niedługim czasie uzyskasz odpowiedź na swoje pytanie. Jeśli nie stanie się to w przeciągu trzydziestu dni, powtórz zaklęcie.

* * *

Promienie miłości

W twoim życiu będzie wiele sytuacji, kiedy nie będziesz w stanie lub nie będzie ci wolno przeprowadzić operacji magicznej, ale zechcesz pomóc komuś, kto będzie miał kłopoty lub po prostu będzie nieszczęśliwy. W takich przypadkach prześlij tej osobie swoje „promienie miłości". Wyobraź sobie, że tę osobę (lub zwierzę) otacza uzdrawiająca, biała energia. Postaraj się utrzymać w myślach ten obraz jak najdłużej. Następnie zrób sobie chwilę przerwy i powtórz całą procedurę. Chociaż wygląda to na prostą czynność, która raczej nie przyniesie rezultatów, uwierz w nią. Każda wysłana przez ciebie cząstka pozytywnej energii może komuś pomóc.

* * *

Zaklęcie przyjaźni

Nie masz przyjaciół? A może potrzebujesz zmiany tempa? Wypróbuj poniższe zaklęcie przyjaźni.

FAZA KSIĘŻYCA: nów lub pełnia
DZIEŃ: niedziela, środa lub piątek
CIAŁO NIEBIESKIE: Słońce, Merkury lub Wenus
AKCESORIA: brązowy cukier; łyżeczka pyłu; brązowa świeca (do tego zaklęcia najlepiej będzie się nadawać format świecy wotywnej); mała ognioodporna miska; igła lub pinezka; jedna cytryna

Użyj swoich kamieni do wróżenia, by dowiedzieć się, czy w danym momencie możesz skorzystać z tego zaklęcia. W przypadku pozytywnej odpowiedzi, nakreśl magiczny krąg, wezwij żywioły i poświęć ołtarz. Umieść potrzebne akcesoria na jego środku. Oczyść, poświęć i napełnij je mocą w imię przyjaźni.

Wsyp brązowy cukier oraz pył do miski. Trzymając nad nią dłonie, powiedz:

Żywiole ziemi, przyzywam twą magię do mego kręgu i do tego naczynia.
Ten cukier i pył symbolizują żyzną glebę,
miejsce, z którego wyrosnąć mogą moje nowe przyjaźnie.

Na świecy wyrysuj swoje imię, kilka serduszek i słowa „nowe przyjaźnie". Mocno trzymając świecę oburącz, zamknij oczy i wypowiedz:

Żywiole ognia, podaruj mi urzeczywistnienie mych pragnień.
Obdarz mnie nowymi przyjaciółmi, którzy będą dobrze mnie traktować.
Ognisty ptaku, roześlij me słowa i daj mi szczerych, oddanych przyjaciół.

Postaw świecę pionowo w pojemniku z cukrem i pyłem. Usyp brązowy cukier wokół niej tak, by się nie przewróciła. Upewnij się, że świeca tkwi stabilnie wetknięta w mieszankę cukru i pyłu. Weź do ręki cytrynę, mówiąc:

Cytryno, skieruj ku mnie szczerych przyjaciół i każdego dnia chroń me uczucia.

Przekrój cytrynę i wyciśnij z niej sok na cukier i pył, usypane dookoła świecy, formując w miarę możliwości równy krąg.

Zapal świecę. Trzymając dłonie nad miską (uważaj, żeby się nie poparzyć), powiedz:

Przemierzam świat, szukając przyjaźni
silnej, prawdziwej, aż po sam kres.
Przemierzam pola i doliny
i miejsca, w których smoki żyły.
Szukam prawdy i szczerości,
szukam miłości i lojalności.
Wyczuwam puls energetyczny
i staje tu przyjaciel magiczny.
Niechaj się stanie moja wola.
Bez szkody żadnej dla nikogo!
Niech to zaklęcie nie zostanie odwrócone i niech mnie nie dosięgnie żadna klątwa.
Niech wszystkie astrologiczne odpowiedniki okażą się poprawne dla tego rytuału.
Niechaj tak się stanie!

Pozwól, by świeca jeszcze przez chwilę się paliła, ty zaś wyobraź sobie, że otaczają cię kochający, szczerzy i lojalni przyjaciele. Otwórz oczy. Zgaś świecę i podziękuj Duchowi za pomoc. Uwolnij żywioły, po czym usuń krąg.

Przez siedem kolejnych wieczorów zapalaj świecę i powtarzaj słowa zaklęcia oraz wizualizację. Jeżeli po upływie trzydziestu dni wciąż nie będziesz mieć nowych przyjaciół, powtórz zaklęcie.

* * *

Zaklęcie mrówkolwa

Zaklęcie to zostało ułożone, by pomóc ci wzmocnić poczucie własnej wartości.

FAZA KSIĘŻYCA: od nowiu do pełni
DZIEŃ: niedziela, poniedziałek lub piątek
CIAŁO NIEBIESKIE: Słońce, Księżyc lub Wenus
AKCESORIA: blok rysunkowy; zestaw kolorowych kredek lub mazaków

Usiądź w zacisznym miejscu, najlepiej gdzieś na świeżym powietrzu, jeśli możesz, a jeśli nie – niech to będzie twój pokój. Możesz zapalić swoje ulubione kadzidełka i włączyć wesołą muzykę. Każdy ma swego własnego mrówkolwa i nie ma dwóch takich samych owadów, więc aby wiedzieć, jak wygląda nasz robaczek, musimy sami go wymyślić. Poeksperymentuj ze swoimi mazakami lub z kredkami i narysuj swoje mrówkolstwo. Owady te zawsze są miłe i życzliwe, nigdy złośliwe. Jeżeli chcesz, możesz wymyślić wiele różnych wariantów swego mrówkolwa. Możesz zdecydować, że twój owad będzie miał jakieś magiczne symbole, o jakich wspominałam we wcześniejszych częściach tej książki; możesz też zaprojektować swoje własne symbole.

Wypisz teraz na skorupkach (lub ciałach) swoich robaczków uczucia, jakich twoim zdaniem najbardziej ci potrzeba: miłość, współczucie, dobre samopoczucie itd. Trzymając dłonie nad każdym z narysowanych owadów, powiedz:

Robaczku, robaczku
brzęcz i się mień.
Robaczku, robaczku
(nazwa uczucia, którego potrzebujesz) obdaruj mnie.

Kiedy wymyślisz już swego robaczka, możesz używać go do wielu rzeczy, na przykład do dostarczania wiadomości bądź też wysyłania uzdrawiającej energii lub energii miłości do przyjaciela czy członka rodziny, który znalazł się w potrzebie.

* * *

Zaklęcie „Bukiety i miód miłości rodzicielskiej"

No tak. Tym razem naprawdę narozrabiałaś. Tata nie odzywa się do ciebie, a mama co najwyżej coś mamrocze w kierunku, z którego nadchodzisz. Wiesz, że źle postąpiłaś i naprawdę bardzo ci przykro. Nadszedł więc czas, by ograniczyć działanie tej szkody.

FAZA KSIĘŻYCA: pełnia
DZIEŃ: niedziela lub piątek
CIAŁO NIEBIESKIE: Słońce lub Wenus
AKCESORIA: czysta, pusta butelka po średniej wielkości napoju gazowanym, którą można szczelnie zamknąć; miód; małe kwiaty i zioła miłości – takie jak: koniczyna, pąk róży i stokrotka, szczypta bazylii; twoje ulubione perfumy; kartka papieru z wypisanym na niej własnym imieniem

Zapytaj swoje kamienie do wróżenia, czy w danym momencie możesz rzucić to zaklęcie. Nakreśl krąg i wezwij żywioły. Następnie poświęć swój ołtarz oraz oczyść, poświęć i napełnij mocą zgromadzone akcesoria w imię miłości.

Trzymając kwiaty w dłoni, powiedz:

Delikatne płatki, także zapach piękny,
Miłość w mej rodzinie zagości na wieki.

Najdelikatniej, jak potrafisz, wstaw kwiaty do butelki. Weź teraz do ręki bazylię, mówiąc:

Ziele przyjaźni.
Ziele miłości.

Moc współczucia,
gołębi symbol czystości,
daruj mi energię
Ducha na wysokości.

Wsyp bazylię do butelki. Następnie weź perfumy i powiedz:

Mój zapach świeży
Miłość dziewięć razy

Dodaj dziewięć kropli perfum do zawartości butelki. Teraz weź kartkę papieru z wypisanym na niej swoim imieniem i powiedz:

Oto me imię moją ręką pisane.
Łączę, mieszam, naprawiam zło.
Wprowadzam zmianę mej energii światłem.

Na koniec wlej do butelki tyle miodu, by przykrył kwiaty. Wypowiedz następujące słowa:

Złoty miodzie, miłości płynie, ziołowe złoto,
Połącz energie w tejże butelce.

Następnie włóż do butelki kartkę ze swoim imieniem. Zakręć butelkę. Trzymając ją w dłoniach, powtarzaj frazę: „Wprowadzam zmianę mej energii światłem" tak długo, jak uznasz to za stosowne. Kiedy skończysz, zanieś butelkę kolejno do każdej ćwiartki swego kręgu i poproś o błogosławieństwo żywiołów. Potem stań pośrodku kręgu i powiedz:

Bez niczyjej szkody.
Niech wszystkie astrologiczne odpowiedniki
okażą się poprawne
dla tego rytuału i niech to zaklęcie nie zostanie odwrócone
ani żadna klątwa niech mnie nie dosięgnie.
Niechaj tak się stanie! Zmiana już się rozpoczęła!

Uwolnij żywioły i usuń krąg. Weź do ręki butelkę i wstrząśnij nią trzy razy, po czym postaw gdzieś w swoim pokoju. Codziennie wstrząsaj nią trzykrotnie, dopóki zmiana, o którą prosisz, nie nastąpi. Wtedy zakop butelkę na swoim podwórku za domem.

* * *

Zaklęcie „Piękno magnolii"

Jeżeli zależy ci na pięknie, zarówno zewnętrznym, jak i wewnętrznym, i chcesz go mieć więcej, wypróbuj to krótkie zaklęcie.

FAZA KSIĘŻYCA: pełnia
DZIEŃ: niedziela, poniedziałek lub piątek
CIAŁO NIEBIESKIE: Słońce, Księżyc lub Wenus
AKCESORIA: wszystkie kosmetyki do makijażu oraz związane z pielęgnacją urody; kosmetyki do utrzymywania czystości ciała (takie jak mydło, szampon i dezodorant); biżuteria; woda święcona; pusta plastikowa butelka z rozpylaczem, jaką możesz dostać w aptece za niewielką sumę; lusterko ręczne

Wykonaj to zaklęcie w nocy podczas pełni, przy oknie, w którym możesz odbijać lusterkiem promienie światła Księżyca na swoje akcesoria. Jeśli nie jest to możliwe, włóż zgromadzone przedmioty do pudełka i wynieś je na zewnątrz. Wykonaj ten rytuał na dworze lub, po uprzednim przeprowadzeniu go w domu, wynieś użyte podczas ceremonii przedmioty na zewnątrz i zostaw je na co najmniej pół godziny w takim miejscu, by były oświetlane przez Księżyc.

Ułóż przedmioty na swoim ołtarzu. Nakreśl magiczny krąg, wezwij żywioły i poświęć ołtarz. Oczyść, poświęć i naładuj mocą wszystkie akcesoria w imię miłości i piękna. Wezwij energię Wenus lub Afrodyty, by pomogła ci uformować twoją nową, piękniejszą postać.

Wlej święconą wodę do buteleczki. Trzymając ją w dłoniach, powiedz:

Żywiole wody,
pobłogosławiony i napełniony mocą przez Ducha,
obudź we mnie piękno.

Żywiole wody
poruszającej się, płynącej, niosącej przemianę.
Kochająca Wenus, piękna Afrodyto,
dotknijcie tej wody,
wlejcie w moje ciało
kwintesencję swej miłości i piękna.

Delikatnie rozpyl nieco wody święconej na każdy przedmiot rozłożony na twoim ołtarzu, mówiąc za każdym razem:

Moc piękna we mnie, wokół mnie, na mnie.
Moc miłości we mnie, wokół mnie, na mnie.

Weź do ręki lusterko i trzymaj je tak, by odbijało światło Księżyca i rzucało je na twoje akcesoria rytualne. Powiedz:

Księżycu, Księżycu, Matko – Księżycu,
jasna gwiazdo, miotło czarownicy,
zmieć wszelką negatywną energię,
podaruj mej duszy twego piękna pełnię.
Konstelacje i komety na niebie,
słowa miłości i sonety nowe,
energio pełni, rośnij i świeć,
nad moim życiem
błogosławieństwo wznieć.
Dookoła, w górę, w dół
Krąż w pobliżu, w krąg ten wejdź.

Niech spłyną na mnie błogosławieństwa Matki
teraz i w dni, które jeszcze nadejdą.
Niechaj tak się stanie!

Kiedy skończysz, przejdź kolejno do każdej ćwiartki swego kręgu i poproś o błogosławieństwo piękna i miłości. Podziękuj Duchowi. Następnie uwolnij żywioły, usuń krąg i zabierz swoje rzeczy. Rzucaj to zaklęcie raz na miesiąc lub wtedy, gdy zechcesz uzupełnić swoje zasoby urody i oczyścić swe ciało.

* * *

Zaklęcie „Twe zimne serce”

Nie wiem jak ty, ale ja spotkałam na swej drodze ludzi, którzy po prostu nie chcieli, bym czyniła jakiekolwiek postępy – co to, to nie! W twoim życiu mogli to być na przykład: nauczyciel, pedagog, kolega lub koleżanka, ich rodzic, a nawet krewny. To zaklęcie zostało wymyślone w celu usunięcia emocjonalnych ścian, jakie inni ludzie budują na twojej drodze, i ukazanie innym twej prawdziwej natury. Czasami ci ludzie postępują na podstawie plotek, jakie o tobie usłyszeli, nie zaś w oparciu o to, co sami sądzą czy odczuwają. Dorosłym niekiedy trudno uwierzyć w to, że ich znajomi lub rodzina mogliby celowo wprowadzać ich w błąd, nastolatki zaś w takich sytuacjach mają prawdziwy problem. Setki razy rówieśnicy obu moich córek próbowali, jak to się mówi, nastawić siostrę przeciwko siostrze, powtarzając plotki, kłamstwa i niestworzone historie. Każda z dziewcząt bardzo to przeżyła, kiedy okazało się, że koledzy chcieli wprowadzić zamęt w ich życiu tylko dla własnej uciechy. Tak więc zaklęcie to może ci posłużyć w dwójnasób, jeśli zajdzie taka potrzeba.

FAZA KSIĘŻYCA: dowolna
DZIEŃ: najlepsza będzie sobota, ale wtorek i piątek też mogą być
CIAŁO NIEBIESKIE: Saturn, Mars lub Wenus
AKCESORIA: kostka lodu; jakieś naczynie; kartka, na której czarnym długopisem lub markerem zapiszesz imię osoby stwarzającej problem; jeżeli posiadasz zdjęcie tej osoby, także możesz go użyć

Zapytaj swe narzędzie do wróżenia, czy nadszedł odpowiedni czas na rzucenie tego zaklęcia. Umieść zdjęcie osoby, którą masz na myśli (jeśli je posiadasz) oraz kartkę z jej imieniem na talerzyku. Na zdjęciu (lub kartce) połóż kostkę lodu. Wypowiedz śpiewnym tonem następujące słowa:

Anielski ogień twe zimne serce topi,
ujrzysz wnet prawdę, nie zaś fałsz.
Gdy lód się stopi, prawdę ujawni,
ulotni się wtedy cały twój strach.

Jeżeli tu działają plotki,
nie chybi mały urok mój,
kłamca wnet będzie ujawniony.
W górę się wznieś, ogniu mój.

Powtarzaj ostatni wers jak najdłużej – im więcej razy go wyśpiewasz, tym lepiej. Kiedy skończysz, poczekaj, aż lód całkowicie się roztopi. Wylej powstałą wodę do zlewu lub toalety, mówiąc:

Usuwam negatywną energię, by podarować sobie bardziej słoneczny dzień!

Zatrzymaj zdjęcie osoby, która sprawiła ci przykrość na wypadek, gdyby zaklęcie trzeba było powtórzyć. Kiedy nastąpi spodziewany rezultat, wyrzuć zdjęcie.

Zaklęcie „Magiczne ziarno święta Jul"

Oto idealny prezent, jaki możesz podarować znajomym i rodzinie. Nie zasieje on spustoszenia w twoim portfelu. Wykonaj magiczną różdżkę, biorąc niewielką szklaną buteleczkę i napełniając ją ziołami i nasionami. Wiejskie czarownice wierzyły, że jeżeli do domu wkroczyło jakieś zło, będzie zmuszone do policzenia wszystkich ziarenek przed zapadnięciem zmroku i tym samym nie będzie miało czasu, by działać na szkodę domowników. Do tego zaklęcia świetnie nadadzą się probówki zaopatrzone w szczelną zatyczkę. Dobre będą też flakony zakupione w kwiaciarni. Napełnij swoje naczynie nasionami i dowolnymi, niewielkimi ziołami (wybierz je zgodnie z listą odpowiedników, którą zamieściłam w poprzednim rozdziale tej książki) i udekoruj ją wstążkami i brokatem. Zawieś ją obok najczęściej używanych w domu drzwi, na przystrojonym podczas święta Jul (Bożego Narodzenia) drzewku, wieńcu mocowanym na drzwiach lub w domu, na prezencie – jako dodatkową dekorację, lub przygotuj ją w formie małego podarunku, jaki wręczysz gościom na noworocznym spotkaniu.

Rozdział 6

Uzdrawianie

Otocz mnie ramieniem – obejmij
Uzdrów – przytul*.

„Gruttafoo" to termin używany przez moich krewnych, określający uzdrawianie innych przez doktora Pow-Wow. Doktor jest potomkiem niemieckich imigrantów, zamieszkujących obszar stanu Pensylwania. Rytuał polega na uzdrawianiu za pomocą słów, ruchów i znaków malowanych na ciele i domu, co ma na celu wypędzenie chorób. Obrzędy te idą w parze z głęboką wiarą w boskość, znaki, symbole i receptury domowej roboty, znane naszemu pokoleniu jako rzucanie zaklęć. Mój ród był swego czasu uznawany za wielce religijny, pracowity, oszczędny i troszczący się o dobro innych bardziej, niż o własne interesy.

„Herexie" było słowem, które dla członków mojego rodu oznaczało błogosławieństwo i czyny wykonywane w dobrej wierze. Jeszcze zanim w mojej rodzinie pojawiła się wiara chrześcijańska, praktykowaliśmy niemieckie *braucherei* lub też czarostwo i specjalizowaliśmy się w uzdrawianiu.

---

* Autorka – Breid FoxSong, czarownica tradycji brytyjskiej z ponad dwudziestoletnim doświadczeniem, mieszkająca w Nowym Jorku (przyp. aut.); tłumaczenie własne (przyp. tłum.).

Spośród wszystkich dziedzin, w których czarownice dokonały wielkiego postępu, ścieżka uzdrowiciela i sztuka uzdrawiania charakteryzują się największą mocą, być może dlatego że praktykujemy tego typu magię najczęściej. Przez długi czas starałyśmy się przekonać środowisko medyczne do skorzystania z naszego doświadczenia, ale stare nawyki trudno zmienić, wciąż więc musimy walczyć o uznanie dla naszych alternatywnych metod leczenia. W czasie pisania tej książki dowiedziałam się, że w Bostonie w stanie Massachusetts odbyła się ważna konferencja, na której wybitni współcześni chirurdzy spotkali się z popularnymi autorytetami w dziedzinie religii, by dowiedzieć się o roli wiary i modlitwy w procesie uzdrawiania człowieka.

Czarownice leczą za pomocą ziół, olejków, hipnozy i rąk (to jedynie niektóre techniki) oraz zwyczajnych procedur rzucania zaklęć. Pomagamy też poprzez doradzanie przyjaciołom i rodzinie, by poprawić ich samoocenę i przezwyciężyć ewentualne problemy emocjonalne.

Czy wiesz, że za każdym razem, gdy kogoś dotykasz, wysyłasz temu komuś leczniczą energię? To prawda. Matka kołysząca w ramionach chore dziecko instynktownie przekazuje swoją energię dziecku. Jeżeli jest świadoma działania takiego transferu, jest w stanie skupić energię tak, by przyspieszyć wyzdrowienie swojego dziecka. Gdy przytulasz płaczącą przyjaciółkę, obdarzasz ją uzdrowicielską energią w momencie, gdy ona tego potrzebuje. Najprostsze formy ekspresji za pomocą pełnych troski gestów niosą za sobą większą dawkę energii, niż sądzisz.

Żadne z zamieszczonych w niniejszej książce zaklęć leczniczych nie wymaga od ciebie spożywania jakichś substancji. Jeśli chcesz, w księgarniach znajdziesz wiele materiałów dotyczących leczniczych ziół. Jeżeli interesuje cię ta technika uzdrawiania, odłóż trochę pieniędzy i udaj się do większej księgarni, gdzie znajdziesz odpowiednie materiały. Poszukaj też książek o alternatywnej medycynie w miejscowej bibliotece. Możesz także odwiedzić lokalnego sprzedawcę ziół. On również udzieli ci wielu istotnych informacji. Przyjrzyjmy się teraz zasadom uzdrawiania.

ZASADY UZDRAWIANIA

1. Źródłem wszelkiego uzdrawiania jest miłość, a twoje pragnienie, by wykorzystać ją do uzdrowienia jakiejś osoby (lub twojego zwierzaka), jest ważniejsze niż jakiekolwiek zaklęcie lub procedura.

2. Zawsze należy uzyskać zgodę osoby, w intencji której zamierzasz odprawić czary. W magii uzdrowicielskiej możesz współpracować z Duchem, by pomóc komuś wyzdrowieć, nawet jeżeli nie prosisz tej osoby o zgodę. Oznacza to, że zwracasz się do Ducha o pomoc, zanim zaczniesz odprawiać czary. Mówisz wtedy: „Duchu, proszę, pomóż mi uzdrowić (imię osoby). Jeżeli osoba ta nie może otrzymać mojej leczniczej energii, proszę, przekaż ją komuś w potrzebie. Ty wiesz najlepiej, komu ją zesłać".

3. Zawsze możesz się za kogoś modlić, nie pytając tej osoby o zgodę.

4. Nigdy nie polegaj wyłącznie na magii leczniczej. Kiedy chorujesz, skontaktuj się z lekarzem i postępuj zgodnie z jego zaleceniami. Jeżeli diagnoza jest radykalna, uzyskaj opinię od drugiego specjalisty (nie w tym samym mieście). Gdy twoja przyjaciółka lub przyjaciel mają problemy natury psychicznej, namów ich na wizytę u specjalisty. Nie obawiaj się i nie wstydź korzystać z telefonów zaufania (numery możesz znaleźć na przykład w książce telefonicznej).

Pewnego popołudnia moja młodsza córka wysiadła z autobusu i weszła do domu z wielce surową miną. Gdy spytałam, co się stało, nic nie odpowiedziała. Warto tu wspomnieć, że to dla niej typowe zachowanie. Długo tłumi w sobie problemy, czekając, aż narastające napięcie nieomal wystrzeli z jej uszu kolczyki, po czym otwiera się i opowiada mi o tym, co ją trapi. Tego dnia musiałam czekać aż do momentu, w którym skończyłyśmy jeść kolację.

– Mam spory kłopot i nie wiem, co robić – zaczęła. Siedziałam przy komputerze, pracując nad książką (jakżeby inaczej), ona zaś zajęła miejsce przed telewizorem, usiadłszy ze skrzyżowanymi nogami.

– W czym tkwi problem? – zapytałam, nie poświęcając się jeszcze w pełni rozmowie. Jednym okiem wciąż zerkałam na migający kursor, zastanawiając się, czy zdanie, które właśnie napisałam, ma jakikolwiek sens.

– W szkole jest jedna dziewczyna – powiedziała cicho – i wydaje mi się, że wpadła w poważne tarapaty. Nie wiem, co z tym robić.

Odwróciłam się od komputera i oparłam na krześle.

– O jakich kłopotach mówimy? (Jestem zodiakalną Panną, więc muszę znać wszystkie szczegóły).

Moja córka przez chwilę bawiła się włosami, po czym powiedziała:

– Ona się krzywdzi. Pokazała mi to dziś w autobusie, a potem w szkolnej łazience. W dodatku jest z tego dumna! Pomyślałam, że to chore! A ona się zaśmiała i pokazała mi miejsca, w których się okaleczyła. Wiem, że ma kłopoty, ale jeżeli komuś o tym powiem, to będę tą złą. Nie chcę na nią kablować, bo będzie na mnie wściekła.

Bujałam się w fotelu, przetwarzając to, co właśnie usłyszałam. W końcu odparłam:

– Jeżeli nie chce, by ktokolwiek o tym wiedział, dlaczego powiedziała o tym tobie?

Moja córka podrapała się po czole.

– Nie wiem, ale żałuję, że się dowiedziałam. Jak myślisz, co powinnam zrobić?

„Ach” – pomyślałam – „czas na rodzica".

– Gdy ludzie robią sobie krzywdę, nie myślą przytomnie. Fakt, iż ci o tym powiedziała, oznacza, że poszukuje pomocy, chociaż świadomie nie zdaje sobie z tego sprawy. Czy powiedziała o tym komuś innemu?

Kolejna chwila zabawy z włosami.

– Tak, moim dwóm przyjaciółkom.

– Co one o tym sądzą?

– Mówią, że jest chora i potrzebuje pomocy, ale też nie wiedzą, co robić.

– Wygląda na to, że ta dziewczyna chce, by ludzie wiedzieli. To znaczy, że potrzebuje pomocy – odparłam – Czy chcesz, bym zadzwoniła jutro do szkoły i porozmawiała ze szkolnym pedagogiem (Tylko nie to. Klątwa pod tytułem „mama idzie do szkoły"!)?

Moja córka podniosła z ziemi okruszek precla, zanim się odezwała.

– Nie, chyba zrobię to sama. Może pójdą ze mną koleżanki.

– A co, jeśli nie pójdą?

Westchnęła i podniosła głowę do góry – Wtedy pójdę sama.

– Jeśli chcesz, bym ci pomogła, zrobię to. Po prostu daj mi znać, dobrze?

– W porządku.

Nazajutrz moja córka, jednak wraz z koleżankami, poszła do szkolnego pedagoga. W rezultacie okaleczająca się dziewczyna otrzymała pomoc, której potrzebowała. Owszem, była zła na koleżanki przez dzień czy dwa, ale po jakimś czasie okazała wdzięczność za to, co dla niej zrobiły. Takie sytuacje spotykają nas wszystkich. Czasami nie jesteśmy za nie odpowiedzialni, ale jakimś cudem nagle znajdujemy się w samym ich środku. Duch umieszcza ludzi tam, gdzie są najbardziej potrzebni, niezależnie od tego, czy są tego świadomi, czy nie. Dziewczęta nie miały za zadanie „naprawić" problemu, lecz ułatwić przyjaciółce otrzymanie potrzebnej jej pomocy. Czasem musimy zmagać się z wyborem między tym, co należy zrobić, a tym, co zrobić najłatwiej. Niekiedy to pierwsze wyjście jest znacznie trudniejsze, ale mimo to warto wybrać właśnie tę drogę. Samookaleczająca się dziewczyna starała się uczynić z mojej córki i jej koleżanek osoby bierne. Tak nazywamy ludzi, którzy wiedzą, że bliska im osoba ma problem (uzależnienie od narkotyków czy alkoholu, przemoc w rodzinie), współczują jej, ale nie robią nic, by pomóc. To tak, jakby mówili, że problem nie istnieje, a przecież nie jest to prawda. Osoby bierne siedzą bezczynnie i patrzą, jak ktoś marnuje sobie życie. Zachowują się tak, ponieważ boją się, nie chcą mieszać się w nieswoje sprawy lub uważają, że lekarstwo jest o wiele bardziej bolesne niż sam problem. Czasem bierni towarzysze zostają wciągnięci w kłopoty osoby, której towarzyszyli. Moja córka zrezygnowała z roli osoby biernej w chwili, gdy postanowiła pomóc. Ty też możesz zrobić to samo.

5. Ostatnia zasada uzdrawiania brzmi: „Nie poddawaj się. Pracuj". W mojej rodzinie krąży stare powiedzenie: „Nie zachorowałaś w jeden dzień i w jeden dzień nie wyzdrowiejesz". Magia uzdrowicielska to proces, który należy powtarzać do momentu, aż chory wyzdrowieje. Miałam wiele małych i dużych sukcesów w dziedzinie magii uzdrowicielskiej, ale dwa przypadki najbardziej zapadły mi w pamięć: przypadek Jane Stall, która miała guza, a za chwilę już go nie miała (nie było żadnych zabiegów chirurgicznych ani nie podawano żadnych leków), i przypadek Patricka Alberta, który chorował na AIDS, a wkrótce potem wyniki badań ujawniły, że jest zdrowy (badania powtórzono kilkakrotnie). W obu przypadkach ja i moi towarzysze z kowenu pracowaliśmy bardzo ciężko na rzecz chorych. Lubię myśleć, że przyniosło to jakiś efekt, nawet jeśli była nim tylko skumulowana energia miłości przesłana pacjentom. Z drugiej jednak strony nie możesz czuć odpowiedzialności za to, że ktoś umrze. Jeżeli babcia lub dziadek zachorują, a ty od-

prawiasz w ich intencji szereg rytuałów magicznych i mimo to któreś z nich umiera, możesz sądzić, że twoje starania były niewystarczające lub czary nie zostały odprawione tak, jak należało. To nie tak. Duch zabiera nas z tego świata, gdy przychodzi na nas czas. Być może twoja magia ułatwiła im przejście między światami, ale nigdy, przenigdy nie myśl, że zrobiłaś coś nie tak, nie starałaś się dostatecznie lub wykonałaś rytuał o nieodpowiedniej porze.

Uzdrawianie
powiązania

Czarownice znają wiele magicznych powiązań. Zanim zaczniemy więc rzucać zaklęcia, przyjrzyjmy się niektórym z nich.

By wypędzić z kogoś chorobę, czarownice działają w dniu poprzedzającym nów lub rozpoczynają pracę podczas pełni i pracują aż do nowiu. By wyleczyć kogoś z choroby lub zagoić rany, działać będą od nowiu do pełni. Daty każdej pełni i każdego nowiu znajdziesz w niektórych kalendarzach.

Ciałem niebieskim najsilniej kojarzonym z uzdrawianiem jest Słońce (sukces), ale do wypędzenia choroby można wykorzystać energię Saturna, a do zaatakowania jej – energię Marsa.

Kolory uzdrawiania to: zielony (ogólne uzdrawianie), niebieski (uzdrawianie duchowe), purpurowy (uzdrawianie parapsychiczne), lawendowy (uzdrawianie innych), ciemnozielony (regeneracja), żółty (sukces w uzdrawianiu), złoty (udział energii Słońca w uzdrawianiu) lub biały (uzdrawianie z pomocą Ducha). Czarny kolor wykorzystywany jest do wygnania choroby z człowieka lub ze zwierzęcia. Uprawiając magię leczniczą, należy przestrzegać istotnej zasady: podczas palenia czarnej świecy trzeba też zapalić większą białą świecę, zapewniającą czystość umysłu, duszy i ciała.

Lecznicze owoce i warzywa to: jabłka, fasola, jeżyny, papryka chilli, ogórki, czosnek, cytryny, limonki, oliwki, cebula, plantany i ziemniaki.

Lecznicze zioła i rośliny to: ziele angielskie, dzięgiel, jęczmień, wawrzyn, goździk, cedr, cynamon, eukaliptus, koper, gardenia, żeń-szeń, bluszcz, mięta, pokrzywa, dąb, mięta pieprzowa, persymona, sosna, róża, rozmaryn, mięta zielona, oset, tymianek, fiołki, wierzba i gaulteria.

W naszej magii uzdrawiającej możemy wykorzystać cztery żywioły: powietrze do zabierania chorób i sprowadzania leczniczej energii; ogień do pochłaniania chorób i oczyszczania ciała, umysłu i duszy; wodę to obmywania ciała, umysłu i duszy oraz do zamiany energii negatywnej na pozytywną; ziemię do stabilizowania stanu pacjenta, zapewniania rozwoju nowych komórek i budowania bariery między osobą chorą a negatywną energią.

Do symboli uzdrawiania zaliczamy: kaduceusz (na plakatach w przychodni zapewne widujesz obrazek przedstawiający dwa splątane węże); czerwony krzyż (wykorzystywany do atakowania chorób); obrazy przedstawiające słońce; kwiaty; zielone i białe koraliki; obrazki ulubionych świętych; delfiny oraz anioły. Na pewno ty także znajdziesz jakieś uniwersalne symbole, o których zapomniałam wspomnieć.

* * *

Zaklęcie „Leczniczy szew"

Nawet jeśli nie jesteś mistrzem igły i nitki, poniższe zaklęcie pomoże ci przekazać leczniczą energię chorej osobie.

FAZA KSIĘŻYCA: od nowiu do pełni
DZIEŃ: niedziela
CIAŁO NIEBIESKIE: Słońce, Księżyc, Wenus
AKCESORIA: kawałek białego materiału o wymiarach 18 x 18 centymetrów; pół łyżeczki gałki muszkatołowej (zdrowie); pół łyżeczki kruszonych orzechów włoskich (zdrowie i życzenia); zdjęcie chorego (jeżeli nie posiadasz zdjęcia, zapisz imię tej osoby na małej kartce papieru); zielona lub biała wstążka

Oczyść, uświęć i naładuj energią wszystkie przedmioty w imię uzdrawiania. O pomoc w wypowiadaniu zaklęcia możesz poprosić Anę, Pierwszą Matkę. Zanim zaczniesz, usiądź w zacisznym miejscu. Wyjmij ołówek i delikatnie zapisz imię chorej osoby na środku białej tkaniny. Na materiał wokół imienia nałóż tamborek. Obszywaj po okręgu, używając zielonej nici. Z każdym ściegiem wypowiadaj następujące słowa:

Święta Ano, Matko Boska,
obdarz leczniczą energią
bliską mi osobę.

Gdy skończysz, zawiąż koniec i przetnij nić. Usuń tamborek. Odwróć tkaninę tak, by tylną stroną skierowana była do ciebie. Umieść na jej środku zdjęcie bliskiej osoby. W rękach trzymaj rozmaryn i wypowiedz słowa:

Łagodny rozmarynie,
ty jesteś mocą,
ty jesteś zmianą.
Spraw, by (imię osoby) znów cieszył(-a) się zdrowiem.

Posyp zdjęcie rozdrobnionym rozmarynem. Weź do ręki gałkę muszkatołową i powiedz:

Łagodna gałko muszkatołowa,
ty jesteś mocą,
ty jesteś zmianą.
Spraw, by (imię osoby) znów cieszył(-a) się zdrowiem.

Posyp startą gałką zdjęcie. Weź do ręki pokruszone orzechy i powiedz:

Z potężnego drzewa w magicznej dolinie
Orzech sprawi, iż choroba minie.

Posyp orzechami zdjęcie. Podnieś tkaninę za rogi tak, by stworzyć sakiewkę. Zawiąż luźno krawędzie, następnie owiń supeł wstążką, tworząc kokardę i podwójny węzeł.

Weź do ręki leczniczy woreczek lub sakiewkę i powiedz:

Każdy ścieg na czasu osi
i każdy rym
bliżej moc przynosi.

Powtarzaj ten fragment, jednocześnie wyobrażając sobie, jak bliska ci osoba wraca do zdrowia. Utrzymuj w umyśle ten obraz i powtarzaj słowa przez jak najdłuższy czas. Gdy skończysz, podziękuj Anie i oddaj woreczek choremu. Jeżeli z jakiegoś powodu nie jesteś w stanie tego zrobić, trzymaj woreczek w bezpiecznym miejscu, dopóki bliska ci osoba nie wyzdrowieje. Gdy to nastąpi, otwórz woreczek, unieś nad nim ręce i podziękuj energii za pomoc w uzdrowieniu chorego. Wyobraź sobie, że magia wypełniająca woreczek przenika z powrotem do ziemi. Czarownice nazywają ten proces **odczarowywaniem*** przedmiotu. Pozwól, by powietrze zaniosło zioła i zmielone orzechy z powrotem do ziemi. Wstążkę spal lub wyrzuć. Oczyść i uświęć zdjęcie i woreczek. Być może przedmioty te przydadzą ci się przy okazji kolejnego rytuału uzdrawiania. Jeżeli zdecydujesz się na użycie kartki z zapisanym na niej imieniem, spal ją. Ponownie podziękuj Anie za pomoc. Jeżeli kiedykolwiek zachorujesz, możesz zrobić taki sam woreczek dla siebie.

* * *

Zaklęcie „Zgodne mydło"

Magia działa najlepiej, kiedy masz przy sobie przedmioty cechujące się „zgodnością" z osobą, dla której wykonujesz zaklęcie. Przedmioty takie to na przykład: biżuteria należąca do chorego, pukiel włosów, element ubrania, obcięte paznokcie, używana szminka, guzik z należącego do niego ubrania, podpis na kartce, zdjęcie (korzystaliśmy z takiego przedmiotu przy okazji wcześniejszych zaklęć) i tym podobne. Postaraj się, by przedmiot nie był za duży. Jeżeli zastawisz swój ołtarz butami swojej mamy, jej torebką, zimowymi paltami i innymi tego typu przedmiotami, pomyśli ona, że coś z tobą nie tak.

FAZA KSIĘŻYCA: dzień przed nowiem lub pełnia (ponieważ zaklęcie to wypędza choroby, jako odpowiednią porę podałam dzień przed nowiem, nie zaś nów)

DZIEŃ: sobota

CIAŁO NIEBIESKIE: Saturn

AKCESORIA: kilka przedmiotów będących w zgodności z chorą osobą: niewielka kostka mydła; długopis; mała miska wody; nieużywana drewniana łyżka; dwa zdjęcia lub kartka z zapisanym imieniem chorej osoby; sępolia; ciemnozielona lub czarna świeca; jasnozielona świeca (tylko w przypadku gdy wolno ci palić w domu świece; jeśli nie – omiń ten podpunkt)

Nakreśl krąg, przyzwij żywioły i poświęć ołtarz. Oczyść, uświęć i naładuj mocą wszystkie przedmioty na ołtarzu, by móc wypędzić wszelką negatywną

* Odczarowywanie – proces zwracania energii magicznej z powrotem do ziemi (przyp. aut.).

energię i choroby. W kostce mydła wyryj długopisem imię chorej osoby (skorzystaj z długopisu, który będzie można potem wyrzucić). Na czarnej świecy wytnij słowa: „Wypędź chorobę z (*imię osoby*)". Na jasnozielonej świecy wytnij słowa: „Ulecz (*imię osoby*)".

Zdjęcie umieść pod czarną świecą, a świecę zapal. Poproś Ducha, by uwolnił bliską ci osobę od choroby. Pozwól, by świeca się wypaliła, podczas gdy ty zajmiesz się kolejnym etapem zaklęcia.

Miskę wody obłóż przedmiotami należącymi do chorej osoby. Wszystko, co będzie można wyrzucić (włosy, paznokcie itp.), włóż do miski. Umieść mydło w misce i zacznij mieszać wodę za pomocą drewnianej łyżki, wykonując ruchy w kierunku przeciwnym do ruchu wskazówek zegara. Naucz się następującego uroku, by móc wykorzystywać go do walki z różnymi dolegliwościami – od grypy po raka. Urok należy powtarzać trzykrotnie i trzy razy dziennie.

Z krwi precz do szpiku,
ze szpiku precz do kości,
z kości precz do skóry.
Ze skóry precz we włosy,
z włosów precz do morza,
z morza precz na ląd –
jak Bóg stworzył kobietę i mężczyznę!
Niechaj tak się stanie!

Nie przestawaj mieszać wody, powtarzając jak najczęściej słowo „precz". Wyobraź sobie, jak choroba opuszcza ciało bliskiej ci osoby i przenika do ziemi. Umieść drugie zdjęcie pod świecą, którą następnie zapal, mówiąc:

Powietrze, ogień, woda, zdrowie,
powróć, powróć, powróć, powróć!

Gdy obie świece będą już płonąć, podejdź do każdej ćwiartki kręgu, idąc w kierunku prawoskrętnym (zgodnie z ruchem wskazówek zegara), zaczynając od północy. Proś o wypędzenie choroby i o uzdrowicielską energię dla bliskiej osoby. Powróć do centralnej części okręgu i podziękuj Duchowi za okazaną pomoc.

Weź do ręki sępolię i poproś ją, by przyspieszyła powrót do zdrowia bliskiej ci osoby i zapewniła jej ochronę. Tradycyjnie dodaj:

Bez niczyjej szkody,
niech to zaklęcie nie zostanie odwrócone
ani żadna klątwa niech mnie nie dosięgnie.
Niech wszystkie astrologiczne odpowiedniki
okażą się poprawne dla tego rytuału.
Niechaj tak się stanie!

Uwolnij żywioły i usuń krąg. Pozwól, by mydło dalej rozpuszczało się w wodzie. Następnie zgaś świece, ale zapalaj je w ciągu następnych nocy na pięć do siedmiu minut, aż bliska ci osoba wyzdrowieje. Jeżeli możesz, zostaw zgodne przedmioty wokół miski, aż do wyzdrowienia osoby, dla której odprawiany był rytuał. Podaruj jej sępolię wykorzystaną w trakcie rytuału i wyjaśnij jej, jak o nią dbać.

Zaklęcie „Doskonałe jajko"

We wszystkich epokach i w każdej kulturze na całym świecie magia ludowa wykorzystywała jaja ptaków domowych do uzdrawiania. Stare metody polegały na użyciu niezapłodnionego jaja od czarnej kury. W dzisiejszych czasach jaja kupione w supermarkecie mogą pochodzić nawet od purpurowej kury, a ty i tak nie będziesz o tym wiedzieć (chyba że mieszkasz na wsi). Czarownice potrafią jednak poradzić sobie z postępem – użyj po prostu dużego brązowego jaja. Jeżeli jego zdobycie również nie będzie możliwe, wystarczy zwykłe białe jajo.

FAZA KSIĘŻYCA: dzień przed nowiem lub pełnia (zaklęcie wypędzania)
DZIEŃ: sobota
CIAŁO NIEBIESKIE: Saturn
AKCESORIA: czarny marker; jedno jajo; osoba lub jej zdjęcie (jeżeli chory nie może być obecny podczas rytuału, narysuj jego prostą podobiznę na kartce, a nad obrazkiem zapisz imię tej osoby)

Delikatnie trzymaj jajo w ręku i napisz na nim, za pomocą markera, następujące słowa: „Wypędź chorobę z (*imię osoby*)".

W uświęconej przestrzeni oczyść, uświęć i naładuj mocą jajo. Jeżeli możesz, potrzyj jajkiem o ciało chorego, wyobrażając sobie, jak choroba opuszcza jego organizm i wnika do jaja. Jeżeli to niemożliwe, potrzyj jajkiem o podobiznę osoby chorej i powiedz:

(Imię osoby).
Wewnątrz i na zewnątrz,
na górze i na dole
wypędzam chorobę.
Niech znikną niedole.

Kiedy skończysz, wrzuć jajo do naturalnego zbiornika świeżej wody, prosząc, by ten żywioł zabrał chorobę od bliskiej ci osoby.

Zaklęcie „Słodkie sny i pluszowe zwierzaki"

Gdy dzieci są chore lub przygnębione, pragniemy poprawić im samopoczucie. Możesz wypróbować niniejsze zaklęcie na twoim podopiecznym (to również doskonały prezent na urodziny lub święto Jul. Możesz też użyć go na sobie!).

FAZA KSIĘŻYCA: nów lub pełnia
DZIEŃ: niedziela, poniedziałek, środa lub piątek
CIAŁO NIEBIESKIE: Słońce, Księżyc, Merkury lub Wenus
AKCESORIA: nowy pluszowy zwierzak – zabawka (moja córka użyła konika, nazwanego na cześć bogini Epony); purpurowa świeca; łyżeczka lawendy (symbolizuje ochronę, sen, słodkie sny); łyżeczka nagietków (ochrona i sny); łyżka stołowa płatków róży (miłość); trzy cienkie purpurowe i trzy cienkie białe wstążki; igła i nitka; przecinak do szwów; niewielka miska; woda święcona

Użyj swoich kamieni do wróżenia, by upewnić się, że jest to odpowiednie zaklęcie dla osoby, której chcesz pomóc. Nakreśl magiczny krąg, przyzwij żywioły i poświęć ołtarz. Oczyść, uświęć i naładuj mocą akcesoria w intencji słodkich snów. Włóż trzy rodzaje kwiatów do miski i pomieszaj je palcami. Powtarzaj słowa: „słodkich snów" do momentu, aż dokładnie wymieszasz suche płatki. Do miski dolej jedną kroplę wody święconej. Na pluszowym zwierzaku znajdź miejsce, w którym rozprucie i nowy szew nie będą zbyt widoczne. Za pomocą przecinaka spruj szew na długość dwóch i pół centymetra. Włóż płatki do maskotki, po czym zaszyj ją, powtarzając przy każdym szwie:

Słodkie sny i miłość.

Pokrop pluszaka święconą wodą.

Ujmij w dłoń purpurową świecę. Zamknij oczy i powiedz:

Gdy świeca płonie, magia się rozpoczyna.
Przez łąki snów
anioły ślą rozkoszne myśli.

Zapal świecę i umieść ją na ołtarzu.

Zanieś maskotkę do każdej z czterech ćwiartek okręgu, zaczynając od północy, i poproś, by żywioły obdarzyły ją słodkimi snami. Gdy skończysz, idź na środek okręgu. Przyzwij Ducha i twojego Anioła Stróża, prosząc ich o to samo.

Usiądź na podłodze, trzymając w rękach pluszaka. Zamknij oczy i pochylając się miarowo do przodu i do tyłu, powtarzaj słowa: „słodkie sny", aż uznasz, że czas przestać. Im więcej razy powtórzysz te słowa, tym lepiej. Podziękuj Duchowi i Aniołowi Stróżowi. Uwolnij żywioły i usuń krąg. Pozwól, by świece nadal płonęły. Daj maskotkę dziecku i powiedz mu, że zwierzak nazywa się „Słodkie sny".

Zaklęcie uzdrawiania z toczącymi się kamieniami

To proste zaklęcie możesz wykorzystać po to, by wypędzić z kogoś chorobę.

FAZA KSIĘŻYCA: od pełni do nowiu
DZIEŃ: wtorek lub sobota
CIAŁO NIEBIESKIE: Mars lub Saturn

AKCESORIA: koszyk kamyków wielkości połowy twojej dłoni lub mniejszych (ale nie za małych, bo nie będzie można na nich pisać – postaraj się znaleźć co najmniej 21 kamieni); odtwarzacz audio; twoja ulubiona muzyka; czarny marker

Wewnątrz uświęconej przestrzeni oczyść, poświęć i naładuj mocą swoje akcesoria w imię uzdrowienia bliskiej osoby. Poproś anioły odpowiedzialne za uzdrawianie o pomoc w wypędzeniu choroby. Na każdym kamieniu zapisz słowa: „wypędź chorobę z (*imię osoby*)".

Zabierz odtwarzacz i koszyk kamieni na szczyt wzgórza. Postaraj się, by nikt ci nie przeszkadzał. Włącz muzykę. Pomyśl o chorej, bliskiej ci osobie i pojedynczo zrzucaj kamienie ze wzgórza tak, by toczyły się po ziemi. Gdy będziesz je rzucać, wyobrażaj sobie, że choroba opuszcza ciało bliskiej ci osoby.

* * *

Lecznicze zaklęcie z bałwanem

Ulep małego bałwana symbolizującego chorego. Przygotuj też dwadzieścia jeden kulek śnieżnych. Lepiąc je, myśl o przyjacielu i wypędzaniu z niego lub z niej choroby. Ułóż śnieżki dookoła bałwana w taki sposób, by stworzyć okrąg. Powtarzaj następujące słowa:

Otocz ją swą mocą, obejmij, uzdrów, przytul.

lub

Otocz go swą mocą, obejmij, uzdrów, przytul*.

Idąc zgodnie z ruchem wskazówek zegara dookoła śnieżek, wypowiadaj powyższą mantrę. Możesz przy tym klaskać w dłonie. Gdy uznasz, że należy zakończyć tę część rytuału, wyciągnij ręce w kierunku bałwana i powiedz:

Mroźne wiatry w zimowy dzień,
zimowe słońce troski jej stopi.
Koło toczy się od śmierci do narodzin,
powietrze do ognia, woda do ziemi!

---

* Tekst autorstwa Breid FoxSong (przyp. aut.).

Niech to zaklęcie nie zostanie odwrócone ani żadna klątwa niech mnie nie dosięgnie.
Niech wszystkie astrologiczne odpowiedniki okażą się poprawne dla tego rytuału.
Niechaj tak się stanie!

* * *

Zaklęcie różańcowe

Jeżeli wychowujesz się w rodzinie katolickiej, wiedz, że możesz wykorzystać różaniec w nieco inny sposób. Jeśli nie masz w domu różańca, użyj nitki z nawleczonymi na nią koralikami (zamiast sznurka możesz wykorzystać nawet długi makaron). Moje niektóre przyjaciółki korzystają ze sznurowadeł lub z cienkich włókien niewyprawionej skóry, zawiązując supeł między każdym koralikiem. Postaraj się nawlec na nitkę co najmniej trzydzieści trzy koraliki.

FAZA KSIĘŻYCA: dowolna
DZIEŃ: dowolny
CIAŁO NIEBIESKIE: Słońce, Księżyc, Merkury lub Wenus

W uświęconej przestrzeni oczyść, poświęć i naładuj mocą różaniec lub korale nawleczone na sznurek. Jeżeli chcesz samodzielnie stworzyć leczniczy różaniec, pamiętaj, by robić to wewnątrz uświęconej przestrzeni i o tym, by poprosić każdy żywioł o błogosławieństwo. Gdy poczujesz gotowość do użycia różańca, usiądź w ciszy, trzymając go w ręku. Myśl o chorej osobie – możesz wspomóc się jej zdjęciem. Zamknij oczy, powoli przesuń pierwszy koralik i powiedz:

Anioły uzdrawiania, obdarzcie leczniczą energią (imię osoby).

Powtarzaj te słowa przy przesuwaniu każdego kolejnego koralika. Gdy przesuniesz ostatni, powiedz:

Duchu Święty, pobłogosław (imię osoby) i uchroń go/ją od chorób i nieszczęść.
Pomóż mu/jej szybko wrócić do zdrowia.
Niechaj tak się stanie!

* * *

Zaklęcie anielskiego uzdrawiania

Do tego zaklęcia będzie ci potrzebne zdjęcie, szpilka lub figurka przedstawiająca anioła. Wybranego przez ciebie anioła ofiarujesz później osobie chorej, by pomóc jej szybciej wrócić do zdrowia. Anioł powinien zawsze być z chorą osobą, nawet jeżeli przebywa ona w szpitalu.

FAZA KSIĘŻYCA: dowolna
DZIEŃ: dowolny
CIAŁO NIEBIESKIE: Słońce, Księżyc, Merkury lub Wenus

Wewnątrz uświęconej przestrzeni przywołaj anioły uzdrawiania i twojego Anioła Stróża. Oczyść, uświęć i naładuj mocą figurkę anioła w imię uzdrawiania. Poproś anioły uzdrawiania i twojego Anioła Stróża o pomoc dla chorej osoby. Powiedz im, że zamierzasz przekazać jej figurkę i poproś, by obdarzyły błogosławieństwem i leczniczą energią zarówno figurkę, jak i chorą osobę.

Wręcz choremu prezent i poproś, by zawsze miał go przy sobie.

* * *

Zaklęcie zdejmujące

Jest to stare zaklęcie dawnych imigrantów niemieckich, zamieszkujących tereny stanu Pensylwania. Pomaga ono pozbyć się wszystkiego, co zbędne, bez względu na to, czy chodzi o negatywną energię, czy chorobę.

FAZA KSIĘŻYCA: dowolna
DZIEŃ: dowolny
CIAŁO NIEBIESKIE: Słońce, Księżyc, Mars lub Saturn
AKCESORIA: kłębek czerwonej przędzy; zapalniczka; żaroodporna miska

Chora osoba powinna stanąć naprzeciw ciebie. Weź do ręki przędzę, a kłębek umieść na czubku głowy chorego. Niech trzyma on przez chwilę kłębek, podczas gdy ty odmierzysz kawałek przędzy odpowiadający jego wzrostowi. Przyłóż palec do punktu na przędzy, znajdującego się na wysokości stóp chorego. Następnie niech chory usiądzie i zdejmie but. Do odmierzonej przez ciebie długości przędzy dodaj długość stopy chorego, a następnie przetnij nić na końcu miary.

Trzymaj w ręku przędzę i powiedz:

Zdejmuję, wypędzam i zabieram od (imię osoby) wszelkie choroby i negatywne moce.
Niechaj tak się stanie!

Spal nić w misce i powiedz:

Ogniu płoń, ogniu żyj, smoczy ogon, kotle wrzyj!
Zabierzcie negatywną energię od (imię osoby), teraz!
Niechaj tak się stanie!

Zachowaj ostrożność i nie poparz sobie palców. Jeżeli nie wolno ci rozpalać ognia w domu, wrzuć przędzę do naturalnego zbiornika wodnego lub zakop ją poza terenem swojej posiadłości.

Zaklęcie „Oczyszczanie aury"

Zaklęcie to działa w podobny sposób jak poprzednie, ale tym razem będziemy oczyszczać aurę, a nie wypędzać negatywne moce z aury chorej osoby.

FAZA KSIĘŻYCA: dowolna
DZIEŃ: dowolny
CIAŁO NIEBIESKIE: Słońce, Saturn
AKCESORIA: szpulka czarnych nici; zapalniczka; miska żaroodporna

Kilkakrotnie owiń jeden koniec nitki wokół własnej dłoni. Rozwiń szpulkę na długość około 43 centymetrów, po czym odetnij ten fragment od reszty nici. Teraz owiń zwisający koniec nitki wokół drugiej dłoni. Napnij nitkę łączącą obie dłonie (ale nie za mocno). Niech chora osoba usiądzie na krześle, ty zaś stań za nią. Podnieś ręce z zawiązaną na nich nitką nad głowę chorego, po czym je opuść. Czynność tę wykonaj trzykrotnie. Następnie przesuń się na prawo, by stanąć obok chorej osoby, i powtórz całą operację. Potem stań naprzeciw chorego i ponownie wykonaj ten sam rytuał, a następnie stań przy drugim boku chorego i ostatni raz powtórz czynność oczyszczania aury. Inna metoda wykonywania zaklęcia: chora osoba leży na kocu lub łóżku, podczas gdy ty przesuwasz nitkę wzdłuż jej ciała (w odległości około siedmiu i pół centymetra od chorego), wyobrażając sobie, że usuwasz z niego wszelką negatywną energię. Gdy skończysz, spal sznurek lub wrzuć go do naturalnego zbiornika wodnego. Możesz też zakopać go poza terenem swojej posiadłości.

* * *

Ziemniaczane zaklęcie nr 1

W zaklęciach ludowych od wielu wieków stosuje się ziemniaki.

FAZA KSIĘŻYCA: od pełni do nowiu (działamy na rzecz uzdrawiania)
DZIEŃ: niedziela, poniedziałek lub piątek
CIAŁO NIEBIESKIE: Słońce, Księżyc lub Wenus
AKCESORIA: ziemniak; zielony marker; woda święcona; ćwierć łyżeczki majeranku; suszony liść dębu; ćwierć łyżeczki gałki muszkatołowej; zawartość torebki miętowej herbaty; rozdrobniony owoc mięty pieprzowej; pukiel włosów chorej osoby; mała miska do mieszania lub moździerz i tłuczek

Wewnątrz uświęconej przestrzeni oczyść, uświęć i naładuj mocą wszelkie akcesoria w intencji uzdrawiania. W misce wymieszaj majeranek, rozdrobniony liść dębu, gałkę muszkatołową, zawartość torebki herbaty, pukiel włosów i rozdrobniony owoc mięty pieprzowej. Powiedz:

Nadszedł już czas, godzina wybiła,
Duch to magia, Duch to siła.

Powtarzaj to zaklęcie, dopóki dokładnie nie wymieszasz składników w misce. Za pomocą zielonego markera namaluj na ziemniaku parę oczu, nos i usta. Weź warzywo do ręki i powiedz:

Tworzę astralne połączenie pomiędzy tym warzywem
a (imię chorej osoby), by ją/jego uzdrowić.
Niechaj tak się stanie!

Zamknij oczy i przywołaj w myślach obraz chorej osoby. Otwórz oczy i spróbuj dostrzec ten sam obraz na powierzchni ziemniaka.

Włóż ziemniaka do miski. Posyp go kilkoma szczyptami uzyskanej wcześniej mieszanki. Dodaj trzy krople święconej wody i powiedz:

Aniele Stróżu, proszę, przynieś zdrowie i szczęście (imię osoby).

Trzymaj ręce nad miską. Powtarzaj powyższe zaklęcie kilkakrotnie, wyobrażając sobie, jak bliska ci osoba czuje się coraz lepiej. Rób to tak długo, jak to możliwe. Gdy skończysz, podziękuj Aniołowi Stróżowi za pomoc. Niech ziemniak pozostanie w misce do czasu, aż bliska ci osoba wyzdrowieje. Gdy to nastąpi, odczaruj zawartość miski, w tym także ziemniaka. Zwróć zioła wiatrom, a ziemniaka ziemi.

* * *

Ziemniaczane zaklęcie nr 2

To zaklęcie skupia się na wypędzaniu choroby.

FAZA KSIĘŻYCA: dzień przed nowiem lub pełnia
DZIEŃ: sobota
CIAŁO NIEBIESKIE: Saturn
AKCESORIA: ziemniak; nóż; woda święcona; czarna nitka

Weź do ręki ziemniaka i poproś go, by przyjął na siebie choroby trapiące bliską ci osobę. Pokrop ziemniaka wodą święconą i posyp szczyptą soli. Następnie przetnij go na pół. Jedną połowę ziemniaka trzymaj nad obszarem ciała dotkniętym chorobą (na przykład kurzajką, oparzeniem, wysypką itp.). Wyobraź sobie, jak choroba przenika do ziemniaka. Ponownie połącz obie połowy ziemniaka i szczelnie je przytrzymaj. Okręć połówki czarną nitką, by się nie rozeszły. Wynieś ziemniaka z domu i zakop z dala od swojej posiadłości. Powiedz:

Gdy będziesz gnić, bliska mi osoba będzie zdrowieć.
Choroba ją opuszcza i może ona w spokoju wracać do zdrowia!

* * *

Zaklęcie „Gojenie ran"

Wypróbuj to skromne zaklęcie, gdy chcesz pozbyć się dokuczliwych obtarć, zadrapań, a nawet trądziku. Trzymaj rękę nad raną i powiedz:

Wróżko, wróżko,
wzywam ciebie.
Wylecz rany,
bom w potrzebie!

Powtarzaj zaklęcie, aż ból minie. Nie zapomnij o wizycie u lekarza.

* * *

Zaklęcie „Leczniczy wodospad"

Z niniejszego zaklęcia korzystam codziennie – niezależnie od tego, czy jestem chora, czy zdrowa. Wizualizacja pomaga w pozbyciu się negatywnej energii z ciała i poprawia nastrój w chwilach, gdy czujesz się nie najlepiej. Będąc pod prysznicem, wyobraź sobie, że stoisz pod wodospadem. Poproś wodne duchy, by oczyściły, uświęciły i naładowały energią twoje ciało, umysł i duszę w imię uzdrawiania. O błogosławieństwo możesz poprosić także boginię Eponę, patronkę słodkiej wody. Gdy woda będzie spływać po twoim ciele, wyobraź sobie, jak wymywa negatywną energię, wysyłając ją do ścieków. Gdy wytrzesz się ręcznikiem, poproś duchy powietrza o oczyszczenie, uświęcenie i naładowanie energią twojego ciała, umysłu i twojej duszy w imię uzdrawiania.

Zaklęcie „Kocham Fafika"

Z czasem nasze zwierzęta domowe stają się członkami rodziny. Często myślimy o nich nie jak o zwierzętach, ale ludziach obdarzonych futrem (lub łuskami, jeżeli preferujesz płazy). Gdy twój pupil zachoruje, chcesz zrobić dla niego wszystko, co w twojej mocy. Zwierzęta domowe bardzo pozytywnie reagują na magię. Jeżeli często odprawiasz czary, twój zwierzak może chcieć przebywać z tobą wewnątrz magicznego kręgu. Koty uwielbiają spać na ołtarzach i kapliczkach, a psy preferują spanie na właścicielu (albo w jego pobliżu). Na zwierzęta domowe dobrze działa też uzdrawianie za pomocą rąk. Gdy mój pies imieniem Joey choruje (co, na szczęście, nie zdarza się często), wycinam jego imię w zielonej świecy i proszę Boginię, by go uleczyła. Następnie trzy razy dziennie stosuję wobec niego sesje leczenia za pomocą rąk (oczywiście po wizycie u weterynarza).

Jeżeli twój pupil daje się trzymać na rękach lub potrafi siedzieć na twoich kolanach, łagodnie głaszcz go, przesuwając rękę raz w jedną, raz w drugą stronę, wyobrażając sobie, jak lecznicza energia wnika w jego ciało. Jeżeli z jakiegoś powodu nie możesz dotykać swojego zwierzaka, trzymaj swoje dłonie tak blisko jego ciała, jak to tylko możliwe. Jeśli twój milusiński przebywa w lecznicy, trzymaj w dłoniach jego zdjęcie. Najważniejsze zawsze jest pierwsze pięć minut leczenia rękoma. Możesz obmyślić mantrę, którą będziesz powtarzać podczas zabiegu lub możesz po prostu nucić albo szeptać zwierzakowi do ucha pełne miłości słowa. Jeżeli twój zwierzak jest bardzo chory, rób to co najmniej trzy razy dziennie.

Rozdział 7

Dobrobyt i bogactwo

Złoto, srebro
Monet w bród,
Wszystkie przyjdą
Do mych wrót*.

Magia miłości, uzdrawiania i pieniędzy ma ścisły związek ze stanem umysłu osoby ją odprawiającej. W magii pieniędzy jest tak, że jeżeli uważasz się za biedaka, będziesz nim. Podobnie rzecz się ma z magią miłości oraz uzdrawiania, ale z jakiegoś powodu wielu ludzi nie może uwierzyć w to, że zmiana sposobu myślenia może przełożyć się na prawdziwe pieniądze. Mnie także zrozumienie tej zależności zajęło dużo czasu.

Odkryłam też, że świadomość zbiorowa członków twojej rodziny oraz bliskich znajomych ma wpływ na twoje zdrowie i finansowy sukces. Jeśli ktoś w rodzinie jest hipochondrykiem, można zakładać, że inni jej członkowie także mają zwyczaj wmawiania sobie chorób, nawet jeśli głośno o tym nie mówią. Kiedy jedna osoba cierpi z powodu jakichś niedogodności, cierpi też cała rodzina. Nic na tym świecie – ból, smutek, szczęście czy radość – nie dosięga tylko jednej osoby. Podobnie jest z kwestiami finansowymi. Jeżeli twoi rodzice wciąż mar-

* Autorka cytatu: Breid FoxSong (przyp. aut.); tłumaczenie własne z jęz. angielskiego (przyp. tłum.).

twią się o pieniądze i ciągle mówią, że „są biedni", ty także będziesz myśleć podobnie. W ten sposób rodzice wprowadzają negatywną energię w kwestii rodzinnych funduszy. Powtarzanie stwierdzeń typu „jesteśmy biedni" zawsze stanowi pożywkę dla niepowodzeń, nigdy sukcesów. Kiedy byłam dzieckiem, mój tata stale powtarzał: „Bakerowie (to było nasze nazwisko) nigdy nie mają pieniędzy". Słyszałam to zdanie tak często, że w końcu w nie uwierzyłam. Przez wiele lat próbowałam walczyć z takim negatywnym podejściem do kwestii finansów, choć borykałam się z trudną sytuacją materialną, zwłaszcza gdy moje dzieci były małe.

Wiedząc, że wszystkie operacje magiczne opierają się na wierze w pomyślną przyszłość, zdałam sobie sprawę, że magia pieniędzy wymaga od nas wyzbycia się wszelkich zahamowań (negatywnych myśli i uczuć), jakich mogliśmy w przeszłości doświadczyć z powodu niedostatku finansowego. Musimy po prostu otworzyć ramiona i przyjąć bogactwo. Wierz mi, to zależy wyłącznie od nas samych.

Wielu ludzi z różnych powodów wykształciło w swojej podświadomości przekonanie, że nie zasługują na bogactwo i dostatek. Nie wiem, skąd takie poglądy mogą pochodzić. Wiem tylko, że ja sama myślałam podobnie przez wiele lat. Możemy przejmować mentalność „biednego chłopca" od rodziców (o czym już wspomniałam), sąsiadów, przyjaciół, w miejscu pracy lub tam, gdzie spędzamy wolny czas, w kościele (lepiej jest dawać niż brać) – a kto wie, może ze wszystkich tych źródeł po trochu? Niezmiernie trudno jest – zwłaszcza ludziom starszym – ofiarować wszechświatowi swój pusty koszyk i przyciągnąć do siebie koszyk dostatku, o jakim się marzy.

Magia pieniędzy (zwłaszcza gdy potrzebujesz rzeczy większego formatu lub dużego przypływu gotówki) zależy też od starannego zaplanowania osobistych celów. Wielu ludzi nie chce zawracać sobie głowy planowaniem. Oni chcą po prostu zaznać dostatku JUŻ TERAZ, nie próbując wykazywać ani odrobiny cierpliwości. My jednak zatrzymajmy się na moment, by przyjrzeć się zasadom funkcjonowania magii pieniędzy.

ZASADY DOTYCZĄCE MAGII PIENIĘDZY

1. Dobrobyt jest stanem umysłu w takim samym stopniu, w jakim manifestuje się on w postaci dóbr materialnych. Nie musisz być milionerem, by doświadczyć dobrobytu. Mądrze zdecyduj, jaki rodzaj dostatku cię uszczęśliwi.

2. Nigdy nie odprawiaj magii dobrobytu, jeśli wymaga to odebrania jakiegoś przedmiotu lub energii innej osobie. Nie określaj, skąd mają napłynąć pieniądze. Zaczarowanie mamy, taty, babci czy też opiekuna, by otrzymać od nich pieniądze, nie jest właściwe. Nie zwracaj hojności danej osoby przeciwko niej.

3. Zastanów się, czy to, o co zabiegasz, jest tym, czego naprawdę pragniesz.

4. Zawsze użyj swego narzędzia do wróżenia, w razie potrzeby nawet kilka razy, by upewnić się, że podejmujesz właściwe decyzje i wybierasz odpowiednią magiczną aplikację.

5. Tak jak w przypadku magii uzdrawiania, magia pieniędzy bezpośrednio wiąże się z naszymi emocjami. Jeżeli pozwolisz sobie na przygnębienie z powodu stanu swoich finansów (lub finansów mamy, taty lub opiekuna), demony porażki zaczną węszyć wokół twoich drzwi. Postaraj się myśleć jak najbardziej pozytywnie. Nie przyciągaj ubóstwa.

6. Nie mów innym o swojej ceremonii magii pieniędzy. Możesz powiedzieć im, że modlisz się za ich uzdrowienie i oni to zaakceptują, ale w momencie, w którym poinformujesz dziadka, że rzucasz zaklęcie mające pomóc mu w zdobyciu pieniędzy na spłatę hipoteki, narazisz się na potępienie i przywołasz znaczną ilość negatywnej energii, która zniweczy działanie twego zaklęcia. Dziadek powie babci, która uzna cię za osobę poczciwą, ale głupią, a potem opowie o tym swoim przyjaciółkom z „klubu szydełkowego" czy kościelnego bazaru, a one wszystkie wyśmieją twoje dobre intencje. Informacja ta dotrze do twoich rodziców, którzy uznają, że twoje zainteresowanie magią posuwa się za daleko. Opowiedzenie o zaklęciu znajomym też nie jest dobrym pomysłem, gdyż zawsze w grupie znajdzie się ktoś nieżyczliwy, kto tylko czeka na sposobność, by znaleźć na ciebie „haka" i ci zaszkodzić. Często ten ktoś ma bardzo niską samoocenę i z radością zaatakuje twą magiczną zbroję niczym sęp. Nie pozwól, by do tego doszło.

Dobrobyt

Odpowiedniki związane z dobrobytem

Tak jak w przypadku magii miłości i uzdrawiania, magia dobrobytu także posiada swoje odpowiedniki. Przyjrzymy się, jakie przedmioty i energie będą działać w zgodzie z twoją magią dobrobytu.

Przed rozpoczęciem nowego projektu, znalezieniem pracy lub uzupełnieniem osobistej świnki-skarbonki możesz rozpocząć operację magiczną w fazie pełni Księżyca lub też podczas nowiu i wykonywać swe czynności aż do pełni. Jeśli zaś chcesz odpędzić od siebie widmo ubóstwa, zrób to w wieczór poprzedzający nów lub zacznij przy pełni i kontynuuj pozbywanie się energii niedostatku aż do nowiu.

Ciałem niebieskim najczęściej kojarzonym z magią dobrobytu jest Jowisz, chociaż Słońce (symbolizujące sukces) również dysponuje odpowiednią energią do celów finansowych. By oddalić od siebie ubóstwo, najlepszym odpowiednikiem będzie Saturn.

Kwestia kolorów związanych z pieniędzmi jest dość zawiła, więc zachowaj ostrożność i poeksperymentuj. Zieleń kojarzy się z płodnością ziemi i kolorem amerykańskich pieniędzy. W innych krajach banknoty nie muszą być w tym kolorze, więc jeżeli mieszkasz w jednym z takich krajów, możesz wykorzystać kolor najbardziej odpowiadający barwie waluty twego państwa. Dobrymi uniwersalnymi kolorami, które symbolizują pieniądze, są też złoty i srebrny. Mnie z jakiegoś powodu w tego typu magii odpowiada kolor biały. Pomarańczowy sprawdza się w przypadku pieniędzy uzyskanych poprzez pracę lub na ścieżce kariery. Czerwonego możesz użyć, by zaalarmować osobę, która jest ci winna pieniądze.

Owoce, warzywa i inne produkty spożywcze związane z dobrobytem to: lucerna siewna, migdały, banany, jeżyny, gryka, orzechy nerkowca, zboże, zielony pieprz, grejpfruty, syrop klonowy, gałka muszkatołowa, otręby, cebula, pomarańcza, groszek, pekan, ananasy, granat, ryż, nasiona sezamu, herbata, pomidory i pszenica.

Zioła i inne rośliny symbolizujące bogactwo to: ziele angielskie, bazylia, cedr, cynamon, goździki, żywokost, koper, paproć, len, imbir, nawłoć, wiciokrzew, jaśmin, majeranek, mięta, mech, mirt, dąb, paczula wonna, sosna, topola, mak, wodorosty, lwia paszcza i tulipany.

W magii dobrobytu możemy także korzystać z czterech żywiołów. Można wezwać moc ziemi, by ustabilizować swoją sytuację finansową. Ziemia pomoże nam zgromadzić środki na kontach bankowych, a także pożegnać się z ubóstwem. Moc powietrza pcha ku nam możliwości i dostatek oraz odsuwa widmo ubóstwa. Ogień wyzwala naszą kreatywność, pomaga odnaleźć pasję w pracy i wypala ubóstwo z naszego życia. Woda zaś oddala od nas biedę, przynosząc dobrobyt i dostatek, a także oczyszcza nas z negatywnej energii, która mogłaby sprowadzić na nas ubóstwo.

Czarownice stosują w magii dobrobytu następujące symbole: znak dolara ($), srebrnego dolara, gwiazdy, pentakl, złoty łuk, złote i srebrne paciorki, rysunek lub zdjęcie pszenicy, kufer, klejnoty, świnkę skarbonkę, bransoletę wykonaną z monet, metalowy dysk, pieniądze z gry Monopol, cekiny, brokat, czterolistną koniczynę lub okrąg.

Teraz gdy mamy już zgromadzone i uporządkowane wszystkie informacje dotyczące dobrobytu, zobaczmy, jaką magię możemy tu zastosować. Pamiętaj, że do poniższych zaklęć możesz dodać dowolne elementy z powyższego zestawienia.

Zaklęcie „Anielskie zakupy"

Nigdy nie rób zakupów w pojedynkę – zawsze zabieraj ze sobą swego Anioła Stróża. Zanim opuścisz dom, bez względu na to, czy zamierzasz zaszaleć w sklepach odzieżowych, czy chcesz kupić tylko jedną, określoną rzecz, poproś swego Anioła Stróża, by pomógł ci znaleźć towary w jak najkorzystniejszych cenach. Aniołowie także lubią chodzić do spożywczaka – nie zapomnij więc zabrać swego, gdy idziesz do sklepu po pieczywo. Mylisz się, jeżeli uważasz, że anioły nie dbają o to, jak wydajesz swoje pieniądze. Kiedyś z pomocą swego Anioła Stróża kupiłam córce mojej przyjaciółki nową, przepiękną suknię na bal z okazji zakończenia szkoły za jedyne dziesięć dolarów.

Zaklęcie „Misa Bogini"

Czarownice często przygotowują pieniężne garnuszki o różnych kształtach i rozmiarach.

FAZA KSIĘŻYCA: od nowiu do pełni

DZIEŃ: niedziela lub czwartek

CIAŁO NIEBIESKIE: Słońce lub Jowisz

AKCESORIA: paczka gotowej pasty modelarskiej terracotta lub jakiejś innej schnącej na powietrzu masy (niepalnej), może być też masa plastyczna; kartka papieru; ołówek

Nakreśl krąg, wezwij żywioły i poświęć swój ołtarz. Oczyść, uświęć i naładuj mocą zgromadzone przedmioty. Jeśli umiesz posługiwać się masą modelarską, może masz też narzędzia, których nie umieściłam w zestawieniu potrzebnych akcesoriów. Jeśli będziesz korzystać z takich narzędzi, także należy je poświęcić. Nie spiesząc się, zaprojektuj swoją misę Bogini i narysuj ją na kartce. Moja ma podstawę podobną do zwyczajnej miski, ale wyżej przechodzi w klatkę piersiową i głowę Bogini. Twój projekt może być oczywiście inny.

Kiedy zdecydujesz, jak ma wyglądać twoje naczynie, zacznij formować masę, mówiąc:

Wyginam, kształtuję,
dobrobyt w moim życiu manifestuję.

Powtarzaj te słowa podczas swojej pracy. Kiedy misa Bogini będzie skończona, ustaw ją pośrodku ołtarza. Oczyść, poświęć i pobłogosław ją w imię dobrobytu. Poproś Boga i Boginię o napełnienie misy mocą. Przenoś misę kolejno do każdej ćwiartki kręgu, za każdym razem prosząc o błogosławieństwo. Jeśli twoje naczynie jest zbyt elastyczne, by je nosić, zostaw je na ołtarzu i przechodź do każdego żywiołu, prosząc o błogosławieństwo. Pozostaw misę na ołtarzu do wyschnięcia. Podziękuj Duchowi. Uwolnij żywioły i zamknij krąg.

Kiedy twoja misa wyschnie, napisz na niewielkiej kartce swoje życzenie dobrobytu. Kartkę włóż do naczynia. Warto dodać też jakieś zioła, jeśli chcesz. Proś Boginię o spełnienie twojej prośby. Możesz to zrobić w formie rytuału lub w uświęconej przestrzeni – nie ma to znaczenia. Zostaw kartkę w misie, dopóki twoja prośba nie zostanie spełniona. Potem spal kartkę, by uwolnić magię, bądź też zakop ją w ziemi.

* * *

Zaklęcie „Gwiezdne pieniądze"

Możesz rzucić gwiezdne zaklęcie prawie w każdym rodzaju magii, chociaż ja odkryłam, że w moim przypadku najlepiej sprawdza się przy magii pieniędzy. Tu będziemy tworzyć talizman (przedmiot noszony przy lub na sobie po to, by zwabić określone cele, takie jak: miłość, powodzenie, pieniądze lub zdrowie).

FAZA KSIĘŻYCA: od nowiu do pełni

DZIEŃ: niedziela lub czwartek

CIAŁO NIEBIESKIE: Słońce lub Jowisz

AKCESORIA: kawałek zielonej tektury; kartka białego papieru lub kalki kreślarskiej tej samej wielkości co tektura; klej; zielony brokat; 1/8 łyżeczki suszonej mięty; kilka igieł sosnowych; trzy wióry cedrowe; zielony marker; ołówek; nożyczki; zielona wstążka o długości około 43 centymetrów

Nakreśl krąg, wezwij żywioły i poświęć ołtarz. Następnie oczyść, poświęć i napełnij mocą swoje akcesoria. Narysuj dużą, pięcioramienną gwiazdę na białej kartce – nie martw się, jeśli zbyt dużo pokreślisz, gdyż ta kartka będzie jedynie twoim szablonem. Wytnij ją, kiedy poczujesz, że twoja gwiazda przybrała satysfakcjonujący kształt. Użyj tego szablonu do odrysowania gwiazdy na zielonej tekturze. Następnie wytnij zieloną gwiazdę. Napisz zielonym markerem na jej środku dokładnie to, czego pragniesz, np.: pracę, 40 dolarów na wizytę w wesołym miasteczku, stówkę na zakupy itp. Trzymając dłonie nad miętą, igłami sosnowymi i wiórami cedrowymi, powiedz:

Dary ziemi, przynieście mi (tu wyraź swe pragnienie).

Posmaruj środek gwiazdy cienką warstwą kleju. Zanim wyschnie, naklej na nią suszoną miętę, sosnowe igły i wióry cedrowe. Następnie weź do ręki zielony brokat i powiedz:

Stworzenie powietrza, niech w moim życiu wieją pomyślne wiatry.

Posyp gwiazdę zielonym brokatem. Delikatnie zegnij górne ramię gwiazdy tak, by zakryło jej środek. Powiedz:

Przypieczętowuję magię.

W podobny sposób zegnij i przyklej prawe górne ramię swojej gwiazdy, a potem dolne, następnie lewe górne ramię i na końcu dolne. Trzymając dłonie nad poskładaną i sklejoną gwiazdą, powiedz:

Napełniam cię mocą, zielona gwiazdo, byś przyniosła mi dobrobyt,
a konkretnie: (wyraź swoją prośbę). Dostatku, przybywaj.

Przewiąż zieloną wstążkę wokół gwiazdy. Zamknij oczy i powtórz kilka razy ostatni wers. Wyobraź sobie, że otrzymujesz to, o co prosisz. Kiedy wizualizacja rozmyje się w twoim umyśle, otwórz oczy i umieść gwiazdę z powrotem na ołtarzu, mówiąc:

Bez niczyjej szkody,
niech to zaklęcie nie zostanie odwrócone ani żadna klątwa niech mnie nie dosięgnie.
Niech wszystkie astrologiczne odpowiedniki okażą się poprawne dla tego rytuału.
Niechaj tak się stanie!

Podziękuj Duchowi. Uwolnij żywioły i usuń krąg. Poczekaj, aż twoja gwiazda wyschnie. Potem noś ją ze sobą wszędzie, dopóki nie spełni się twoje pragnienie. Kiedy twoja prośba zostanie zrealizowana, odczaruj gwiazdę i spal ten talizman. Jeżeli nie możesz tego zrobić, zakop go na swoim podwórku.

Zaklęcie „Przysparzanie pieniędzy"

Zaklęcie to pozwoli ci zdobyć pieniądze w krótkim czasie.

FAZA KSIĘŻYCA: od nowiu do pełni

DZIEŃ: niedziela lub czwartek

CIAŁO NIEBIESKIE: Słońce lub Jowisz

AKCESORIA: pusta puszka po chipsach ziemniaczanych „Pringles" z wieczkiem; dwa duże arkusze zielonego papieru tekturowego; zielony marker; garść srebrnych monet; klej; nożyczki.

Przygotuj uświęconą przestrzeń. Oczyść, uświęć i naładuj mocą swoje akcesoria w imię dobrobytu. Wytnij zielony karton tak, by pasował do otworu puszki od chipsów. Przyklej go i poczekaj, aż klej wyschnie. Udekoruj puszkę wedle własnego uznania, uwzględniając symbole, które kojarzą ci się z pieniędzmi i dobrobytem.

Podczas rytuału zwróć się do Rosemerty, bogini dostatku. Poproś ją o pomoc w przygotowaniu twojej magicznej tuby oraz o to, by przyniosła ci oczekiwany dobrobyt. Umieść srebrne monety w tubie. Przyklej wieczko klejem lub taśmą, by twoje pieniądze nie wypadły, kiedy będziesz potrząsać tubą. Usiądź po cichu i delikatnie potrząsaj puszką. Powtarzaj frazę:

Pieniądze, natychmiast do mnie przybądźcie.

Kiedy skończysz, wypowiedz standardową formułę:

Bez niczyjej szkody,
niech to zaklęcie nie zostanie odwrócone ani żadna klątwa niech mnie nie dosięgnie.
Niech wszystkie astrologiczne odpowiedniki okażą się poprawne dla tego rytuału.
Niechaj tak się stanie!

Nie zapomnij podziękować Duchowi, uwolnić żywiołów i usunąć kręgu. Następnie odłóż swój pieniężny shaker w bezpieczne miejsce. Nie traktuj go jak zabawki.

* * *

Zaklęcie „Nowe auto"

Czas na kupno nowego samochodu? A może to będzie twoje pierwsze auto? Oto świetne zaklęcie na tę okazję.

FAZA KSIĘŻYCA: od nowiu do pełni
DZIEŃ: niedziela lub czwartek
CIAŁO NIEBIESKIE: Słońce lub Jowisz
AKCESORIA: samochód – zabawka; biała kartka; zielony długopis; zielona wstążka o długości około 43 centymetrów lub zielona gumka recepturka

Spisz wszystkie szczegóły dotyczące twego nowego auta: jak ma wyglądać i w co ma być wyposażone. Postaraj się opisać wszystko szczegółowo.

Przebywając w uświęconej przestrzeni, obrysuj swoją listę kręgiem. Na środku kartki postaw samochodzik. Delikatnie złóż papier wokół zabawki i zwiąż go przygotowaną wstążką lub owiń zieloną gumką recepturką. Trzymając paczuszkę z autem w dłoni, powiedz:

Święta Matko, podaruj mi
najbardziej dla mnie odpowiednie auto.

Zamknij oczy i wyobraź sobie samochód, o jakim marzysz, oraz siebie (lub twoich rodziców) za kierownicą, z uśmiechem radości na ustach. Noś przy sobie listę oraz samochodzik zabawkę, dopóki twoje marzenie się nie urzeczywistni. Jeśli nie nastąpi to w przeciągu trzydziestu dni, wzmocnij zaklęcie, powtarzając to samo zdanie w uświęconej przestrzeni. Rób to co trzydzieści dni, aż do uzyskania spodziewanego rezultatu.

Zaklęcie „Wizerunek bogactwa”

Słowo „bogaty” może dla każdego z nas oznaczać coś innego. Niektórzy uważają, że dużo pieniędzy może uczynić człowieka bogatym, inni zaś sądzą, iż prawdziwe bogactwo to życie w harmonii ze światem. Zrób sobie zdjęcie i przyklej je na dużą kartkę. Dookoła narysuj to, co twoim zdaniem już uczyniło cię bogatą osobą oraz rzeczy czy cechy, które chcesz posiadać, gdyż czujesz, że w jakiś sposób pasują do kategorii „bogactwa”. Poproś swego Anioła Stróża o pomoc w uzyskaniu tego, czego naprawdę potrzebujesz.

*
* *

Zaklęcie „Magiczna sakiewka z pieniędzmi"

Celem przygotowania magicznej sakiewki z pieniędzmi jest posiadanie niewielkiej ilości gotówki „pod ręką". Kiedy zrobisz taką sakiewkę, noś ją w torebce lub portfelu.

FAZA KSIĘŻYCA: od nowiu do pełni
DZIEŃ: niedziela lub czwartek
CIAŁO NIEBIESKIE: Słońce lub Jowisz
AKCESORIA: skrawek czerwonego lub zielonego filcu w kształcie kwadratu o długości boku około 13 centymetrów; czerwona nitka; igła; trzy migdały; po trzy orzechy nerkowca i pekana; 1/8 łyżeczki cynamonu; zielona świeca wotywna; pomarańczowa świeca wotywna

W uświęconej przestrzeni oczyść, poświęć i naładuj mocą swoje akcesoria w imię dostatku. Złóż filc na pół i zszyj dwa boki. Z każdym ściegiem powtarzaj:

Kiedy szyję, zwiększa się mój dobrobyt.

Połóż sakiewkę na środku swego ołtarza. Weź do rąk dziewięć zgromadzonych orzechów i powiedz:

Pięknie proszę, by z drzewa dostatku spadły na mnie pieniądze.

Zamknij oczy i wyobraź sobie, że orzechy przyciągają do ciebie pieniądze. Włóż orzechy do sakiewki. Naładuj mocą cynamon w ten sam sposób, po czym posyp nim z wierzchu zawartość swego woreczka. Zaszyj otwór sakiewki, powtarzając podane wyżej zdanie towarzyszące szyciu. Weź do ręki zieloną świecę i powiedz:

Święty ogniu, pomóż mi osiągnąć cel.
Rzucam zaklęcie dobrobytu!
Pieniądze, płyńcie ku mnie.

Zapal zieloną świecę. Trzymając w dłoni pomarańczową świecę, powtarzaj powyższe słowa zaklęcia. Umieść sakiewkę między obiema świecami, po czym unieś nad nią dłonie i powtarzaj jak najdłużej następujące słowa:

Rzucam dobrobytu zaklęcie.
Pieniądze, do mnie przybądźcie!

Zakończ ceremonię standardową formułą:

Bez niczyjej szkody,
niech to zaklęcie nie zostanie odwrócone ani żadna klątwa niech mnie nie dosięgnie.
Niech wszystkie astrologiczne odpowiedniki okażą się poprawne dla tego rytuału.
Niechaj tak się stanie!

Poczekaj, aż obie świece się wypalą. Przez ten czas niech sakiewka zostanie między nimi. Potem noś ją zawsze w kieszeni lub torebce. Wzmacniaj to zaklęcie mniej więcej co trzy miesiące.

* * *

Zaklęcie „Odwrócenie ubóstwa"

Opisałam kilka zaklęć, jakie możesz zastosować podczas pełni Księżyca lub w okresie od nowiu do pełni, czas więc na takie, które można rzucić od pełni do dnia poprzedzającego nów. Zazwyczaj ubywanie lub brak Księżyca symbolizuje wypędzanie. Tak więc to proste zaklęcie skupiać się będzie właśnie na odpędzeniu od nas ubóstwa.

FAZA KSIĘŻYCA: dzień przed nowiem lub ubywający Księżyc
DZIEŃ: sobota
CIAŁO NIEBIESKIE: Saturn
AKCESORIA: rolka taniego papieru toaletowego; czarny długopis

Stań w uświęconej przestrzeni. Oczyść, poświęć i napełnij mocą akcesoria, które posłużą ci do oddalania od siebie widma ubóstwa. Na siedmiu paskach papieru napisz słowa: „Odpędzam ubóstwo”. Następnie zanieś je do toalety i spuść w sedesie, powtarzając siedem razy słowa:

Odpędzam ubóstwo.

Powtarzaj te czynności każdego dnia, poczynając od pełni, kończąc zaś w dzień poprzedzający nów.

* * *

Zaklęcie „Słoik fasoli”

To proste zaklęcie pomoże ci odnaleźć bogactwo.

FAZA KSIĘŻYCA: od nowiu do pełni
DZIEŃ: zacznij w niedzielę lub czwartek
CIAŁO NIEBIESKIE: Słońce lub Jowisz
AKCESORIA: czysty słoik ze szczelną nakrętką; paczka suszonej fasoli; zielony marker; niewielka miska

Przygotuj uświęconą przestrzeń, po czym oczyść, poświęć i naładuj mocą zgromadzone akcesoria w imię dobrobytu. Wybierz z paczki sto ziaren fasoli. Na każdym z nich narysuj zielony pentakl. Podczas tej czynności powtarzaj:

Aktywuję cię, symbolu bogactwa.

Wrzuć jedno ziarno do słoika. Unieś nad nim dłonie i powiedz:

Każdego dnia rośnie me bogactwo.
Ziarno do ziarna.
Grosz do grosza.
Bogactwo się powiększa.

Zakręć słoik, mówiąc:

Niechaj tak się stanie!

Każdego dnia wyjmuj z miski jedno ziarno fasoli i wrzucaj je do słoika – tylko jedno dziennie. Wypowiadaj przy tym to samo zaklęcie. Kiedy wrzucisz ostatnią fasolkę, przesyp zawartość słoika z powrotem do miski. Naładuj fasolki mocą i zacznij od początku.

Zaklęcie „Pierwsza praca"

Kiedy czujesz gotowość do podjęcia swojej pierwszej pracy, wypróbuj to zaklęcie. Jeśli masz na myśli konkretne stanowisko, użyj swoich kamieni do wróżenia, by ustalić, czy praca, o której myślisz, będzie dla ciebie odpowiednia.

FAZA KSIĘŻYCA: od nowiu do pełni
DZIEŃ: niedziela, środa, czwartek
CIAŁO NIEBIESKIE: Słońce, Merkury lub Wenus
AKCESORIA: biała kartka; małe puste pudełko po zapałkach; starta skórka pomarańczy; kilka ziarenek ryżu; cynamon; niewielka miska

Będąc w uświęconej przestrzeni, wypisz na kartce wszystkie aspekty, jakich szukasz w swojej przyszłej pracy, uwzględniając oczekiwania finansowe, środowisko, w jakim masz pracować, godziny pracy, typ ludzi, z którymi będziesz mieć styczność itd. Postaraj się bardzo dokładnie sprecyzować swoje przemyślenia. Następnie złóż kartkę w taki sposób, by była jak najmniejsza. Trzymając ją w dłoni, poproś swego Anioła Stróża o pomoc w znalezieniu odpowiedniej dla ciebie pracy. Włóż kartkę do pudełka po zapałkach. Następnie zmieszaj skórkę pomarańczy, ryż i cynamon w przygotowanej misce. Unieś dłonie nad naczyniem i powiedz:

Żywiole ziemi, oto owoce twej szczodrości.
Proszę o pracę, która da mi moc radości.

Wsyp zawartość miski do pudełeczka po zapałkach i je zamknij. Trzymając je w dłoniach, zamknij oczy i powiedz:

Słońce i gwiazdy, niebiańskie sklepienie,
Dajcie mi wymarzone zatrudnienie.

Powtarzaj te słowa jak najdłużej, wyobrażając sobie, że jesteś w nowej pracy i odczuwasz z niej satysfakcję. Wynieś swoje pudełko po zapałkach na dwór i na godzinę połóż w miejscu, do którego dochodzą promienie słoneczne. Poproś Słońce, by napełniło twoje pudełko mocą sukcesu. Noś je zawsze przy sobie, dopóki nie otrzymasz wymarzonej pracy. Po przepracowaniu pierwszego dnia odczaruj pudełko. Spal kartkę i rozsyp przyprawy na wietrze, pudełko zaś zatrzymaj.

Zaklęcie „Drobnych monet moc"

By podtrzymać dobrą passę w swojej rodzinie, weź garść monet i w uświęconej przestrzeni oczyść, poświęć i napełnij je mocą w imię dobrobytu. Poproś anioły, by pobłogosławiły te drobne pieniądze. Połóż po jednej monecie we wszystkich kątach każdego pomieszczenia w domu. Dopóki pozostaną one na tych miejscach, dopóty twój dom będzie przyciągał bogactwo.

Zaklęcie „Jedzenia pod dostatkiem"

By mieć pewność, że w twoim domu nigdy nie zabraknie żywności, wypróbuj to ludowe zaklęcie mieszkańców stanu Pensylwania o niemieckich korzeniach.

FAZA KSIĘŻYCA: od nowiu do pełni
DZIEŃ: niedziela
CIAŁO NIEBIESKIE: Słońce
AKCESORIA: mała miska; ćwierć filiżanki surowego ryżu; duża agrafka; suszone obierki jabłka; sól; brązowy cukier; cynamon

Usiądź w uświęconej przestrzeni i zmieszaj wszystkie składniki w misce. Weź do ręki agrafkę, rozepnij ją i powiedz:

W tym domu jest zawsze dużo jedzenia.

Wrzuć agrafkę do miski, po czym ujmij naczynie w dłonie, mówiąc:

Przyzywam do siebie dostatek z wszechświata odmętów,
niech zawartość tej miski przyciągnie moc spożywczych produktów.
Niechaj tak się stanie.

Zamknij oczy i wyobraź sobie, że miska wypełnia się białym światłem. Kiedy skończysz, postaw ją w kuchni. Odnawiaj zaklęcie co trzy miesiące.

* * *

Zaklęcie „Drzewo pieniędzy"

Za każdym razem, gdy dostaniesz od kogoś pieniądze (nawet w postaci czeku lub przekazu pieniężnego), połóż je na środku stołu, nominałem do góry. Unieś nad nimi dłonie tak, by twoje palce wskazujące i kciuki dotykały się i tworzyły „okienko", przez które możesz patrzeć na pieniądze. Skoncentruj się na nich. Wyobraź sobie, że zmieniają się w drzewko pieniędzy oraz że kwitnie ono raz za razem, jak na przyspieszanych filmach przyrodniczych. „Kwiatami" tego drzewka mają być banknoty o dużych nominałach. Kiedy obraz rozmyje się w twoim umyśle, odłóż pieniądze.

* * *

Ozdoba choinkowa symbolizująca dostatek

Będziesz potrzebować korzenia imbiru z pobliskiego sklepu spożywczego, kleju, srebrnego i złotego brokatu oraz wstążek zielonej i białej. Udekoruj swój imbir brokatem i wstążkami. Napełnij go mocą, by przez cały rok przynosił tobie i twojej rodzinie dostatek. O północy, 24 grudnia, powieś korzeń imbiru wysoko na swojej choince, mówiąc:

Brokat, przyprawa – imbiru korzeń.
Ziemia, powietrze woda i ogień.
Złoto i srebro, i monet w bród
Niech dostatek zapuka do moich wrót!

Krótkie porady związane z pieniędzmi:

1. Kiedy masz możliwość, posypuj swoje pieniądze cynamonem, by pobudzić wzrost twego bogactwa.
2. Nigdy tak po prostu nie wręczaj nikomu banknotów. Składaj je na pół, nominałem do środka. Wręczając, trzymaj banknoty złożoną stroną w kierunku otrzymującej je osoby. Jeśli kiedyś dasz komuś pieniądze niezłożoną stroną, twoje bogactwo zacznie się od ciebie oddalać.
3. Przed dniem większych zakupów natrzyj dłonie miętą i odrobiną cynamonu i wyobraź sobie, że wydana kwota wraca do ciebie trzykrotnie powiększona.
4. Wysyp odrobinę suszonej mięty i cynamonu na dno swojej torebki lub portfela.
5. Codziennie wrzuć do słoika po dżemie monetę i powiedz: „Moje życie wypełnione jest dostatkiem i wszystkie moje potrzeby są zaspokojone".
6. Dwa razy się zastanów, zanim przekroczysz swój rachunek za telefon. Czy ta rozmowa zamiejscowa jest naprawdę konieczna?

Rozdział 8

Moc i świadomość parapsychiczna

Mimo iż świadomość i moc parapsychiczna nie mają zbyt wiele wspólnego z tematami, które poruszałam dotychczas, nie czułabym się dobrze, gdybym opisała te zagadnienia w rozdziale zatytułowanym „inne". Wszyscy ludzie posiadają skłonności parapsychiczne. Możesz rozwinąć w sobie te moce, jak również świadomość parapsychiczną, w miarę upływu czasu i zdobywania doświadczenia. Nie przychodzą mi na myśl żadnego rodzaju sprawdzone zasady dotyczące tego rodzaju magii, poza jedną – musisz cierpliwie doskonalić swoje umiejętności. Nie staniesz się parapsychiczną encyklopedią w jeden wieczór.

Większość sytuacji spotykających nas w życiu dotyczy typowych dziedzin, takich jak: miłość, zdrowie, dobrobyt i ochrona. Moce i świadomość parapsychiczną, jako oddzielną kategorię, dodałam na życzenie czytelników zainteresowanych tego typu magią. Raz na jakiś czas trafiamy na sytuację, której nie można przyporządkować do powyższych pięciu kategorii. Co wtedy robić? Zaufaj swojej intuicji – najlepszemu narzędziu, jakim dysponujesz. Przyjrzyj się tabelom i odpowiednikom, zamieszczonym w poprzednich rozdziałach oraz w tej części książki, a potem spróbuj stworzyć rytuał specjalnie na potrzeby nietypowej sytuacji, która nie została przeze mnie uwzględniona.

MAGICZNE ODPOWIEDNIKI PARAPSYCHICZNEJ MOCY I ŚWIADOMOŚCI

Spośród kilku ciał niebieskich, wspomagających energią moc i świadomość parapsychiczną, na szczególną uwagę zasługuje Księżyc. Na drugim miejscu plasuje się Merkury, który czerpie swą moc od Ducha i od naszych przodków. Trzecie miejsce należy do Wenus, charakteryzującej się boską miłością i mądrością płynącą z serca.

Kolory symbolizujące parapsychiczną moc i świadomość to: srebrny (czysta moc parapsychiczna), ciemnopurpurowy (przyzywanie mądrości przodków), błękit indygo (odkrywanie tajemnic, niezależnie od tego, czy chcemy zdobyć informacje dotyczące teraźniejszości, przyszłości czy przeszłości), złoty (przyciąganie mądrości) oraz biały (mądrość Ducha).

Owoce i warzywa będące odpowiednikami mocy parapsychicznej to seler i cebula, zaś symbolem parapsychicznej świadomości są między innymi brzoskwinie.

Do ziół i roślin symbolizujących moc parapsychiczną zaliczamy: wawrzyn, cynamon, krokus, trawę, wiciokrzew, jaśmin, bez, nagietek, mimozę, miętę pieprzową, różę, rozmaryn, tymianek i krwawnik pospolity, zaś za parapsychiczną świadomość odpowiadają irys, szałwia i słonecznik.

Podobnie jak w przypadku zastosowań magicznych, do pomocy w rytuałach i innych czynnościach możemy wykorzystać odpowiedniki w postaci żywiołów: ziemia symbolizuje mądrą radę; powietrze daje nam świadomość i moc parapsychiczną; ogień – wspaniałe pomysły, a woda zmienia nasze myśli w świadomość i wizje parapsychiczne.

Symbole świadomości są nieco trudniejsze do zdefiniowania. Mogą to być na przykład lecące ptaki, korona, berło, sowa, żółw, książka, gołąb, klucz, zwój lub pióro. Jeżeli chodzi o symbole mocy parapsychicznej to sprawa jest jeszcze bardziej skomplikowana. Pomyślmy – Księżyc, narzędzie do wróżenia, dzwonki, anioły, święci (na tych dwóch przykładach można najbardziej polegać), kruk, kot, kocioł, lustro. Być może ty także wpadniesz na jakieś ciekawe pomysły dotyczące odpowiedników.

Nasza lista odpowiedników dla tych dwóch dziedzin nie jest, co prawda, tak długa, jak w przypadku poprzednich rozdziałów, ale wiem, że to wystarczy, by zapewnić ci odpowiedni początek i pomóc w modyfikowaniu zamieszczonych poniżej zaklęć, jeżeli okaże się to konieczne.

Zaklęcie „Dziennik parapsychiczny"

Zwiększanie potencjału parapsychicznego wymaga praktyki. Nie da się machnąć kilka razy różdżką i uważać się za medium. Istnieją jednak przedmioty wzmacniające moc parapsychiczną.

FAZA KSIĘŻYCA: pełnia
DZIEŃ: poniedziałek
CIAŁO NIEBIESKIE: Księżyc
AKCESORIA: stwórz własny dziennik parapsychiczny; udekoruj okładkę

Prowadzenie dziennika rozpocznij podczas pełni. W uświęconej przestrzeni oczyść, poświęć i naładuj mocą swoją księgę. Na pierwszej stronie umieść błogosławieństwo. Od tego momentu spisuj wszystkie przejawy intuicji, przeczucia i pomysły. Nie martw się, gdy coś ci się pomyli. Umysł działa w tajemniczy sposób. Im dłużej będziesz nasłuchiwać głosów płynących z wnętrza twojej duszy, tym lepszym potencjałem parapsychicznym będziesz dysponować. Każda osoba czuje co innego, gdy doświadcza przeczuć natury parapsychicznej. Niektórzy odczuwają „martwą ciszę" w żołądku, inni dostrzegają drżenie na szyi lub w okolicy ramion. Jedni czują napływ gorąca, inni – zimna. Musisz obserwować własne ciało, by dowiedzieć się, jakich parapsychicznych sygnałów szukasz. Każdy dysponuje takim sygnałem, musisz jedynie się wyciszyć i zacząć go nasłuchiwać.

Zaklęcie „Medytacja parapsychiczna"

FAZA KSIĘŻYCA: pełnia
DZIEŃ: poniedziałek
CIAŁO NIEBIESKIE: Księżyc
AKCESORIA: niebieska lub fioletowa świeca; srebrny brokat; jaśminowe kadzidło

Wewnątrz uświęconej przestrzeni oczyść, poświęć i naładuj mocą wyżej wymienione przedmioty. Weź do ręki świecę, zamknij oczy i powiedz:

Rozpalam moje wewnętrzne światło,
by móc dostrzec świat oczyma duszy.
Niechaj tak się stanie.

Zapal świecę. Weź do ręki brokat i powiedz:

Daję ci moc, byś oświetlił mi drogę.
Przyszłość dziś zobaczyć mogę.

Wokół świecy usyp krąg z brokatu. Weź do ręki kadzidło i powiedz:

Duchy powietrza, przyjdźcie do mnie.
Przynieście mi parapsychiczną energię.

Zapal kadzidło.

Usiądź w ciszy i wpatruj się w płomień świecy. Po chwili w twojej głowie mogą pojawić się obrazy lub poczucie „oświecenia" dotyczące jakiejś sprawy. Spisz swoje wrażenie w dzienniku parapsychicznym.

* * *

Sowia mądrość

Od wieków sowa była symbolem mądrości. Znajdź obraz lub figurkę przedstawiającą sowę. Gdy będziesz chciała o coś zapytać, poproś o pomoc sowią energię.

Święta sowo, obdarz mnie mądrością.
Pomóż mi podjąć odpowiednie decyzje.
Wspomóż mnie w planowaniu mojej przyszłości.
Krocz ze mną po mojej duchowej ścieżce.
Wskaż mi drogę.

Rozdział 9

Ochrona

Mam wrażenie, że do uprawiania magii związanej z uzdrawianiem, miłością lub dobrobytem najczęściej skłania nas obawa, a może nawet strach. To zjawisko uwidacznia się szczególnie jaskrawo w przypadku odprawiania rytuałów ochronnych. Powiedzmy sobie szczerze, najprawdopodobniej nie uprawialibyśmy magii ochronnej, jeżeli czegoś lub kogoś byśmy się nie obawiali. To przykre, że ciągle istnieje potrzeba stosowania magii ochronnej, ale dopóki świat nie uzna zbrodni i nienawiści za relikt przeszłości i nie ogłosi nadejścia czasu miłości i harmonii, musimy jakoś chronić siebie, nasze domy, przyjaciół i rodziny.

Młodzi ludzie często uważają, że jeżeli brakuje im siły fizycznej i lat doświadczeń, nie są w stanie się obronić. To nieprawda. Masz do dyspozycji trzy ważne atuty: zdrowy rozsądek, system sądowniczy i czarostwo. Nie chcę przez to powiedzieć, że dzięki czarom uda ci się bezpiecznie przejść przez życie pełne niesprawiedliwości, ale z drugiej strony... kto wie?

ZASADY MAGII OCHRONNEJ

Pomówmy przez chwilę o zasadach rządzących światem magii ochronnej. Jest ich trochę więcej niż w przypadku poprzednich zagadnień, więc proszę cię o wytrwałość.

1. Zawsze rób wszystko, co w twojej mocy, by zapewnić sobie ochronę w świecie „rzeczywistym". Oznacza to, że mądra czarownica ufa przede wszystkim zdrowemu rozsądkowi. Nie przechadzaj się po zmroku sama. Nie zapuszczaj się z przyjaciółmi w niebezpieczne rejony miasta tylko dlatego, że gra tam twój ulubiony zespół (poczekaj, aż będą sławni, a wtedy kup ich płytę). Nie prowadź samochodu pod wpływem alkoholu ani nie wsiadaj do auta, gdy podejrzewasz, że kierowca jest pijany lub znajduje się pod wpływem środków odurzających. Rok po roku, przez trzy lata, w moim niewielkim miasteczku młodzi ludzie ginęli na autostradzie w biały dzień, ponieważ po lekcjach pili alkohol. Była to tak zwana „młodzież z dobrych domów": ukochane „oczka w głowie" bogatych rodziców, najlepsi uczniowie klasy kończącej szkołę, mający lada dzień rozpocząć studia. Zwracam się więc do czytelników: nie zażywajcie narkotyków. Wasze mózgi muszą być w jak najlepszym stanie, byście mogli ocalić naszą planetę, odkryć lekarstwo na raka, pomóc kolegom z trudnych rodzin ukończyć szkołę, zostać artystami lub tancerzami lub chronić nasze ulice przed złymi, bezmózgimi ludźmi, którzy brali lub biorą narkotyki. Myślicie, że żartuję? Zdecydowanie nie. Macie wybór.
Teraz przekażę każdemu z was kilka cennych rad. W żaden sposób nie narażaj się na ataki. Twoje usta nie muszą wypluwać z siebie jadu. Nie zmieniaj swojego samochodu w myśliwiec. Przebywając w większej grupie ludzi, jedz i pij tylko rzeczy kupione przez siebie. Unikaj członków gangów lub ludzi, którzy popełniają przestępstwa. Nawet jeżeli jesteś niewinnym świadkiem, twoja matka lub opiekun dostaną zawału serca, gdy zadzwonisz do nich z aresztu, prosząc o wpłacenie kaucji. Nie wolno w ten sposób mieszać rodzicom w głowach. Oni z dużym wysiłkiem starają się być wzorowymi obywatelami i nie chcą zmieniać swojego życia w piekło tylko dlatego, że postanowiwszy porozmawiać z Sally czy Geraldem, znajdujesz się w nieodpowiednim miejscu właśnie wtedy, gdy przyjeżdża policja, by was wszystkich zatrzymać. Gdyby tylko Gerald nie wrzucił skręta do popielniczki... daj spokój. Jeżeli sądzisz, że nie zagraża ci wielki i zły świat, lepiej dobrze się zastanów. Kilka lat temu w moim rodzinnym miasteczku (o populacji nie większej niż 1800 mieszkańców) szesnastoletnia dziewczyna wracała do domu z restauracji, w której pracowała. Tydzień później jej okaleczone ciało znaleziono w lesie. Owszem, mordercę złapano. Pomogła w tym ekipa programu telewizyjnego *America's Most Wanted,* ale dziewczynie to już

w niczym nie pomogło. Nie bądź następną ofiarą. Dobrym ludziom (szczególnie tym bezmyślnym) także przytrafiają się złe rzeczy.

2. Jeżeli coś ci grozi i potrzebujesz ochrony, na litość boską, porozmawiaj z kimś! Molestowanie fizyczne i psychiczne to zjawisko, które często dotyka nastolatków. Czasem przemoc rodzi się w domu, ale w relacjach między młodzieżą również zdarzają się podobne przypadki. Doskonale o tym wiem, pamiętaj, że mam trzy nastoletnie córki, które mówią mi o wszystkim (no, prawie wszystkim). Jeżeli stałaś się ofiarą przemocy psychicznej lub fizycznej, musisz jak najszybciej powiedzieć o tym odpowiedzialnej osobie dorosłej. Nie wikłaj się w coś, co nazywamy schematem ofiary, bo wtedy możesz już do końca życia dobierać sobie agresywnych i nieodpowiednich dla ciebie partnerów. Myślisz, że żartuję? Przemyśl to raz jeszcze. Większość przypadków przemocy w rodzinie bierze się z zachowań wyuczonych, czy to w wyniku bezpośredniego kontaktu z domownikami, czy przez znajomości zawierane w młodym wieku. Jeżeli NATYCHMIAST nie zareagujesz, będziesz nosić ze sobą to brzemię, niczym worek zgniłych i śmierdzących ziemniaków, PRZEZ RESZTĘ SWOJEGO ŻYCIA!

Dlaczego jestem w tej kwestii tak bardzo nieustępliwa? Ponieważ znałam kobiety, które straciły życie w wyniku przemocy w rodzinie. Sama kiedyś byłam ofiarą takiego postępowania. Po dwóch latach w tym szambie postanowiłam uciec. Czy zostały mi po tym jakieś blizny? Oczywiście. Zarówno fizyczne, jak i psychiczne.

Jeżeli jesteś rodzicem i czytasz tę książkę w przekonaniu, iż twojemu dziecku nigdy się to nie przytrafi – zastanów się dobrze. W zeszły weekend moja córka przygotowywała się do balu maturalnego. Przyjaciółka, nazwijmy ją Sylvia, przyszła pomóc jej w przygotowaniach. Wiesz – babskie sprawy. Falynn była już gotowa i biegała po domu jak nerwowa kura, czekając, aż przyjedzie po nią chłopak. Krzyczała na mnie, bo chciałam sfilmować ich, gdy będą razem.

Falynn wciąż krzątała się po jadalni, gdy nagle, jak grom z jasnego nieba, Sylvia powiedziała:

– No, bardzo się cieszę, że pozbyłam się Toma.

Falynn zrobiła nagły obrót i stanęła jak wryta, a w wyniku tego nagłego ruchu jej satynowa spódnica załopotała tuż nad głową psa, wylegującego się u moich stóp. Zwierzak nie zwrócił na to uwagi.

– Szczera prawda. Zobacz, co jej zrobił!

Sylvia podwinęła rękaw swetra, a moim oczom ukazał się paskudny siniak. Naturalnie z ust natychmiast wyrosły mi matczyne kły, a paznokcie w mgnieniu oka urosły co najmniej o kilka centymetrów.

– To chłopak ci to zrobił? Kim on jest? Gdzie mieszka? To skandaliczne!

Falynn wywróciła oczy.

– Daj spokój, mamo. Już po wszystkim. Ona już go zostawiła. Całe szczęście!

Spojrzałam na Sylvię, mrużąc oczy pełniące teraz rolę moich popisowych matczynych, przeszywających i niszczycielskich szabli.

– Powiedziałaś o tym swojej matce?

Sylvia przełknęła ślinę, spojrzała na Falynn, a następnie znowu na mnie.

– Nie.

– Dlaczego?

– Ponieważ już po wszystkim, pozbyłam się go. To się więcej nie powtórzy.

Falynn znów zarzuciła spódnicę na głowę psa. Ten mruknął i przesunął się o kilka centymetrów.

– Tak, raz już z nim zerwała, ale obiecał jej, że to się więcej nie powtórzy. Wróciła do niego i...

– Znowu mnie uderzył – wymamrotała Sylvia.

Uderzyłam się dłonią w czoło w sposób niezwykle melodramatyczny.

– To najstarsza sztuczka na świecie. Nigdy więcej nie daj się na to nabrać, Sylvio!

Dziewczyna uśmiechnęła się z zażenowaniem.

– No cóż... teraz mam już nowego chłopaka.

– Powinnaś powiedzieć o tym matce – powiedziałam stanowczo. – Nic nie rozumiesz. Pomyśl o następnej dziewczynie, z którą umówi się ten chłopiec. Co z nią będzie? Czy zdajesz sobie sprawę, że któregoś dnia on posunie się za daleko i kogoś skrzywdzi albo, co gorsza, zabije? Przemoc to nie zabawa, Sylvio. Musisz powiedzieć o wszystkim rodzicom. Mają prawo o tym wiedzieć.

Przybycie towarzysza Falynn przerwało naszą rozmowę. Kilka dni później razem z córką udałyśmy się na pocztę.

– Co u Sylvii? – spytałam.

– Ach tak, zapomniałam ci powiedzieć! – Falynn zawsze tak mówi, przez co często nie jestem na bieżąco z tym, co dzieje się w jej szkole. – Sylvia powiedziała rodzicom o Tomie.

– Naprawdę? Co ją do tego skłoniło? – zapytałam zaskoczona.

– Ty. Wiesz, mamo, że często my, dzieciaki, nie chcemy słuchać rodziców, ale słuchamy rad osób postronnych. Tak właśnie było teraz. Chyba do niej dotarłaś.

Nie wiem, co zrobią rodzice Sylvii. Mam nadzieję, że doprowadzą sprawę do końca, dla dobra ich córki i dziewczyny, która może kiedyś w przyszłości trafić na Toma. Jeżeli masz do czynienia z podobną sytuacją albo masz problem z narkotykami czy alkoholem, proszę cię, poszukaj pomocy. Nawet jeżeli wydaje ci się, że nie możesz porozmawiać z rodzicami, na pewno znajdziesz odpowiedniego nauczyciela, rodzica kolegi lub koleżanki, bądź też pracownika telefonu zaufania. Jeżeli osoba dorosła wmawia ci, że tego typu zachowanie jest dopuszczalne (niestety, często robią tak duchowni), wiedz, że ten, kto tak mówi, jest nie mniej chory niż oprawca, o którym mu opowiadasz. Prawdopodobnie zresztą sam też stosuje przemoc! Strzeż się takich osób i poszukaj kogoś, kto ma w głowie rozum. Nikt nigdy nie prosi się o przemoc ani na nią nie zasługuje. Nie zapominaj o tym!

W porządku, teraz gdy mamy ten temat z głowy, przejdźmy do kolejnych zasad magii ochronnej.

3. Nigdy nie bierz na celownik osób niewinnych. Każda czarownica uczy się, w jaki sposób odsyłać negatywną energię. Nie tworzymy złych intencji, ale jeżeli ktoś chce zesłać na nas zło, potrafimy szybko odwrócić bieg takiej magii. Nie zawsze wiemy, kto jest sprawcą, więc lepiej nie wymieniać imienia podczas odpierania magicznych ataków. Po prostu poproś Ducha o ochronę i wyślij negatywną moc tam, skąd przybyła.

4. Nie pozwól, by sytuacja cię przytłoczyła (zaufaj mi, nie będziesz się z tym dobrze czuć), ani nie wpadaj w lep na muchy, zanim zdążysz zrobić cokolwiek w sprawie dręczącego cię problemu (niezależnie od tego, czy mówimy o działaniu w wymiarze realnym, czy magicznym). Magia ochronna powinna być w istocie magią zapobiegawczą. Odprawiasz tego typu rytuały po to, by w przyszłości nie musieć wydostawać się z poważnych tarapatów. Potraktuj magię ochronną jak moskitierę w drzwiach twojego domu – delikatną osłonę, mającą za zadanie uniemożliwić wstęp wszystkim negatywnym komarom.

5. Nie wdawaj się w nędzne opery mydlane reżyserowane przez innych ludzi i nie stój bezczynnie, gdy twoja wczorajsza najlepsza przyjaciółka lub przyjaciel wbiją ci nóż w plecy, z zajadłością godną Huna Attyli. Nie plotkuj, nie

doprowadzaj do eskalacji emocjonalnych bomb zegarowych i trzymaj się z dala od innych rozpowszechnianych przez ludzi bzdur. Słowa mają w sobie wielką magiczną moc. Korzystaj z nich rozważnie.

6. Jeżeli zrobisz coś, co jest złe z punktu widzenia moralności, etyki lub prawa, nie spodziewaj się, że uratuje cię magia ochronna. Wszechświat nie naprawi wszelkich wyrządzonych przez ciebie krzywd, niezależnie od tego, jak wiele odprawisz czarów. Nie da się uciec przed odpowiedzialnością za własne czyny, nawet mając do dyspozycji czary.

7. Nigdy nie spisuj na papierze tego, co chcesz ukryć przed światem. Czy to zasada magiczna? Nie. Mój ojciec powiedział mi o tym, gdy miałam jedenaście lat. Miał rację.

8. Ostatnia, ale bardzo ważna zasada. Jeżeli popadasz w poważne tarapaty, nie oczekuj, że pstrykniesz w powietrzu palcami i całe zło zniknie. Czasem, by było lepiej, najpierw sprawy muszą ulec pogorszeniu. Nie żartuję. Dotyczy to zwłaszcza przypadków przemocy w rodzinie, kiedy ofiara odmawia pomocy (na przykład nie chce zadzwonić po policję), ale uprawia czary w nadziei, że problem sam się rozwiąże. Magia jedynie przywraca równowagę i nie da się za jej pomocą złagodzić wszystkich problemów. Najprawdopodobniej nieprzyjemna sytuacja ulegnie wtedy eskalacji, zmuszając osobę będącą w tarapatach do wezwania odpowiednich służb (co powinna zrobić już na samym początku). Widziałam takie sytuacje wielokrotnie.

Znałam kiedyś kobietę, która była mistrzynią magii zapobiegawczej. Dzień po dniu, rok po roku, jej rodzina funkcjonowała bez zarzutów. Pojawiały się naturalnie trudności typowe dla większości rodzin, ale nie było to nic poważnego. Co kilka miesięcy kobieta odprawiała szereg rytuałów ochronnych w intencji swoich dzieci. Kiedy jednak w pewnym momencie jedna z jej pociech weszła w wiek dorastania, życie rodziny diametralnie się zmieniło. Pewnego letniego poranka, tuż przed zakończeniem roku szkolnego, kobieta zabrała się za swoje zwyczajowe rytuały ochronne. Tego samego popołudnia jej świat wywrócił się do góry nogami. Jedno z jej dzieci zostało zawieszone w prawach ucznia za posiadanie przy sobie marihuany, drugie poturbowano w szkolnym autokarze, trzecie zaś oblało egzamin na prawo jazdy. Kobieta nie mogła pojąć, co się stało. Czyżby magia ochronna przestała działać? Czy jej świat się kończył? Czy ktoś rzucił na nią zły urok? Czyżby była złą matką?

Nie. W istocie jej magia ochronna działała bardzo dobrze. Pamiętaj, że magia przywraca równowagę. Jedno z dzieci zgodziło się przechować narkotyki w plecaku w formie przysługi dla nowych przyjaciół – starszych kolegów. Jeżeli wówczas nie zostałoby przyłapane, kto wie, co stałoby się później? Coś nie było w porządku już od dłuższego czasu. Dziecko uległo presji rówieśników i dokonało złego wyboru, ale ten incydent dał matce okazję do chronienia dziecka przed znacznie gorszymi następstwami jego czynów. Matka mogła teraz porozmawiać z dzieckiem i pomóc mu w podjęciu odpowiednich decyzji w przyszłości. A co z dzieckiem w autokarze? Trójka chłopców pomiatała grupą dzieci przez cały rok. Nikt poza nimi o tym nie wiedział. Gdy zaczęli dokuczać dziecku czarownicy, okazało się, że popełnili wielki błąd. Fakt, iż matka niedawno odprawiała rytuały ochronne, jedynie pogorszył całą sytuację. Następnego dnia całą trójkę zawieszono w prawach ucznia, a rodzice musieli przez resztę roku odwozić swoich synów do szkoły osobiście, by chronić resztę uczniów. A dziecko, które oblało egzamin? Wydaje się, że po prostu nie było jeszcze odpowiednim kandydatem na kierowcę i niezbędne okazało się dalsze szkolenie. Być może nie zdając egzaminu, dziecko uniknęło śmiertelnego wypadku. Któż to może wiedzieć?

W porządku – dość już namieszałam ci w głowie. Teraz już wiesz, dlaczego nazywają mnie Mamą Silver.

SYMBOLE OCHRONY

Przejdźmy do konkretów. Czarownice korzystają z magii ochronnej głównie w celach zapobiegawczych, chociaż czasami zdarza nam się odprawiać ochronne rytuały przy okazji problemów, które w żaden sposób nie chcą dać się rozwiązać tradycyjnymi sposobami. Miej na uwadze, iż magia ochronna przywraca RÓWNOWAGĘ. Jeżeli odnosisz się do kogoś nieuprzejmie, a potem spotykasz się z odwetem tej osoby i odprawiasz rytuały ochronne, by naprawić ten problem, nie spodziewaj się, że ominą cię konsekwencje twoich czynów. Sprawdźmy więc, jakie przedmioty znajdują się w zgodności z ochronnymi formami energii.

Przy magii ochronnej warto wykorzystać symbole w postaci niektórych ciał niebieskich: Słońca (sukces); Księżyca (ochrona dla kobiet i dzieci); Marsa (w przypadku gdy trzeba szybko odeprzeć negatywną energię); Merkurego (kiedy potrzebujemy dobrze dobranych argumentów lub szukamy właściwego wyjaśnienia jakiejś kwestii); Wenus (kiedy chcemy przeciwstawić trudnej sytuacji miłość, a nie negatywne moce) czy Saturna (gdy zamierzamy pokonać jakąś przeszkodę lub chcemy jak najdalej od siebie odsunąć negatywne wpływy).

Kolory ochrone to: biały (czystość Ducha), czarny (wypędzanie), granatowy (w celach leczniczych i ochronnych), ciemnopurpurowy (w celu wezwania do pomocy przodków), błękit indygo (projekcje astralne, prawda i ochrona), niebieski lub błękit królewski (moc i ochrona), jasnoniebieski (ochrona domu, mieszkania lub przyczepy), ciemnobrązowy (ochrona przyjaźni), brąz (spokój w domu) oraz złamana biel (spokój ducha).

Owoce i warzywa odpowiadające ochronie to: jęczmień, fasola, borówki, jeżyny, kokosy, czosnek, tykwa, limonka, sałata, pory, oliwki, cebula, papryka, śliwki, rzodkiewki, maliny, czerwona papryka (sprawiedliwość), rabarbar, ryż, pomidory, rzepa, żółta papryka.

Zioła i rośliny będące symbolem ochrony to: sępolia, aloes, arcydzięgiel, jesion, bambus, bazylia, wawrzyn, brzoza, żarnowiec, kaktus, goździki, cedr, glistnik, cynamon, koniczyna, bawełna, koper, dereń, paproć, kadzidłowiec, bodziszek, żeń-szeń, trawa, wrzos, ostrokrzew, wiciokrzew, hiacynt, bluszcz, lawenda, bez, lilia, komonica, nagietek, mimoza, mięta, jemioła, gorczyca, balsamowiec mirra, pokrzywa, araukaria wyniosła, dąb, pietruszka, barwinek, sosna, plantany, róża, rozmaryn, szałwia, drzewo sandałowe, lwia paszcza, oplątwa brodaczkowata, oset, tulipan, muchołówka, fiołek, hoja różowa i wierzba.

Cztery żywioły stanowią bardzo skuteczny element magii ochronnej. Ziemia stabilizuje nasze fundamenty i ukrywa skarby; powietrze odpycha od nas negatywnie nastawionych ludzi oraz niekorzystne sytuacje i przyciąga pozytywną energię; ogień oślepia naszych wrogów swoją jasnością i ciepłem lub trawi zagrażającą nam negatywną energię; woda przemienia złe sytuacje w dobre, pomaga nam zdobyć wiedzę płynącą z każdego napotkanego problemu i wprowadza miłość do burzliwych sytuacji.

Symbolami ochrony mogą być: okrąg, pentakl, miotła, anioły, święci, kamienie lub kamienny krąg, wilki (czy jakikolwiek inny drapieżnik), tarcza czy kocyk. Do rytuałów, jako symboli ochrony, nie wybieraj broni, takich jak pistolety, włócznie, topory itp., ponieważ przyciągają one przemoc, zamiast przed nią bronić.

Znasz już wiele przedmiotów przydatnych podczas odprawiania czarów ochronnych. Pamiętaj, że jeżeli zaklęcie wymaga posiadania przedmiotu, którym nie dysponujesz, skorzystaj z listy magicznych odpowiedników, by móc dokonać odpowiednich zmian.

***

Zaklęcie „Odstraszanie osiłka"

Nikt nie lubi znęcających się nad innymi osiłków, ale jakimś dziwnym trafem zawsze spotykamy ich na swojej drodze. Przeważnie potrafią oni jedynie naśmiewać się ze swoich ofiar i rzadko kiedy stosują przemoc, ale niekiedy bywają tak zarozumiali, że za wszelką cenę chcą zmienić nasze życie w koszmar. Przedstawiam zaklęcie, które pomoże pozbyć się nękającego cię tyrana.

FAZA KSIĘŻYCA: dzień przed nowiem lub pełnia
DZIEŃ: sobota
CIAŁO NIEBIESKIE: Saturn
AKCESORIA: plastikowa żaba; kartka papieru z zapisanym na niej imieniem awanturnika; gumka recepturka; pudełko, w które zmieści się żaba

Poradź się swoich kamieni do wróżenia, by upewnić się, czy możesz odprawić rytuał. Nakreśl magiczny krąg, przyzwij żywioły i poświęć ołtarz. Oczyść i uświęć wszystkie przedmioty w imię wypędzenia. Weź do ręki żabę i powiedz:

Łączę tę żabę z (imię tyrana).

Zamknij oczy i przywołaj obraz prześladowcy. Następnie otwórz oczy i spróbuj zobaczyć jego twarz zamiast pyska żaby. Zabawne, nieprawdaż? Weź kartkę z zapisanym imieniem osiłka i przyczep ją do żaby za pomocą gumki. Włóż żabę do pudełka i zamknij wieczko. Powiedz:

(Imię osoby), na zawsze wypędzam cię ze swojego życia.
Bez niczyjej szkody.
Niech to zaklęcie nie zostanie odwrócone ani żadna klątwa niech mnie nie dosięgnie.
Niech wszystkie astrologiczne odpowiedniki okażą się poprawne dla tego rytuału.
Niechaj tak się stanie!

Zakop pudełko na dworze, powtarzając jednocześnie:

Zmykaj, zmykaj, z oczu precz znikaj!

Zaklęcie „Związany język"

Plotki mogą czasami być bardzo krzywdzącą formą energii, zwłaszcza wśród nastolatków. Pozornie niewinna plotka może zmienić się w poważne pomówienie, nawet bez udziału osoby, od której wszystko się zaczęło. Czasem konieczna jest kontrola obrażeń.

FAZA KSIĘŻYCA: dzień przed nowiem lub pełnia
DZIEŃ: sobota
CIAŁO NIEBIESKIE: Saturn
AKCESORIA: skrawek czerwonego filcu; czarna nitka do haftowania; czarny marker; pusty słoik z pokrywką; nożyczki

Sprawdź, czy kamienie do wróżenia pozwalają ci odprawić rytuał. Wewnątrz uświęconej przestrzeni oczyść, poświęć i naładuj mocą wszystkie przedmioty w imię uzdrawiania. Filc ułóż tak, by przypominał duży język. Wytnij ten język, po czym za pomocą czarnego markera zapisz na nim imię osoby rozsiewającej plotki. Jeżeli nie wiesz, kto jest sprawcą całego zamieszania, napisz: *Osoba, która plotkuje*. Weź do ręki nitkę i wykonaj szew prowadzący dookoła napisu. Z każdym wkłuciem igły powtarzaj:

Zszywam ci język, okrutna istoto,
byś nie mogła już nikogo zranić.

Gdy skończysz szyć, przetnij nić i powiedz:

Całe twoje zło odpycham od siebie.
Cokolwiek mi wysłałaś(-eś), wróci wnet do ciebie.

Zawiąż na języku wielki supeł i powiedz:

Aniele Stróżu, proszę, chroń mnie przed plotkami tej osoby.
Odeślij negatywną energię do nadawcy.

Włóż język do słoika, zamknij go i powiedz:

Zamykam twoje zło wewnątrz ciebie.
Niech Duch pomoże ci poradzić sobie z niską samooceną.

Trzymaj słoik w bezpiecznym miejscu. Jeżeli plotkara (albo plotkarz) znów będzie cię nękać, otwórz słoik i powtórz rytuał.

Zasada rządząca wszelkimi rodzajami wypędzania brzmi: nigdy nie odprawiaj rytuału wypędzania pod wpływem gniewu. Nie wolno ci wysyłać żadnej negatywnej energii od siebie. Chodzi o to, by energia, którą wysłała nieprzychylna ci osoba, zwróciła się przeciwko niej. Czasami powinniśmy poczekać, aż ochłoniemy, zanim przystąpimy do czarów, by nasza magia była jak najbardziej efektywna i by nie zakłócał jej nasz gniew.

Pochodną powyższego zaklęcia jest **Zaklęcie zamykania ust**. Wykonujemy je w podobny sposób, ale podczas rytuału wykorzystujemy zamek błyskawiczny z imieniem nieprzychylnej nam osoby, zapisanym czarnym markerem na górnej części suwaka. Nie zapomnij zasunąć suwaka, bo w przeciwnym wypadku zaklęcie nie zadziała.

* * *

Zaklęcie „Mój zamek"

Znasz może powiedzenie: „mój dom jest moim zamkiem"? Oto kilka pomysłów na ochronę domu.

- Co noc podchodź do każdego okna i każdych drzwi. Nakreśl dłonią symbol pentaklu i powiedz:

  Duchu, chroń to miejsce od wszelkiego zła
  i niech aniołowie strzegą tego domu oraz jego mieszkańców.

- Na drzwiach do swojej sypialni lub na drzwiach frontowych zawieś miotłę naładowaną energią w imię ochrony.

- Na kuchennym parapecie trzymaj pokrojoną cebulę (cebula odpędza negatywne moce). Gdy cebula wypuści pędy, zamień ją na nową.
- Raz w miesiącu pokrop wszystkie drzwi i okna wodą święconą.
- Na parapetach i w dobrze oświetlonych częściach domu hoduj rośliny i zioła kojarzone z ochroną. Rozmawiaj często z roślinami i je pielęgnuj. Poproś, by pomogły ci chronić twój dom.
- W pokoju rozmieść figurki aniołów.

* * *

Zaklęcie „Lodowy Olbrzym"

Wydaje mi się, że spośród wszystkich zaklęć wykonywanych przez moje dzieci, właśnie to bywa najczęściej w użyciu. To proste zaklęcie, które można wykonać bez większego trudu, niezależnie od tego, czy ma się osiem lat, czy osiemdziesiąt dwa. Lodowe Olbrzymy *zawsze* chętnie ci pomogą, gdy chcesz powstrzymać kogoś przed plotkowaniem lub nękaniem ciebie, załagodzić kłótnię czy oddalić kłopoty.

FAZA KSIĘŻYCA: dowolna
DZIEŃ: dowolny
CIAŁO NIEBIESKIE: Saturn lub Pluton
AKCESORIA: kartka papieru; długopis; torebka do przechowywania żywności; zamrażarka

Zapisz imię nękającej cię osoby na kartce papieru. Narysuj na kartce pionową linię (to runa Isa). Złóż kartkę w niewielki kwadracik i włóż ją do torebki. Następnie zamknij torebkę, otwórz drzwi zamrażarki i powiedz:

Ochłoń!

Wrzuć kartkę do zamrażarki, zamknij drzwi i powiedz:

Lodowi Olbrzymi, proszę, usiądźcie na (imię osoby),
by nie mógł/mogła mnie dłużej niepokoić.

Uwaga: odkryłyśmy, że jeśli wyjmiesz torebkę z zamrażarki, problemy mogą wrócić. Najlepiej więc potrzymać ją tam przez jakiś czas. To zaklęcie nigdy nikogo nie zrani.

Zaklęcie „Ognisty Olbrzym"

Ten rytuał jest przeciwieństwem zaklęcia „Lodowy Olbrzym" i korzysta się z niego, by zmusić kogoś do mówienia prawdy lub nadania tempa określonej sytuacji. Zaklęcie „Ognisty Olbrzym" działa szczególnie skutecznie, kiedy po prostu *musisz* znać prawdę. **Uwaga:** musisz mieć ważny moralny powód, by chcieć poznać prawdę o danej sytuacji. Zaklęcie nie będzie działać, jeżeli zechcesz wykorzystać zdobyte informacje, by kogoś skrzywdzić.

FAZA KSIĘŻYCA: dowolna
DZIEŃ: dowolny
CIAŁO NIEBIESKIE: Mars
AKCESORIA: bardzo mała kartka papieru; długopis; kuchenka mikrofalowa

Zapisz na kartce papieru imię osoby, od której chcesz uzyskać informacje. Jeżeli nie znasz jej imienia, napisz po prostu „prawda". Złóż kartkę w bardzo mały kwadracik. Włóż ją do kuchenki mikrofalowej (nie rób tego w piecyku czy tosterze, bo spowodujesz pożar). Zamknij drzwiczki i ustaw licznik na siedem sekund. Zanim wciśniesz guzik start, powiedz:

Ogniści Olbrzymi, proszę, objawcie mi prawdę dotyczącą (określ sytuację), tak szybko, jak pozwalają na to okoliczności!

Uruchom kuchenkę. Podgrzewaj papier codziennie, aż otrzymasz odpowiedzi na swoje pytania. Po uzyskaniu zadowalającego rezultatu, spal kartkę.

* * *

Zaklęcie „Zamknij buzię"

Masz wrażenie, że osoba, której powierzasz swój sekret, chce wyjawić komuś tajemnicę. Zdarzyło ci się źle ocenić sytuację i martwisz się, że teraz wszyscy dowiedzą się, że wciąż śpisz ze swoją pluszową owieczką. By powstrzymać kogoś przed wyjawieniem intymnych szczegółów z twojego życia, zastosuj poniższe zaklęcie, pamiętaj jednak, że jeżeli masz na sumieniu coś nielegalnego czy niemoralnego, zaklęcie nie będzie skuteczne.

FAZA KSIĘŻYCA: dowolna
DZIEŃ: dowolny
CIAŁO NIEBIESKIE: Słońce
AKCESORIA: jeden cytrynowy lizak (cytrynowy dlatego, że ten smak ściąga usta, a ponadto nadaje się do usuwania negatywnych energii i ogólnych rytuałów wypędzania)

Sprawdź, czy kamienie do wróżenia pozwalają na odprawienie rytuału. Weź do ręki lizaka i powiedz:

Moja tajemnica będzie z tobą bezpieczna.
Niechaj pozostanie prawdziwa i wieczna.

Oddaj lizaka osobie, która zna twój sekret. Jeżeli obawiasz się, że może ona nie zjeść lizaka, włóż go do szklanki ciepłej wody i poczekaj, aż się rozpuści.

* * *

Zaklęcie stanowczej odmowy

Każdy narkotyk niszczy twój umysł i ciało. Oto zaklęcie, które pozwoli ci powiedzieć „nie" narkotykom i alkoholowi.

FAZA KSIĘŻYCA: dowolna
DZIEŃ: dowolny
CIAŁO NIEBIESKIE: Saturn
AKCESORIA: twoje zdjęcie; sól

W uświęconej przestrzeni, oczyść, uświęć i naładuj energią wspomniane wcześniej przedmioty w imię czystości i ochrony. Umieść swoje zdjęcie na środku ołtarza i otocz je nieprzerwanym kręgiem usypanym z soli. Powtarzaj:

Bogini mnie kocha, pewna jestem tego,
Duch mi o tym mówi, a ja słucham jego.
Wszyscy jesteśmy dziełem jej stworzenia,
Nałogowcy są słabi, ja – nie do zniszczenia.

Zostaw sól i zdjęcie na swoim miejscu tak długo, jak uznasz za konieczne.

Patrol zwierzęcy

Wybierz swoje ulubione zwierzę. Usiądź w zacisznym miejscu, zamknij oczy i porozmawiaj ze swoim zwierzęciem mocy. Nie przestrasz się, kiedy otrzymasz odpowiedź. Poproś, by zwierzę chroniło twój dom. Moje podwórko patrolują na przykład cztery pantery. Jedyna zasada jest taka, by nie zapominać o swoich stróżach. Musisz codziennie z nimi rozmawiać i dziękować im za ochronę.

Zaklęcie dynamicznej bogini Diany

Bogini Diana (córka Aradii, królowej czarownic) jest dobrze znana ludziom zajmującym się magią jako strażniczka dzieci. Bogini ta, zwana także Dianą – łowczynią, będzie obserwować cię i strzec przed niebezpieczeństwem. To jedno z niewielu zaklęć, które wymaga figurki lub zdjęcia bogini w takiej postaci, w jakiej ją sobie wyobrażasz. Czarne kamienie służyć będą odwróceniu biegu negatywnej energii, ale na pewno nikogo nie skrzywdzą.

FAZA KSIĘŻYCA: pełnia

CIAŁO NIEBIESKIE: Saturn lub Mars

AKCESORIA: czarna farba; biała farba; sześć kamieni mniejszych od twojej dłoni; twoje zdjęcie; woda święcona; zdjęcie lub figurka przedstawiająca twoje wyobrażenie bogini Diany; kartka białego papieru

Wewnątrz uświęconej przestrzeni pomaluj pięć kamieni na czarno i jeden na biało. Malując, powtarzaj słowo „ochrona". Poczekaj, aż farba wyschnie. Na białym kamieniu namaluj czarną runę Algiz (ᛉ). Namaluj tę samą runę białą farbą na pięciu czarnych kamieniach i również poczekaj, aż farba wyschnie.

Nakreśl magiczny krąg, przyzwij żywioły i poświęć ołtarz. Oczyść, uświęć i naładuj mocą sześć kamieni i zdjęcie w imię ochrony. Na odwrotnej stronie zdjęcia nakreśl pentakl za pomocą wody święconej. Następnie umieść swoje zdjęcie pod figurką bogini Diany. Na kartce papieru narysuj duży pentakl. Rozmieść pięć czarnych kamieni tak, by utworzyły gwiazdę – jeden na górze, dwa po bokach i po jednym na dolnych wierzchołkach. Na środku gwiazdy umieść biały kamień. Unieś dłonie nad kamieniami i powiedz:

Łaskawa Diano,
Pani Księżyca,
córko Aradii,
wzywam cię w tę noc (ten dzień),
byś mi pomogła.
Obdarz mnie swoim wsparciem,
miłością i przewodnictwem.
Chroń mnie od złego
i pozwól mi kroczyć
w blasku twojego światła.
Niechaj tak się stanie!

Zamknij oczy i wyobraź sobie, że otacza cię białe światło. Będzie ci ono zawsze towarzyszyć. Biały kamień noś przy sobie dla ochrony. Podziękuj Duchowi, odwołaj żywioły, usuń krąg i zostaw czarne kamienie tam, gdzie leżały.

* * *

Zaklęcie „Elfia szafka”

By uchronić się od włamań do twojej szkolnej szafki, zastosuj poniższe zaklęcie.

FAZA KSIĘŻYCA: pełnia lub dzień przed nowiem
DZIEŃ: sobota
CIAŁO NIEBIESKIE: Saturn
AKCESORIA: woda święcona; lustro zawieszane; czarny pieprz; mleko; miód

Znajdując się w domu, naładuj lustro energią w imię ochrony. Wlej święconą wodę do butelki z rozpylaczem. W szkole zawieś lustro, prosząc elfy szkolne (tak, w szkole także żyją elfy), by strzegły twojej szafki. Wnętrze szafki spryskaj wodą święconą (zrób to ostrożnie, by nie zamoczyć książek i zeszytów). Przy podstawie szafki rozsyp trochę pieprzu, by odstraszyć złodziei.

Tańczące elfy i magiczny wąwozie,
niech kwitnie wasz urok, jak kwiaty w ogrodzie.
Mroczna dolino i głęboka kniejo,
Nie dajcie dostępu do szafki złodziejom.

Trzaśnij drzwiami szafki i powiedz:

Niechaj tak się stanie!

Po powrocie ze szkoły wystaw przed dom mleko i miód, by nakarmić nimi wróżki. Powtarzaj to zaklęcie co trzy miesiące.

Zaklęcie „Cukrowe rodzeństwo"

To przydatne zaklęcie jest kolejną magiczną sztuczką z bogatego zasobu czarów potomków niemieckich imigrantów, zamieszkujących tereny stanu Pensylwania. Poprawi ono każdemu nastrój i sprawi, że w twoim domu wszystko będzie funkcjonować tak, jak należy. Napisz na kartce swoje imię i imię swojego brata lub swojcj siostry, a nastçpnic zroluj kartkę i włóż ją na dno cukiernicy.

Zaklęcie „Internetowa blokada"

Jeżeli chcesz sprawić, by internetowi natręci przestali cię nękać, po prostu powtórz kilkakrotnie następujące zaklęcie:

O, Merkury i bezkresie sieciowy,
tupnijcie nogą i wyruszcie na łowy.
Zmykajcie internetowi intruzi,
mojej magii boją się mali i duzi.
Oczyszczam, wypędzam, odstraszam,
z mojej sieci was wszystkich wypraszam!

Nie zapomnij wcisnąć przycisku „ignoruj".

Zaklęcie „Prawo i porządek"

Czasami potrzebujesz pomocy systemu. Jeżeli zdarzyło ci się wzywać policję lub bierzesz udział w jakiejś batalii sądowej, oto zaklęcie, które powinno ci pomóc. Być może sprawiedliwość jest ślepa, ale wszechświat już nie. Jeżeli masz coś na sumieniu, to zaklęcie ci nie pomoże. W tradycji runicznej duchy niebios to anioły sprawiedliwości i nikt nie jest w stanie ich zdeprawować.

FAZA KSIĘŻYCA: nów lub pełnia

DZIEŃ: wtorek

CIAŁO NIEBIESKIE: Mars

AKCESORIA: papryka; nasiona słonecznika; rozmaryn; goździki; czosnek; mała czerwona kartka papieru; czerwona lub czarna wstążka; czarny marker

Poradź się kamieni do wróżenia, by sprawdzić, czy możesz odprawić tego typu rytuał. Nakreśl magiczny krąg, przyzwij żywioły i poświęć ołtarz. Następnie oczyść i uświęć wszystkie akcesoria. Za pomocą czarnego markera narysuj symbol Tyr (↑) na kartce papieru, pod symbolem zaś zapisz swoje imię. Przetnij paprykę na pół i wyjmij z niej pestki. Umieść kartkę w jednej połowie papryki, a potem przykryj ją nasionami słonecznika, rozmarynem i czosnkiem. Teraz przyłóż do siebie obie połówki papryki i zwiąż je za pomocą czerwonej wstążki.

Weź do ręki pieprz i powiedz:

Święta mocy duchów i runy Tyr,
moje słowa odbijają się echem od niebios
po czeluście świata umarłych,
rozbrzmiewają przez bezkresy wymiarów astralnych,
docierając do korzeni i zielonych gałęzi Drzewa Świata.
Wyciągając moje słowa z mroków nicości
w blask istnienia,
pragnę (powiedz, w jakim celu wypowiadasz zaklęcie).
Niechaj tak się stanie!

Wzywam duchy niebios,
wielkie duchy runy Tyr:
naprzód,
naprzód,
kręćcie kołem losu
zgodnie z moim życzeniem i moją wolą.

To, co rzeknę,
niech się stanie.
Bez niczyjej szkody.
Niech to zaklęcie nie zostanie odwrócone
ani żadna klątwa niech mnie nie dosięgnie.
Niech wszystkie astrologiczne odpowiedniki okażą się poprawne dla tego rytuału.
Niechaj tak się stanie*!

Teraz podziękuj duchom niebios za pomoc. Odwołaj żywioły, usuń krąg, a pieprz zakop na terenie swojej posesji.

* * *

Zaklęcie „Ochronna woda przodków"

Z tego zaklęcia korzystam zarówno w domu, jak i podczas podróży. Weź czystą szklankę i napełnij ją do połowy wodą (najlepiej źródlaną). Trzymając ją w rękach, zamknij oczy i poproś Ducha, by oczyścił, poświęcił i pobłogosławił wodę. Poproś swoich przodków (możesz wypowiedzieć ich imiona lub po prostu określić ich zbiorowo jako „przodków"), by chronili ciebie i twój dom (lub miejsce, w którym przebywasz). Codziennie zmieniaj wodę w szklance i powtarzaj powyższe czynności.

* * *

Zaklęcie „Magiczne zwierciadło"

Magiczne zwierciadło to najszybszy sposób na odbicie negatywnej energii. Podczas rytuału oczyść, uświęć i naładuj mocą lustro w imię ochrony. Powieś lustro naprzeciwko drzwi do twojej sypialni.

* Oryginalna wersja tego zaklęcia pojawiła się w książce *The Rune Mysteries*, autorstwa Nigela Jacksona i Silver RavenWolf (wydawnictwo Llewellyn, 1996, s. 180-181 – przyp. aut.).

* * *

Zaklęcie „Kameleon"

Zaklęcie niewidzialności wymaga ćwiczeń i związane jest z dziedziną medytacji i magii mentalnej. Zapamiętaj wiersz i poćwicz wtapianie się w tło podczas powtarzania jak mantry jego słów. Jeżeli nikt o tobie nie pomyśli, będziesz w stanie przemieszczać się niepostrzeżenie, podobnie jak kameleon upodabniający się do otaczającego go świata.

Smocza mgła i wzrok kameleona,
rządzę morzem, co mrokiem odstrasza.
Światło zmieszane i mgła połączona
Niech się za mną i wkoło rozprasza.

Zaklęcie to będzie nieskuteczne w przypadku prób ukrycia przestępstw, ponieważ smoki nie zwracają uwagi na ludzi czyniących zło i nie zechcą one nawet ruszyć pazurem, by ci pomóc.

Rozdział 10

Zabawne zaklęcia

Dodałam tę ostatnią grupę zaklęć, by zapewnić ci trochę rozrywki, więc baw się dobrze!

* * *

Zaklęcie „Denerwujący nauczyciel"

Niekiedy bywa tak, że choć bardzo się staramy, nauczyciel, który nas nie lubi, tego nie docenia. Wyolbrzymia nasze błędy, kiedy zaś zrobimy coś dobrze, albo to zignoruje, albo mimo wszystko i tak na nas krzyczy. W poniższym zaklęciu odwołujemy się do mocy morza, by odwrócić taką reakcję i zmienić ją w delikatną falę życzliwości.

FAZA KSIĘŻYCA: pełnia lub dzień poprzedzający nów

DZIEŃ: piątek

CIAŁO NIEBIESKIE: Wenus

AKCESORIA: siedem muszli morskich; świeca wodna; niewielkie pudełko piasku; brązowy cukier; talerz obiadowy; kartka, na której nieprzyjazny ci nauczyciel napisał coś odręcznie

Użyj swego narzędzia do wróżenia, by upewnić się, że nie istnieją żadne przeciwwskazania do rzucenia tego zaklęcia. Następnie nakreśl krąg, wezwij żywioły i poświęć swój ołtarz. Oczyść, poświęć i napełnij mocą wszystkie zgromadzone przedmioty w imię życzliwości. Kartkę z podpisem nauczyciela połóż na talerzu, po czym posyp ją piaskiem. Równo rozprowadź piasek po talerzu, a następnie ułóż na nim muszle na kształt okręgu. Weź do ręki świecę wodną i powiedz:

Bogini morza
o włosach z piany i mgiełki wodnej,
zmień wyobrażenie (imię i nazwisko nauczyciela) o mnie,
daj mi życzliwość z jego/jej strony.

Stabilnie ustaw świecę wodną w piasku. Zapal ją. Unieś dłonie nad talerzem (uważaj, by ich nie poparzyć) i powiedz:

Bogini Oceano,
która odbijasz promienie wschodzącego słońca
i jego złoty blask, gdy dzień dobiega końca;
ty, której przypływ i odpływ jest wolą Księżyca!
Lądy zmienia moc twoja,
zatoki w piasku tnie.
Niech zmieni się sytuacja moja,
podaruj zmianę i mnie.

Słowa z ostatnich dwóch linijek powtarzaj jak najdłużej. Wyobraź sobie, że twój nauczyciel jest dla ciebie miły (oczywiście, ty odwzajemniasz uprzejmość), uśmiecha się, życzliwie się do ciebie odnosi, pomaga ci w wykonywaniu zadań i cię chwali. Kiedy skończysz, podziękuj Oceanie za pomoc. Uwolnij żywioły i usuń krąg. Poczekaj, aż świeca całkowicie się wypali. Nie zmieniaj ułożenia muszli, dopóki zachowanie nauczyciela w stosunku do ciebie się nie poprawi. Jeżeli nie stanie się to w przeciągu trzydziestu dni, powtórz zaklęcie.

* * *

Zaklęcie egzaminacyjne

Nie ma usprawiedliwienia dla nieuctwa. To zaklęcie nie pomoże ci, jeśli nie będziesz pracować i nie zasłużysz na dobrą ocenę. Wypróbuj je jednak, by dodać sobie pewności siebie i obniżyć poziom stresu przed egzaminem.

Wieczór przed egzaminem poświęć na naukę w dziesięciominutowych blokach. Badania dowiodły, że jesteśmy w stanie skupić się i przyswajać wiedzę na dowolny temat tylko przez dziesięć minut. Dlatego też rób sobie przerwy. Przejdź się po pokoju. Idź umyć zęby. Wszystko jedno, co zrobisz. Przejrzyj jeszcze raz zagadnienia, które sprawiły ci trudność w ciągu ostatnich paru minut. Oczyść, poświęć i naładuj mocą, w imię powodzenia, długopis, którego będziesz używać na egzaminie następnego ranka. Tylko nie zapomnij zabrać go na egzamin!

Napełnij mocą białą świecę w imię pewności siebie i przytomności umysłu. Zanim zaśniesz, poproś czarne łabędzie czasu snu o pomoc w ułożeniu sobie w głowie przyswojonych podczas nauki informacji, by lepiej przygotować się do egzaminu. Nie kładź się spać zbyt późno, wypocznij przed tym ważnym wydarzeniem, zaś rano zjedz obfite śniadanie. Naładuj mocą kubek herbaty miętowej, po czym wypij ją i wyjdź do szkoły (naukowcy twierdzą, że mięta wspomaga procesy myślowe i zapamiętywanie informacji).

* * *

Zaklęcie „Uświęcony spacer"

Jedno z najbardziej satysfakcjonujących zaklęć, jakie może rzucić czarownica, polega na wyjściu na spacer i poszukiwaniu darów, którymi natura się z nami dzieli. Czy mieszkasz blisko plaży, lasu czy też w dużym mieście, zawsze możesz znaleźć coś szczególnego, co natura ma nam do zaoferowania. Zaplanuj sobie cały dzień, zorganizuj piknik. Usiądź w zacisznym miejscu i wsłuchaj się w tajemnice szeptane przez wiatr. Porozmawiaj z kwiatami. Zdziwi cię, jak wiele można się nauczyć od przyrody.

Kiedy martwisz się czymś lub gdy musisz przemyśleć jakiś problem, zaklęcie „uświęconego spaceru" może okazać się pomocne. Odbywam też „spacery dobrobytu" – robię wycieczki do lasu, w trakcie których zastanawiam się nad sposobami zaproszenia dostatku do mojego życia. Zbieram wtedy różne rodzaje darów natury, zaś po powrocie wykonuję z nich talizmany. Skarby przyniesione z „uświęconych spacerów" mogą też stanowić świetne prezenty dla przyjaciół.

* * *

Zaklęcie „Plażowe słońce"

Jesteś na plaży, ale nie ma słońca? Wypróbuj to szybkie zaklęcie. Będziesz potrzebować buteleczki mleczka do opalania oraz okularów przeciwsłonecznych. Narysuj palcem na piasku krąg. W środku „postaw kropkę" mleczkiem do opalania. Powiedz:

Słońce i piasek,
i błękit nieba.
Plażowej aury
dzisiaj mi trzeba!

Zamknij oczy i wyobraź sobie błękitne niebo i dużo słońca. Powtarzaj zaklęcie, dopóki wizualizacja nie rozmyje się w twoim umyśle. Widziałam przypadki, że to zaklęcie przynosiło rezultaty dosłownie po pięciu minutach lub mniej więcej po godzinie, zależnie od warunków atmosferycznych.

* * *

Zaklęcie „Łagodny deszcz"

Kilka lat temu Pensylwania zmagała się z wyjątkowo długotrwałą suszą. Było tak źle, że pewien lokalny biznesmen postawił przy drodze wielki znak z napisem: „Zapłacę 1000 dolarów temu, kto wywoła deszcz". Uśmiechnęłam się, kiedy pierwszy raz przejeżdżałam obok tej tablicy. Przypomniało mi się wtedy stare porzekadło: „Poważne sytuacje wymagają radykalnych środków". Moje dzieci też widziały to ogłoszenie. Natychmiast zareagowały: „Mamo! Ty możesz wywołać deszcz! Zadzwoń do tego pana!" – powiedziały. Odrzekłam, że magia nie funkcjonuje w ten sposób. Gdybym poszła do tego człowieka i oznajmiła, że mogę sprawić, iż deszcz zacznie padać w przeciągu najbliższych 24 godzin, a tak by się nie stało, byłabym pośmiewiskiem całego miasteczka. Często zdarza się, że magia nie działa na żądanie, zwłaszcza gdy zgadzamy się odprawić ją za opłatą. Moje dzieci nie dawały jednak za wygraną. W końcu złamałam się i obiecałam, że spróbuję wywołać deszcz, ale nie będę kontaktować się z autorem ogłoszenia. Gdyby mi się udało, cóż, oznaczałoby to, że mam dar. Jeśli nie... uznałabym, że to po prostu nie miało się wydarzyć.

Pamiętaj, że zgodnie z tym, co napisałam wcześniej, magia działa najlepiej, jeśli się samodzielnie wymyśli sposób jej praktykowania. Poniższe zaklęcie ułożyłam specjalnie na tamtą okazję.

AKCESORIA: waciki bawełniane; garść ryżu; mały pusty słoik po kawie rozpuszczalnej (lub inny); niebieski arkusz kartonu; ołówek; niebieski brokat; 3 niewielkie srebrne dzwoneczki; niebieska przędza o długości około 43 centymetrów

Stojąc w uświęconej przestrzeni, oczyść, poświęć i napełnij mocą zgromadzone akcesoria w imię życiodajnego, łagodnego deszczu. Zrób wszystko dokładnie. Wsyp ryż do słoika i szczelnie go zakręć. Wytnij z kartonu kształty, odpowiadające płaskim częściom ścianek słoiczka, po czym przyklej je w te miejsca. Narysuj na niebieskim papierze krople deszczu i wypełnij je brokatem. Na dole słoika przyklej kilka bawełnianych kuleczek. Poczekaj, aż klej wyschnie. Następnie przywiąż trzy dzwoneczki pośrodku niebieskiej przędzy w odległości 2,5 centymetrów od siebie. Owiń przędzą słoik tuż pod wieczkiem i zawiąż, by się nie poluzowała. Zbyt długie kawałki przędzy odetnij. W ten sposób powstaje narzędzie, które nazywam „zaklinaczem grzmotów".

Wszystkie instrumenty muzyczne, od najdroższych skrzypiec po bęben z kubła na śmieci, mają swój rozpoznawalny rytm – charakterystyczne brzmienie. Rytm lub piosenka grane na określonym instrumencie stają się najczęściej jego rozpoznawczym rytmem czy też typowym brzmieniem. Niekiedy dźwięk wyłania się ze skomplikowanych rytmów, innym razem rozbrzmiewa w prostym, delikatnym tempie. Twój „zaklinacz grzmotów" także będzie miał swoją własną, charakterystyczną melodię. Poruszaj nim miarowo przez chwilę, a ją rozpoznasz.

Wyjdź na dwór i usiądź na wzgórzu lub w miejscu, z którego będziesz mieć widok na niebo. Zamknij oczy i zacznij wyobrażać sobie delikatny deszcz oraz potrząsać swoim „wywoływaczem deszczu" w jego szczególnym, wyjątkowym rytmie. Postaraj się utrzymać wizualizację jak najdłużej. Jeśli chcesz, dodaj do niej następujące słowa:

Łagodny deszczu,
krople wody,
prześlijcie swe dary
spragnionej ziemi.

Jeżeli deszcz nie spadnie w przeciągu 24 godzin, ponownie wyjdź na podwórko i powtórz zaklęcie.

* * *

Zaklęcie czterech żywiołów „Zły kierowca autobusu"

Czy kierowca autobusu, którym podróżujesz do szkoły, prowadzi jak wariat? Czy jest ponury, zrzędliwy i arogancki? Czy wydaje ci się czasem, że bardziej pasuje do obsady jakiegoś horroru, niż do przewożenia młodzieży do szkoły? Jeśli tak, wypróbuj poniższe zaklęcie, by sprawić, że autobus będzie prowadził inny kierowca.

FAZA KSIĘŻYCA: dowolna
DZIEŃ: niedziela lub środa
AKCESORIA: niewielka kwadratowa kartka; czarny marker

Stojąc w uświęconej przestrzeni, oczyść, poświęć i naładuj mocą swoje akcesoria. Na środku kartki napisz: „Proszę o kierowcę, który będzie nas woził bezpiecznie i traktował uprzejmie". Stań twarzą w kierunku północnym. Zagnij jeden z rogów kartki i powiedz:

Żywiole północy, proszę, ześlij nam opanowanego, miłego kierowcę autobusu.

Odwróć się teraz w kierunku wschodnim, zagnij kolejny róg i powiedz:

Żywiole wschodu, proszę, ześlij nam odpowiedzialnego kierowcę autobusu, który naprawdę świetnie jeździ.

Zwróć się teraz w kierunku południowym, zagnij następny róg i powiedz:

Żywiole południa, proszę, ześlij nam kierowcę autobusu, który nigdy się nie zgubi.

Na koniec odwróć się ku zachodowi, zagnij ostatni róg swojej kartki i powiedz:

Żywiole wody, proszę, ześlij nam miłego i opiekuńczego kierowcę autobusu, który nie pozwoli, by jakikolwiek szkolny tyran znęcał się w autobusie nad innymi.

Złóż kartkę na pół, stań pośrodku kręgu i powiedz:

Duchu, proszę, ześlij nam dobrego kierowcę autobusu, miłego, opanowanego i posiadającego doświadczenie w prowadzeniu pojazdów.

Złóż kartkę w malutki kwadracik. Trzymając go w dłoni, wyobraź sobie, że wszyscy w autobusie uśmiechają się, cieszą itp. Zostaw tę małą kartkę w autobusie.

Zaklęcie małej pasterki pomagające odnaleźć zgubione przedmioty

Zaginione przedmioty mogą do ciebie powrócić, jeżeli nie zostały zniszczone i jeśli tego chcą. Rzeczy także posiadają energię, chociaż nie „myślą" w taki sam sposób, jak my.

Umieść na kartce opis przedmiotów, które gdzieś ci się zawieruszyły. Trzymając rozłożoną kartkę na dłoni, powiedz trzy razy „mała pasterka", a następnie zgnieć kartkę w dłoni, jakbyś chciała złapać siedzącą tam maleńką wróżkę (co właśnie ci się udało!). Trzymając kartkę w zaciśniętej dłoni, zacznij szukać zagubionej rzeczy. Nie pozwól, by wróżka uciekła ci, dopóki nie znajdziesz swojej zguby (nadal uważasz, że wróżki istnieją tylko w bajkach dla dzieci?).

Niekiedy utracone rzeczy lepiej czują się gdzieś indziej. Jeśli tak jest, przedmioty te nie wrócą do ciebie. Jeżeli więc nie uda ci się znaleźć ich w przeciągu tygodnia, zapomnij o nich i uwolnij swoją wróżkę.

* * *

Zaklęcie „Koniec szlabanu"

Autorką tego zaklęcia jest moja córka Falynn. Zakręć na palcu frisbee w kierunku przeciwnym do ruchu wskazówek zegara i powiedz:

Pozwól mi wyjść, uwolnij mnie,
kręć się wkoło, kołysz się.
Kara zakończona.
Duchowi powierzona.
Szlaban mój niech skończy się!

Powtarzaj zaklęcie, dopóki frisbee nie spadnie z twego palca. Ale uważaj: jeśli nie wyciągniesz z tej kary odpowiednich wniosków, wkrótce wpadniesz w jeszcze większe tarapaty.

* * *

Zaklęcie „Przyspieszający balon"

Jeżeli chcesz, by twój cel szybko się urzeczywistnił lub sytuacja dynamicznie się rozwinęła, wypróbuj to zaklęcie. Potrzebny ci będzie balon (dobierz kolor odpowiadający celowi lub sytuacji). Zamknij oczy i myśl o czymś, co wiąże się z celem/sytuacją. Zacznij nadmuchiwać balon, kontynuując tę wizualizację. Kiedy balon osiągnie maksymalną wielkość, przytrzymaj jego koniec tak, by powietrze się nie wydostawało, i powiedz:

Uświęcone powietrze, oddech uświęcony,
robię kolejny krok upragniony.

Kiedy uwolnię stąd powietrze,
stanie się wola moja wreszcie!

Przebij balon i zatrzymaj jego strzępy, dopóki twój cel nie zostanie osiągnięty.

Zaklęcie „Cisza i spokój"

Potrzebujesz czasu na relaks i poczucie harmonijnej więzi ze wszechświatem? Moja córka Falynn ułożyła to zaklęcie dla mnie, kiedy moje sprawy wyjątkowo się pogmatwały. Dodam, że czar zadziałał rewelacyjnie!

Zerwij pachnące kwiaty ze swego ogródka lub kup je w kwiaciarni. Jeżeli zbierzesz je samodzielnie, nie zapomnij poprosić rośliny o zgodę na ich zerwanie. Następnie obetnij łodygi tuż pod podstawą kwiatu. Nalej do miski źródlanej wody i umieść kwiaty na jej powierzchni. Unieś nad nimi dłonie i naładuj je mocą w imię spokoju. Zapal swoje ulubione kadzidełko i poproś Boginię, by napełniła twoje życie spokojem i harmonią. Postaw kwiaty w miejscu, w którym pracujesz, na biurku lub w swoim pokoju. Niech zostaną tam, dopóki nie zwiędną. Możesz także je zasuszyć i użyć płatków do jakiegoś zaklęcia miłości, harmonii lub spokoju.

Zaklęcie „Tęczowa godzina policyjna"

Zaklęcie to wymyśliła moja najstarsza córka, Angelique. Powiedzmy, że w twojej szkole wprowadzono ogólną godzinę policyjną od 21.30 w tygodniu, zaś w weekendy musisz wracać do domu przed godz. 23.00. Zbliża się jakaś ważna okazja i będziesz potrzebować dodatkowej godziny lub dwóch, albo może niedługo ma się odbyć studniówka, a twoi rodzice są zdania, że wystarczy ci czasu na zabawę do 23.00. Sęk w tym, że wszyscy koledzy wybierają się później do lokalnej restauracji, a ty, naturalnie, chcesz iść tam z nimi.

Zaklęcie wymyślone przez Angelique może dać ci ten dodatkowy czas. Jest jednak pewien warunek: musisz wrócić do domu o ustalonej z rodzicami porze oraz rzeczywiście być tego wieczoru w tym miejscu i towarzystwie, co do których się zdeklarowałaś. Jeżeli nie spełnisz tego warunku, zaklęcie obróci się przeciwko tobie.

Przygotuj czystą kartkę papieru, kolorowe kredki. Musisz też podać godzinę (w granicach rozsądku), o której chcesz wrócić. Narysuj dużą tęczę i pokoloruj ją wedle własnego uznania. Na pasku każdego koloru zapisz godzinę powrotu do domu oraz nazwę miejsca, do którego chcesz się udać. Następnie zamknij oczy, unieś dłonie nad rysunkiem i powiedz:

Tęczo na niebie,
czasie niezmierzony,
zatrzymaj mi skutecznie
sekundy, minuty, godziny.
Tęczo na niebie,
czasie niezmierzony,
zwiększ mój limit czasu,
nie będzie przekroczony.
Tęczo na niebie,
czasie niezmierzony,
chroń mnie i daj radość,
rodzicom zaś sen niezmącony.
Tęczo na niebie,
czasie niezmierzony,
siła magii wzrasta,
w czasie niezmierzonym.

Angie poinformowała mnie też, że zaklęcie to działa również wtedy, gdy mamy problem i potrzebujemy więcej czasu, by coś przemyśleć i podjąć mądrą decyzję.

* * *

Zaklęcie „Drzewo programowe"

Odkąd jesteś w szkole średniej, wszyscy trajkoczą o twoim programie zajęć. Skąd, mając zaledwie piętnaście lat, masz wiedzieć, co wybrać pod kątem przyszłej kariery zawodowej? Większość młodych ludzi tego nie wie. Wielu z nich decyduje się na określony kierunek studiów, a potem, zanim ukończą trzydzieści pięć lat, zajmują się w życiu czymś zupełnie niezwiązanym ze swoim wykształceniem. Ja, mając piętnaście, a nawet dwadzieścia jeden lat, nie sądziłam, że będę pisała książki, nie mówiąc już o sukcesach w tej dziedzinie, pozwalających mi utrzymać siebie i czwórkę dzieci. Dostałam w swoim życiu wiele wskazówek, w jakim kierunku iść, ale nie zwracałam na nie uwagi. Duch wielokrotnie próbował pokazać mi właściwą drogę, ale ja nie słuchałam. Musiałam w końcu stracić dobrą pracę w przykrych okolicznościach, by zwrócić się ku czemuś, co powinnam była robić od wielu lat. Dorośli często mówią: „Żyj i ucz się". Ech, przekonałam się o tym na własnej skórze...

Oto moja najlepsza rada dotycząca kariery: rób to, co chcesz robić, co daje ci szczęście. Wybierz coś, co cię naprawdę interesuje. Nie pozwól nikomu, by zmuszał cię do podjęcia decyzji, której będziesz potem żałować – wybierz to, czego *ty* chcesz. Niektórzy doradcy zawodowi w szkołach są dobrzy w tym, co robią, inni niekoniecznie. Na przykład doradca w szkole średniej mojej córki Falynn powiedział jej, że nie powinna brać pod uwagę kariery w dziedzinie sztuki, ponieważ „nic na tym nie zarobi" (rety, jakbym słyszała własną matkę...). Falynn przyszła do domu bardzo podminowana, bo kocha sztukę, ma ją we krwi. A jeśli tak, to powinna się nią zajmować w dorosłym życiu. Niekiedy ujawniamy talent w kilku dziedzinach. Na przykład lubisz rysować, ale fascynuje cię także kryminalistyka. Dlaczego więc nie zdobyć tytułu licencjata na jednym polu, a magistra na drugim? Tak czy inaczej, nie spiesz się z decyzją. Szkoły mają zwyczaj wmawiania ludziom, że jeśli „nie wybierzesz tego, tego i tamtego przedmiotu, nie będziesz mieć szans na studia". Proszę was! Przez pierwsze dwa lata jakichkolwiek studiów i tak powtarza się materiał ze szkoły średniej. W ten sposób zarabia się na studentach. Uczelnie wyższe to biznes jak każdy inny. Sprzedają przecież pewien rodzaj usług. Ty czy też twoi rodzice jesteście kupującymi. Nie daj się zwieść. Jeżeli w szkole średniej nie wybierzesz jakiegoś przedmiotu, nie przejmuj się tak bardzo – w programie studiów na pewno znajdziesz wszystko, co ci będzie potrzebne.

Być może zechcesz wypróbować poniższe zaklęcie, by uzyskać pomoc w podjęciu decyzji związanej z przyszłą karierą. Potrzebna ci będzie duża tablica informacyjna. Narysuj na niej duże drzewo z wieloma gałęziami. Jego pień będzie symbolizował ciebie, zaś gałęzie – ścieżki kariery, jakie cię interesują. Poczuj, że to drzewo jest tobą! Nie musisz zapisywać wszystkiego za pierwszym razem. Zapełniaj drzewo informacjami stopniowo. Za każdym razem kończ swą pracę słowami:

Silny dąb wyrasta z żołędzi,
daj mi znać, o Duchu Święty.
Korzenie głęboko, na gałęziach liście,
ode mnie zależy dzisiaj moja przyszłość.
Ogień, powietrze, ziemia, woda,
ja decyduję, ja zarządzam.
Jestem tym drzewem, a ono mną,
Niechaj anioły wskażą drogę mą.

Z czasem twoje zainteresowania się zmienią. To normalne. Po prostu dodawaj wtedy nowe gałęzie. Możesz też wyciąć z kartonu liście i nakleić je na swój plakat. Każdy liść może oznaczać jakiś talent lub pragnienie. To ty tworzysz tę magię.

* * *

Zaklęcie „Magiczna tablica korkowa”

Jeżeli istnieje wiele celów, które chcesz osiągnąć, wypróbuj poniższe zaklęcie.

AKCESORIA: tablica korkowa; kolorowe arkusze kartonu; nożyczki; markery; pinezki

Podziel swoją tablicę korkową na kilka sekcji. Na przykład lewy górny róg będzie przeznaczony do celów związanych z dobrobytem, prawy górny – z uzdrawianiem, lewy dolny róg – z ochroną, zaś prawy dolny – z miłością. W środku możesz umieścić pragnienia, które nie pasują do żadnej z podanych kategorii. Potnij karton na mniejsze kawałki o przeróżnych kształtach. Pozwól, by twoja wyobraźnia zawędrowała tak daleko, jak zechcesz. Możesz na przykład pociąć je na czerwone i różowe serduszka symbolizujące miłość bądź też wyciąć kształt postaci anioła. W części uzdrawiania możesz użyć zielonych węży lub nawet zielonych serduszek. Proponuję prostokąty (książki) do celów związanych z edukacją i szkołą, niebieskie trójkąty jako reprezentację snów i pracy parapsychicznej, chmurę do magii deszczu czy też słońce oznaczające ten przyjemny dzień, którego potrzebujesz na spacer po parku czy piknik.

Zanim przymocujesz na tablicy dany kształt, weź go do ręki, zamknij oczy i wyobraź sobie to, czego potrzebujesz. Przyczepiając go pinezką do tablicy, powiedz:

Kształty i papier,
pragnienia i sny
formuję,
zmieniam,
przekształcam,
aranżuję.
Wyginam,
wprawiam w ruch,
obracam,
zwyciężam.
Kształty i papier,
pragnienia i sny.
Tkam własną magię
Księżyca promieniami.

Kiedy twoje konkretne pragnienie się spełni, zdejmij symbolizujący je kształt z tablicy. Jeśli rodzice wyrażą zgodę, możesz go spalić. Jeżeli nie możesz użyć żywiołu ognia, zakop papierowy kształt na swoim podwórku, czyli wykorzystaj żywioł ziemi.

* * *

W kilku poprzednich rozdziałach zamieściłam ponad siedemdziesiąt pomysłów na zaklęcia. Skorzystaj z nich, by nauczyć się magii i rozwijać się w tym kierunku, a następnie zacznij tworzyć własne zaklęcia, czary oraz magię nastolatków. Wiem, że sobie poradzisz!

Rozdział 11

Co dalej?

No więc czarujesz i odprawiasz rytuały już od jakiegoś czasu i zapewne chcesz podzielić się z kimś swoimi doświadczeniami. Może od samego początku rozmawiasz o czarostwie z rodzicami, a być może trzymasz ich w niewiedzy. Pisałam już co nieco o opowiadaniu innym o naszej pracy, ale przyjrzyjmy się temu zagadnieniu jeszcze raz.

Rozmowa z rodzicami

Ta kwestia może się dla ciebie okazać dość kłopotliwa. Niektórzy rodzice po prostu nie chcą nic wiedzieć, bo nie potrafią przezwyciężyć własnego lęku. Dostałam setki listów od nastolatków, których rodzice nie chcieli słuchać ich zwierzeń na temat praktykowania czarostwa. W takich sytuacjach zazwyczaj odpowiadam w ten sposób:

Współczuję ci, ale skoro twoi rodzice nie zachowują się jak dorośli, nie masz zbyt wielu możliwości: możesz rozpocząć osobistą kampanię informacyjną, praktykować czarostwo w tajemnicy przed rodzicami lub spakować swoje magiczne akcesoria i odczekać jakiś czas z wyznawaniem religii Wicca. Moim zdaniem najlepszym wyjściem jest opcja numer jeden – powoli zapoznawaj rodziców z tematem i poproś ich, by spróbowali znaleźć podobieństwa między czarostwem a ich religią. Może oni wyznają judaizm, a ty pragniesz wyznawać katolicyzm? Takie rzeczy się przecież zdarzają.

Jeśli chcesz, możesz spróbować pokonać ich sprytem. Zacznij poznawać WSZYSTKIE większe religie świata, zarówno te ukształtowane w przeszłości, jak i współczesne. Jest to bardzo pożyteczne zajęcie, bo dzięki niemu być może zyskasz okazję do zrozumienia, w jaki sposób ludzkość na przestrzeni wieków kształtowała swoją wizję Boga. Niewykluczone, że dzięki temu dowiesz się, czego tak naprawdę potrzebujesz.

Do dyspozycji mamy też jeszcze sprytniejszą sztuczkę – współpracowanie wyłącznie z aniołami. Jeżeli będziesz zwracać się o pomoc tylko do aniołów, twoi rodzice nie uznają tego za coś dziwnego. Przecież nikt nie ma nic przeciwko aniołom. Nie jest to wcale taki zły pomysł, ponieważ anioły pojawiają się w każdej religii i w istocie tworzą pomost między wyznaniami. Angelologia zawiera wiele informacji o dawnych i współczesnych religiach i stanowi ciekawe źródło wiedzy. Wiem o tym, ponieważ napisałam całą książkę o aniołach, zazwyczaj lubianych przez dorosłych. Napisałam „zazwyczaj", gdyż zawsze znajdzie się jakiś dziwak, u którego nawet temat aniołów spowoduje wypadanie sztucznych zębów.

W żadnych okolicznościach nie wolno ci po prostu uderzyć jak grom z jasnego nieba, mówiąc: „mamo, jestem czarownicą". Niektórzy rodzice śmieją się, słysząc o magii i czarostwie. Mają nadzieję, że wyśmianie tego tematu pomoże ci porzucić dotychczasowe zainteresowania. Tacy rodzice zdają sobie sprawę, iż nie należy reagować zbyt ostro. To prawda, niektórzy – mamy i ojcowie – to bardzo sprytni ludzie. Sama wykorzystywałam tego typu taktyki. Czasami ludzie bezsensownie wpadają w histerię, co mnie osobiście bardzo irytuje. Przykro mi. Inni mówią: „W porządku, porozmawiajmy. Pokaż, co tam czytasz". Jest to z góry opracowany plan działania i doskonały ruch ze strony rodziców. W ten sposób na pewno zdobędą u was kilka punktów.

Tak jak pisałam wcześniej – nie spiesz się. Spróbuj nawiązać rozmowę o Bogu. Co by było, mamo, gdyby Bóg NAPRAWDĘ był kobietą? Mama na pewno uniesie brwi ze zdziwienia. Co sądzisz o naukowych dowodach na to, że wszystko na naszej planecie składa się z energii? O tak, to dobry początek rozmowy z tatą. Sama przez te wszystkie lata działałam w podobny sposób. Czy wiesz, że goryle odprawiają rytuały pogrzebowe (to szczera prawda, nie żartuję)? Jeżeli nie są chrześcijanami, to do kogo się modlą? Czy wiesz, że przed nadejściem judaizmu wszystkie religie były albo matriarchalne, albo dyteistyczne? Ba, nawet wcześni wyznawcy judaizmu czcili żeńskie bóstwo (usłyszałam o tym w telewizji The Learning Channel). Czy wiesz, że wcześni chrześcijanie wierzyli w reinkarnację (w rzeczy samej)? No i jeszcze jedno pytanie, które naprawdę da im do myślenia. Jeśli ci się poszczęści, to przynajmniej zmusisz ich do zastanowienia się nad istotą religii. W Biblii napisano, że Kain zabił Abla, po czym opuścił swoich rodziców, Adama i Ewę, udając się do kraju Nod. Tam wziął za żonę dziewczynę z innego plemienia. Jeżeli Adam i Ewa byli pierwszymi ludźmi na ziemi, kogo lub co poślubił Kain? Antylopę? Geparda? Miał dzieci, więc chyba była to jednak kobieta. Na pewno nie była to córka Adama i Ewy, wykradziona ze szpitala w Edenie, bo dziś wszyscy bylibyśmy szaleni. W ciągu ostatniego stulecia genetyka nauczyła nas wielu ważnych rzeczy, między innymi tego, że nie wolno żenić się w obrębie jednej rodziny. Po kilku pokoleniach geny uległyby degradacji, skutkiem czego byłyby chore lub szalone. No i na koniec najlepsze – czy wiesz, że Maria Magdalena nie była prostytutką, zaś słowo „Magdalena" oznaczało tytuł, a nie imię własne, oraz że biblijna Maria Magdalena prowadziła świątynię ku czci Bogini, w której kształciły się bogate dziewczęta z Jerozolimy? To wszystko święta prawda, a jednocześnie powód, dla którego mężczyźni jej nienawidzili. Była wyznawczynią Bogini, oni zaś chcieli się pozbyć tego kultu. W końcu ci sami mężczyźni zaczęli głosić, że kobiety nie mają duszy i stanowią ich własność, jak kury czy muły. To przykre, ale tak właśnie było.

Właśnie takich rzeczy dowiesz się, studiując religie świata. Sięgnij po książki Barbary Walker pt. *Woman's Encyclopedia of Myths and Secrets* oraz *Woman's Dictionary of Symbols and Sacred Objects*. Te pozycje otworzą ci oczy na prawdę!

Wracając do mamy, taty lub twojego opiekuna, nie oceniaj ich zbyt surowo. Oni po prostu chcą twojego dobra. Namów ich do przeczytania niniejszej książki lub publikacji, do których odsyłam czytelnika na kartach tej książki. Jestem pewna, że jeśli dasz im szansę i pójdziesz na pewne kompromisy, postarają się zrozumieć, dlaczego interesujesz się czarostwem.

Jeśli i to nic nie da, módl się.

Bogini Matka wysłucha twoich próśb.

Rozmowa z przyjaciółmi

Kiedy nastolatki opowiadają swoim przyjaciołom o czarostwie, zdarza się, że tracą wielu znajomych. W takich momentach możemy odróżnić prawdziwych przyjaciół od tych, którym na nas tak naprawdę nie zależy. Podobnie jest z dorosłymi. To normalne, że kiedy przenosisz się na wyższy stopień świadomości, ludzie, którzy nie nadają na tych samych falach, będą odchodzić. Niektórzy zrobią to po cichu, inni będą stwarzać nieprzyjemne sytuacje. Kilku spróbuje „ocalić twoją duszę". Nie przejmuj się, oni nie mają złych intencji. Nie rozumieją po prostu, że ty nie odchodzisz od Boga, lecz pozostajesz w jego objęciach. Bywa, że osoby takie wiele mówią, ale w ogóle nie chcą słuchać, co ty masz do powiedzenia. Wierz mi, są na świecie tacy ludzie. Możesz w niedługim czasie poznać nowych przyjaciół bądź też przez pewien okres zmagać się z samotnością. Decydując się ujawnić swoje wierzenia, musisz się z tym liczyć.

Jeżeli powodem poinformowania innych o tym, że zajmujesz się czarostwem, jest chęć wyróżnienia się z tłumu, żal mi ciebie. Oznacza to bowiem, że należysz do grupy pozerów. Proszę, wróć do religii, z której się wywodzisz, ponieważ nie rozumiesz, czym jest Wicca.

Strzeż się, jeśli użyjesz słowa „czarownica", by przestraszyć swoich znajomych! Czarostwo nie pochwala terroryzowania innych, zaś prawo powrotu kopnie cię za to mocno w plecy. Pewna dziewczyna w szkole mojej córki próbowała przestraszyć nielubianą przez siebie koleżankę, mówiąc, że rzuci na nią zaklęcie, które spowoduje, że wypadną jej wszystkie włosy. Co za absurd! Ta mała złośnica nie przewidziała w swoim pustym umyśle, że owa koleżanka przyjaźniła się z moją córką, MOJĄ córką. Najpierw więc moja Angie powiedziała terroryzującej innych „czarodziejce", że jej groźby są bezpodstawne i nigdy nie uda jej się ich zrealizować, potem zaś włączyła swoje przyjaciółki do kampanii prześmiewczej przeciwko tej osobie. Może było to niedojrzałe, ale poskutkowało. Za każdym razem, gdy nasza złośnica próbowała komuś grozić, dziewczęta dookoła niej zaczynały nucić piosenkę wiedźmy z *Czarnoksiężnika z krainy Oz*, przerywaną salwami śmiechu. Złośnica w końcu zrozumiała przekaz i przestała grozić innym.

Dobrze, wróćmy do tematu zwierzania się znajomym z praktykowania czarostwa. Zachowaj ostrożność. Nie mów o tym, jeśli nie musisz, gdyż wtedy otwierasz się na kompendium głupoty, skierowanej na innych ludzi, czego w twoim wieku raczej należałoby unikać. Jeżeli poznasz kilka osób myślących podobnie do ciebie, niestarających się nikogo zastraszyć, lecz pragnących wprowadzić pozytywne zmiany w swoim życiu, świetnie. Masz szczęście. W innych przypadkach pamiętaj o Piramidzie Czarownic: wiedzieć, odważyć się, pragnąć i zachować milczenie.

Rozmowa z innymi ludźmi

To może być dla ciebie niebezpieczny grunt, więc proszę, stąpaj niezwykle ostrożnie. Z powodu ogromnej liczby błędnych informacji, jakie przez wieki podawano opinii publicznej, a także wskutek uporu niektórych współczesnych grup religijnych, uważających za swój obowiązek krzywdzenie czarownic i rozpowszechnianie kłamstw na temat czarostwa, możesz napytać sobie i swoim rodzicom biedy. Być może spotkasz w swoim życiu dorosłych, którzy uprawiają czarostwo, ale nie mówią o tym głośno z obawy przed utratą pracy czy prześladowaniem. Nie jest to poważny problem w dużych miastach, ale raczej na prowincji, gdzie zdarzają się dość nietolerancyjne społeczności. Dopóki nie nastąpi powszechne oświecenie (z czasem na pewno to się stanie), ostrożnie wybieraj ludzi, którym chcesz wyjawić swoje zainteresowanie czarostwem.

Dyskryminacja

Na początku książki wspominałam o dyskryminacji, której możesz doświadczyć, jeżeli „wyjdziesz z szafy na miotły". Jeśli mimo wszystko staniesz się ofiarą prześladowania i poradzisz sobie z falą niesprawiedliwego, agresywnego zachowania względem siebie, z pewnością już nigdy w życiu nie będziesz nikogo dyskryminować. Dyskryminacja spada jak grom z jasnego nieba – wiem coś o tym, gdyż sama jej doświadczyłam, a także moje dzieci. Prześladowanie może przybierać rozmaite zdradzieckie formy. Kilka lat temu straciłam dobrze płatną pracę, gdyż powiedziałam jednej z koleżanek z biura o moim zainteresowaniu czarostwem. Oczywiście, nigdy nie udowodnię, że zostałam zwolniona właśnie z tego powodu, ale nie zmienia to faktu, że tamtą pracę straciłam. Przez kilka lat borykałam się z problemami finansowymi, aż w końcu pogodziłam się z moją wiarą i zrozumiałam znaczenie prawdziwej duchowości. Teraz gdy od czasu do czasu podejmuję jakąś pracę w niepełnym wymiarze godzin, od razu ujawniam swoją wiarę, by uniknąć późniejszych nieprzyjemnych sytuacji. Z takim podejściem już dwukrotnie zostałam zatrudniona i spotkałam w pracy wielu dobrych ludzi. Kiedy Angelique była w gimnazjum, jakiś dzieciak z jej szkoły zatrzasnął ją w szafce szkolnej, krzycząc: „czarownica!". Od razu zadzwoniłam do matki tego ucznia. Kiedy Falynn poszła do gimnazjum, dziewczyna mieszkająca nieopodal nas zebrała grupę rówieśników i wszyscy oni atakowali moją córkę aż do ostatniego dnia szkoły. Dziewczyna ta rozpowiedziała też wszystkim w miasteczku, że trzymamy w jadalni zakrwawioną głowę kozy. Oczywiście, wiele dzieciaków oraz bezrozumnych dorosłych uwierzyło w tę bzdurę. Na spotkaniu z rodzicami innych uczniów w szkole informowałam o tym incydencie, ale powiedzieli oni, że „dzieci muszą rozwiązać tę sprawę między sobą". No jasne...

Kiedy jestem w trasie, zawsze poruszam się w towarzystwie ochroniarza lub dwóch. Dlaczego? Ponieważ nie wszyscy ludzie są mili i przytomni umysłowo. Dyskryminacja mnie i moich dzieci nauczyła mnie, że we wszystkich miejscach, do których się udajemy, musimy pamiętać o mądrości oraz ochronie.

Co robią dorośli wyznawcy czarostwa w obliczu dyskryminacji? Czasami walczą z nią, a niekiedy oddalają się bez słowa. Wielu z nas mądrze wybiera swoje bitwy, jeśli w ogóle musi je staczać. Mamy teraz kilka organizacji działających w naszej społeczności, między innymi: WADL (Witches Anti-Discrimination Lobby*), WARD (Witches Against Religions Discrimination**), WPLA (Witches League of Public Awareness***). Organizacje te posiadają swe oddziały we wszystkich pięćdziesięciu stanach, a ich zadaniem jest informowanie opinii publicznej o zasadach funkcjonowania religii Wicca, a także zapewnianie jej wyznawcom ochrony przed różnymi formami prześladowania i dyskryminacji.

Nadejdzie czas, gdy czarownice nie będą musiały martwić się o te sprawy. Chwila ta zbliża się naprawdę szybko. Im więcej ludzi zostanie poinformowanych o wierzeniach wyznawców współczesnej religii Wicca, tym szybciej staniemy się normalną częścią społeczeństwa, gdyż – jak na razie – funkcjonujemy jak brzydkie kaczątka. Czarownice zwykle nie starają się nawracać nikogo na swoją wiarę, więc ten krok w stronę informacji publicznej nie należy do łatwych. Wyznawcy Wicca nie dążą do zwiększenia swojej liczebności za pomocą pięknych słówek i obietnic zbawienia duszy. Tym, czego naprawdę chcą, są szacunek i pewność, że mogą bezpiecznie wyznawać swą religię. Naszą bronią są mądrość i edukacja.

Działanie w grupach

Działania grupowe w przypadku osób w wieku od trzynastu do osiemnastu lat nie są łatwe. Większość sklepów o profilu metafizycznym i magicznym nie pozwoli ci na uczestnictwo w warsztatach ani nie sprzeda żadnych materiałów, bez uzyskania zgody twoich rodziców. Na rynku istnieje kilka biuletynów, czaso-

* Lobby Czarownic Przeciwko Dyskryminacji – tłumaczenie własne (przyp. tłum.).

** Czarownice Przeciwko Dyskryminacji Na Tle Religijnym – tłumaczenie własne (przyp. tłum.).

*** Liga Czarownic Do Spraw Podnoszenia Świadomości Publicznej – tłumaczenie własne (przyp. tłum.).

pism i dzienników, adresowanych do dorosłych czarownic, ale pozycji dla młodych jest o wiele mniej. Jeżeli zamierzasz skontaktować się listownie z organizacją lub wydawnictwem, zajmującym się religią Wicca czy pogaństwem, i chcesz uzyskać odpowiedź, do swojego listu dołącz kopertę zwrotną i znaczek. Bardzo często młodzież (a czasami i dorośli) wysyła listy bez koperty zwrotnej, a potem zastanawia się, dlaczego nie nadeszła żadna odpowiedź. Wiedz, że w takich organizacjach praca odbywa się na zasadach wolontariatu, a pracownicy nie mają funduszy, by odpowiadać na listy czytelników.

Nastolatkom najłatwiej zorganizować się dzięki Internetowi. Czaty o tematyce wiccańskiej i pogańskiej znaleźć można m.in. na amerykańskich stronach AOL, Prodigy czy CompuServe. Wiele stron dysponuje też pokojami rozmów, przeznaczonymi dla nastolatków. Przeszukuj Internet, wpisując w wyszukiwarce hasła: „Wicca", „czarostwo" lub „pogaństwo". Nie na wszystkich stronach znajdziesz sprawdzone informacje – niektóre witryny nie są godne zaufania. W tym przypadku musisz po prostu kierować się rozsądkiem. Jeżeli na stronie znajdziesz rzeczy mroczne, dziwne lub obrzydliwe, nigdy więcej tam nie wchodź. W religii Wicca chodzi o coś zupełnie innego. Jeżeli na stronie internetowej przeczytasz, że Wicca i satanizm to jedno i to samo – uważaj. Ktoś rozpoczął kampanię dezinformującą i próbuje cię przestraszyć. W sieci nigdy nie podawaj nikomu adresu mailowego ani hasła i nie wysyłaj nikomu swojego zdjęcia. Nie każdy użytkownik Internetu jest tym, za kogo się podaje. Podobnie jak w realnym świecie, w sieci również spotkać możesz przestępców i ludzi obłąkanych.

Adres mojej strony internetowej to www.silverravenwolf.com. Mam nadzieję, że ją odwiedzisz!

Co dalej?

Jeśli spodobała ci się moja książka i zechcesz kontynuować swoje szkolenie, możesz sięgnąć po inne moje książki z serii *New Generation WitchCraft*. Dostępne są dwie pozycje, z których każda wprowadzi cię na wyższy poziom nauki o czarostwie.

To Ride a Silver Broomstick: New Generation WitchCraft. Książka zawiera kompleksowe źródło informacji o religii Wicca. Jej lektura może ci pomóc stać się czynnym członkiem naszej społeczności. Publikacja traktuje o następujących zagadnieniach: zapoznawaniu się z religią, żargonie magicznym, religii kontra nauce, twoich wyjątkowych świętach, równowadze między bogami, boginimi i człowiekiem, wybieraniu swojego imienia magicznego, programowaniu mentalnego, wizualizacjach, snach, uświęconej przestrzeni, gromadzeniu magicznych akcesoriów, oczyszczaniu, uświęcaniu i naładowywaniu energią, magicznych zapiskach, opracowywaniu i wykonywaniu rytuałów, grupach internetowych, współpracy, warsztatach, festiwalach, wróżeniu, sprowadzaniu Księżyca, magii świec, kolorów i zgodności, kamieniach szlachetnych, ziołach, uzdrawianiu, telepatii, psychometrii, mocy umysłu, projekcjach astralnych, zwierzętach mocy, reinkarnacji i innych zagadnieniach dla samotnie działających czarownic.

*Sztuka czarów. Podręcznik magii dla każdej dziewczyny, każdego chłopaka i nie tylko**. W książce tej opisuję takie zagadnienia, jak: równowaga duchowa, akty osobistej radości, narzędzia, uziemianie, codzienne modlitwy, błogosławienie ziemi, pozdrowienie na cześć kotła, kaplica wiecznego ognia, śmiech i magia, skupienie, czynniki wyzwalające, pozdrowienie świętego symbolu, czerpanie energii z Księżyca i ze Słońca, pozdrowienie Boga i Bogini, wybieranie bóstwa-patrona, przyzywanie, mieszanie i wywoływanie, żywioły kontra elementale, wiatry, anioły, totemy, starożytni, dziesięć sposobów na zwiększenie mocy, wzywanie bóstw, trans, rytuały, rodowód, stopnie wtajemniczenia oraz kilka sposobów zakreślania kręgu.

Oczekujcie też trzeciej części serii pod tytułem *To Light A Sacred Flame: WitchCraft for the New Millenium*, dostępnej w księgarniach od roku 1999.

Kolejną doskonałą książką dla młodzieży od lat szesnastu jest publikacja Scotta Cunninghama pod tytułem *Solitary Wicca* (wydawnictwo Llewellyn). Stanowi ona pozytywne i praktyczne wprowadzenie do świata religii Wicca, zaprojektowane tak, by każda zainteresowana tą tematyką osoba mogła zgłębiać tajniki Wicca w samotności. Autor porusza tematy zarówno teoretyczne, jak i praktyczne, takie jak Księga Cieni kowenu Standing Stone i rytuały esbatyczne i sabatyczne. Scott Cunningham napisał także książkę, która idealnie nadaje się dla twoich rodziców: *The Truth About Witchcraft Today* (wydawnictwo Llewellyn).

Jeżeli nadal nerwowo podchodzisz do kwestii praktykowania czarostwa, możesz sięgnąć po jeszcze inną moją książkę pod tytułem *Angels: Companions in Magick*. Zawarte w niej informacje, legendy i praktyczne porady dotyczące magii spodobają się zarówno mamom, tatom, jak i ich dzieciom.

---

* Wydawnictwo Philip Wilson, 2002 (przyp. tłum.).

Kontakt ze mną

Mimo iż uwielbiam otrzymywać korespondencję od czytelników, zanim chwycisz długopis i zaczniesz pisać list, pamiętaj o kilku istotnych sprawach.

1. Nie jestem dyplomowanym doradcą. Jeżeli masz jakiś problem, nie zwracaj się z nim do mnie. Nie chodzi o to, że nie chcę ci pomóc, ale szczerze powiedziawszy, być może nie mam odpowiednich kwalifikacji, by to zrobić. Zamiast pisać do mnie, porozmawiaj ze swoimi rodzicami lub z godnymi zaufania dorosłymi. O pomoc możesz też poprosić nauczyciela lub duchownego. Jeżeli chorujesz, skonsultuj się z wykwalifikowanym lekarzem.
2. Jeśli chcesz poznać więcej zaklęć i szukasz nowych materiałów, możesz sięgnąć po wymienione przeze mnie wcześniej książki z serii New Generation lub inne publikacje o interesującej cię tematyce. Ja nie posiadam już w swoich zbiorach tego typu materiałów.
3. Jeżeli szukasz kontaktów, znajdziesz je w książkach z serii New Generation. Zamieściłam tam listę biuletynów i organizacji, do których możesz napisać. Pamiętaj, by do korespondencji dołączyć kopertę ze znaczkiem i z adresem zwrotnym. Dostaję bardzo dużo listów, w związku z czym najpierw przeglądają je moi asystenci. Jeżeli list nie zawiera zaadresowanej koperty ze znaczkiem, nigdy do mnie nie dotrze. Na odpowiedź możesz czekać do pół roku – tak, dostaję aż tyle listów (podpowiadam: najlepiej, jeżeli twój list będzie nie dłuższy niż jedna strona)! Nie zamierzam też odpowiadać na listy z pytaniami o satanizm i czarną magię. Te tematy mnie nie interesują.

Ty i czarostwo

To tyle. Dotarłyśmy do końca. Mam nadzieję, że zawarłam tu odpowiedzi na wszystkie twoje pytania dotyczące czarostwa. Na świecie jest wielu poszukiwaczy takich jak ty. Nigdy nie myśl, że jesteś sama.

Nigdy nie przestawaj marzyć.

Nigdy się nie poddawaj.

I pamiętaj... to ty jesteś magią, a ta magia to miłość.

Kochająca

Silver RavenWolf

21 czerwca, 1997

Propozycje lektur

Dla poszukiwaczy

Ancient Ways, Pauline i Dan Campanelli (Llewellyn)
Mowa zwierząt, Ted Andrews (Studio Astropsychologii)
Animal Magick, D. J. Conway (Llewellyn)
Celtic Devotional: Daily Prayers and Blessings, Caitlin Matthews (Harmony Books)
Charms, Spells and Formulas, Ray Malbrough (Llewellyn)
Encyklopedia magicznych roślin, Scott Cunningham (Studio Astropsychologii)
Earth Magic, Marion Weinstein (Phoenix)
Plying Without A Broom, D. J. Conway (Llewellyn)
Holy Book of Women's Mysteries, Z. Budapest (Harper & Collier)
Illusions, Richard Bach
Jude's Herbal Home Remedies, Jude C. Williams, MH (Llewellyn)
Living Wicca, Scott Cunningham (Llewellyn)
Magical Hearth, Janet Thomson (Weiser)

Magical, Mythical, Mystical Beasts, D. J. Conway (Llewellyn)
Maiden, Mother, Crone, D. J. Conway (Llewellyn)
Original WitchCraft – Charms, Chants and Herbal Magicks, Silver RavenWolf (Llewellyn)
Practical Color Magick, Raymond Buckland (Llewellyn)
Reading the Tarot, Leo Luis Martello (Avery)
Pagan Rites of Passage, Pauline i Dan Camanelli (Llewellyn)
The Sabbats, Edain McCoy (Llewellyn)
The Spiral Dance, Starhawk (Llewellyn)
The Wheel of The Year, Paulina i Dan Campanelli (Llewellyn)
The Complete Book of Magical Names, Phoenix McFarland (Llewellyn)
The Rebirth of WitchCraft, Doreen Virtue (Phoenix)
The Truth About WitchCraft Today, Scott Cunningham (Llewellyn)
To Ride A Silver Broomstick: New Generation Witchcraft, Silver RavenWolf (Llewellyn)
True Magical, Amber K. (Llewellyn)
Wicca: przewodnik dla osób indywidualnie praktykujących magię, Scott Cunningham (Astrum)

Tylko dla samotnych

A Witch Alone, Marian Green (Aquarian)
Living Wicca, Scott Cunningham (Llewellyn)
Of Witches, Janet Thompson (Weiser)
Sztuka czarów: podręcznik magii dla każdej dziewczyny, każdego chłopaka i nie tylko, Silver RavenWolf (Philip Wilson)
To Ride A Silver Broomstick, Silver RavenWolf (Llewellyn)
Wicca: przewodnik dla osób indywidualnie praktykujących magię, Scott Cunningham (Astrum)

Tylko dla rodzin

The Family Wicca Book, Ashleen O'Gaea (Llewellyn)
The Pagan Family, Ceisiwr Serith (Llewellyn)
WiccaCraft for Families, Margie McArthur (Phoenix)

Tylko dla miłośników aniołów

Księga Aniołów, Sophy Burnham (Zysk & S-ka Wydawnictwo)
Angels: Companions in Magick, Silver RavenWolf (Llewellyn)
Carmina Gadelica Hymns and Icantations, Alexander Carmichael (Floris Books)
Angel Power, Janice Connell (Ballantine Books)
W poszukiwaniu Aniołów, David Connolly (Limbus)
Ask Your Angels, Alma Daniel (Ballantine Books)
Słownik Aniołów w tym aniołów upadłych, Gustav Davidson (Zysk & S-ka Wydawnictwo)
A Woman Clothed With the Sun, John Delaney (Image/Doubleday)
Wybrani przez anioły, Eileen Elias Freeman (Limbus)
Uzdrowieni przez anioły, Eileen Elias Freeman (Limbus)
Your Guardian Angels, Linda Georgian (Fireside)
Angels: An Endangered Species, Malcolm Godwin (Simon & Schuster)
Anioły: tajemniczy posłańcy, Rex Hauck (Amber)
Commune with the Angels, Jane M. Howard (A.R.E. Press)
The Angels Within Us, John Randolph Price (Fawcett Columbine)
Angels Beside You, James Pruitt (Avon)
The Complete Angel, James Pruitt (Avon)
Know Your Angels, John Ronner (Mamre Press)
Do You Have A Guardian Angel?, John Ronner (Mamre Press)
Creating With Angels, Terry Lynn Taylor (H. J. Kramer, Inc.)
Guardians of Hope, Terry Lynn Taylor (H. J. Kramer, Inc.)
Messengers of Light, Terry Lynn Taylor (H. J. Kramer, Inc.)

Inne książki o poganach/zainteresowaniach wiccan

The Twelve Steps by a Pagan Twelve-Stepper (udostępnione przez OALM, Box 6677, Madison, WI 53716)